DIANA

Das Buch

Die gebürtige Tschechoslowakin Betty Markowitz ist erst neun Jahre alt, als sie 1938 mit ihrer Familie vor den Nazis nach Budapest flüchtet. Aller Habseligkeiten beraubt wird die Familie ins Ghetto abgeschoben. Hier lernt das 15-jährige Mädchen Richie Kovacs kennen, zwei Jahre älter und Jude, wie sie. Zwischen den beiden bahnt sich eine tiefe Liebe an. Das Paar schwört sich, für immer zusammen zu bleiben und nach dem Krieg zu heiraten. Doch die Wirren des Krieges reißen Betty und Richie auseinander. Bei einem Bombenangriff werden sie getrennt und Betty wird mit ihrer Mutter und zwei Geschwistern ins österreichische KZ Mauthausen deportiert. Im KZ trifft die junge Frau auf Otto Schimmel, der sie nach der Befreiung bittet, seine Frau zu werden. Lange zögert sie, doch als sie Richies Namen unter den Toten auf einer Liste des Roten Kreuzes entdeckt, nimmt Betty den Antrag schließlich an. Viele Jahre später kehrt sie nach Budapest zurück, wo sie einen Mann trifft, der ihrer großen Jugendliebe bis aufs Haar gleicht …

Die Autoren

Betty Schimmel, geboren 1929 in einem kleinen Ort in der ehemaligen Tschechoslowakei, lebt heute mit ihrer Familie in Phoenix, Arizona. Sie ist aktives Mitglied in mehreren Organisationen, die sich um die Überlebenden des Holocaust kümmern.

Joyce Gabriel lebt in Ridgefield, Connecticut, und ist Schriftstellerin und frühere Herausgeberin des amerikanischen Magazins *Newsday*.

Betty Schimmel
Joyce Gabriel

Werden wir uns wiedersehen

Eine Liebe in den Zeiten des Krieges

Aus dem Amerikanischen
von Jürgen Reuß

DIANA VERLAG
München Zürich

Diana Taschenbuch
Nr. 62/0248

Die Originalausgabe »To See You Again«
erschien bei Dutton, New York, einem Verlag der Penguin Group

Taschenbucherstausgabe 04/2002

Der Diana Verlag ist ein
Unternehmen der Heyne Verlagsgruppe München
Printed in Germany 2002
Umschlagillustration: Hulton Getty/Liaison Agency
Umschlaggestaltung: Hauptmann und Kampa Werbeagentur,
CH-Zug
Satz: Gramma GmbH, München
Druck und Bindung: Elsnerdruck, Berlin
Gedruckt auf chlor- und säurefreiem Papier

ISBN 3-453-19819-0

http://www.heyne.de

Danksagung

Einen besonderen Dank meinem Freund und Filmagenten Daniel Ostrov, der mich dazu ermutigt hat, dieses Buch zu schreiben, und mich mit dem New Yorker Literaturagenten David Hendin bekannt gemacht hat.

Widmung

Dieses Buch ist den vielen Menschen gewidmet, die mir geholfen haben, mein Leben – trotz allem – zu meistern.

Der Erinnerung an meine Mutter Ethel, die mir stets Mut zusprach, wenn ich aufgeben wollte. Sie hat unsere Familie in Zeiten unsagbaren Grauens zusammengehalten und uns unendlich geliebt.

Der Erinnerung an meinen Vater Jacob, für seinen Weitblick, mit dem er unsere Flucht aus der Tschechoslowakei so früh in die Wege leitete. Hätte er das nicht getan, wären wir heute nicht mehr am Leben. Er hat uns gerettet, so wie er viele andere Männer und Frauen auch gerettet hat.

Meiner Schwester Rose, die mir stets eine gute Freundin war und noch immer ist, und meinem Bruder Larry, der als Jüngster am meisten auf Mutters Liebe angewiesen war.

Meinen Kindern Robert, Sandy und Jeffrey, die sehr unter meiner gequälten Seele gelitten haben.

Meinen Enkeln Jessica, Aliyah, Aleksandra, Sarah, Jacob Isaac und dem jüngsten, meinem geliebten Derek. Ich liebe und schätze sie alle mehr als mein Leben.

Der Erinnerung meiner Schwiegermutter Sari, meiner Schwägerin Irene und meines Schwagers Rudi, die dem Holocaust zum Opfer gefallen sind, und allen, die gelitten haben und von den Nazis ermordet worden sind.

Vor allem aber meinem Ehemann Otto – für alles,

was er zu ertragen hatte, und für all die Liebe, die er mir gegeben hat.

Schließlich einem Schwarzen, dessen Namen ich vergessen habe, dessen Worte aber am treffendsten beschreiben, wie ich mein Leben immer zu leben versucht habe: Ich werde keinem Menschen erlauben, meine Seele so zu erniedrigen, dass er mich dazu bringt, ihn zu hassen.

Kapitel 1

Vater warf den Kopf in den Nacken und hieb ein flottes Lied von einem übermütigen Soldaten in die Tasten. Mutter zögerte nicht lange, wiegte sich im Takt und stimmte den Text an. Einige Tanten und Onkel tanzten und klatschten in die Hände. Konnte man sich einen lustigeren Kerl als meinen Vater vorstellen? Ich warf ihm einen prüfenden Blick zu. Auch ohne seine schneidige Uniform als Hauptmann der tschechischen Armee war Jacob Markowitz das prachtvollste Mannsbild, das ich je gesehen hatte.

»Kleines, Larry, Rose«, rief er meine jüngere Schwester, meinen Bruder und mich. »Kommt, singt und tanzt!«

Wir ließen uns nicht lange bitten und reihten uns in die fröhliche Runde singender Menschen ein. Brüder, Schwestern, Nichten und Neffen – die ganze Familie meines Vaters war da. Wie er, das vergötterte »Nesthäkchen«, den seine Mutter – meine über alles geliebte Großmutter – immer ihren »Liebling« nannte, die Feststimmung genoss! Er schnappte sich die zierliche Ethel, meine wunderschöne Mama, und tanzte mit ihr durchs Zimmer, während seine Brüder die Melodie auf der Geige weiterspielten.

Er lachte, aber ich auch sah die Schatten unter seinen Augen. Ich wusste, wie traurig er war. Es war Anfang 1938. Ein fröhliches Fest, aber es war zugleich ein Abschied. Alle Anwesenden wussten das.

Ich versuchte, ein ebenso glückliches Gesicht zu

machen wie er, hakte mich bei meinem Bruder und meiner Schwester ein und wir wirbelten herum, immer und immer wieder. Aber die Traurigkeit, die hinter meinem Lächeln lauerte, wollte nicht verschwinden. Wie gern hätte ich den Abend mit den sorglosen Kinderaugen meiner Schwester Rose und meines Bruders Larry gesehen! Für sie war der Umzug ein großes Abenteuer und ich hatte versprochen, sie in dem Glauben zu lassen. Aber mit neun Jahren war ich schon zu alt, um selbst daran zu glauben. Ich hörte, wie meine Eltern nachts miteinander flüsterten. Ich wusste, dass wir fort mussten, weil ein böser Mann namens Hitler in unser Land einmarschieren wollte, und mein Vater als Nachrichtenoffizier und Jude nicht mehr hier sein durfte, wenn es so weit war. Nun, ich war selbst schuld. Hätte ich nicht gelauscht, würde ich auch nicht wissen, warum wir wirklich unser hübsches Haus mitten im Grünen verlassen mussten, und dass es lange dauern konnte, bis wir die majestätischen Bergspitzen der Karpaten, die meine kleine Welt umrahmten, wiedersehen würden.

»Kleines, komm, tanz mit mir«, rief Vater erneut. Gehorsam lief ich zu ihm und er wirbelte mich so leichtfüßig im Kreis herum wie zuvor meine Mutter. »Mach nicht so ein langes Gesicht«, flüsterte er mir zu. »Ich verlasse mich auf dich. Außerdem machen wir doch ein große Reise. Užgorod ist gut und schön, aber nicht die Welt. Jetzt geht's nach Bratislava, das ist eine richtige Stadt. Stell dir vor, was du da alles entdecken kannst!«

Ich lächelte Vater an und gab mir Mühe, meine Augen das Lächeln nicht Lügen strafen zu lassen. Es war gar nicht so schwer. Natürlich sehnte ich mich danach, mehr von der Welt zu sehen als dieses kleine Städtchen an der Grenze zwischen der Tschechoslowakei und der Ukraine. Aber ich wusste auch, dass wir unsere Heimat verlassen mussten, und darüber war ich traurig.

»Ich denke nicht daran, hierzubleiben, nur um entweder gegen die Deutschen oder die Russen kämpfen zu müssen«, hatte Vater am Vortag zu Mutter gesagt.

Während die Musik wirbelte, tobte in mir ein Kampf zwischen der Furcht vor der Veränderung und der Lust auf Abenteuer. Die tschechische Stadt Bratislava war sicher viel aufregender als Užgorod, wo ich mein ganzes bisheriges Leben verbracht hatte. Schon damals tat ich nichts lieber, als zu verreisen. Die Wanderlust hatte ich von Vater geerbt, der durch seinen Militärdienst überall in der Welt herumgekommen war. Andererseits war es beängstigend, alles Vertraute hinter sich zu lassen. Vater hatte mit Mutter auch darüber gesprochen, dass er etwas besorgen müsse, das er »neue Papiere« nannte.

»Wenn wir uns retten wollen, brauchen wir einen neuen Namen«, sagte er vergangene Nacht, als er uns Kinder längst tief schlafend glaubte. Dann schwieg er für einen Moment, als suche er nach den richtigen Worten. »Ach, Mamika« – er nannte meine Mutter bei ihrem Kosenamen, der so viel wie »Mütterchen« bedeutet – »im Grunde wäre es am sichersten, wenn wir uns als Christen ausgäben.«

Mutters Antwort war laut und deutlich. »Niemals«, sagte sie. »Ich lebe als Jüdin und werde auch so sterben. Ich werde weder meinen Glauben noch meine Herkunft jemals verleugnen.«

Vater seufzte. Diesen Streit hatten sie schon oft geführt – nicht mit unfreundlichen Worten, sondern mit

Argumenten, die die Wichtigkeit ihres Judentums bestärkten.

Vater war groß, über eins achtzig, hatte hellbraunes Haar und eher slawische als jüdische Gesichtszüge. Zwar war er jüdisch erzogen worden, aber in seiner Familie war man nicht sonderlich fromm und verstand sich in erster Linie als Tscheche, dann erst als Jude. Dem Aussehen und der Erziehung nach war er in jeder Hinsicht assimiliert, was für seine Armeekarriere ein großer Vorteil gewesen war. Auch wenn er seinen Glauben zu normalen Zeiten keinesfalls verleugnet hätte, so war er doch nie sein Lebensmittelpunkt gewesen. Er hätte ihn ohne weiteres aufgegeben, wenn er dadurch seine Familie hätte retten können.

Es war schon komisch, dass er sich ausgerechnet in meine Mutter, die fromme Tochter eines orthodoxen jüdischen Patriarchen, verliebt hatte, eine junge Frau, der ihre Religion alles bedeutete. Als Vater zum ersten Mal um Mutters Hand anhielt, hatte Großvater sogar seine Zustimmung verweigert, weil ihm sein Schwiegersohn in spe nicht fromm genug war. Aber Vater liebte Mutter so sehr, dass er sich, zumindest solange er ihr den Hof machte, alle Mühe gab, die Regeln ihrer orthodoxen Erziehung zu achten. Selbst als sie ihr wundervolles pechschwarzes Haar nach der Hochzeit abschnitt und stattdessen, wenn sie aus dem Haus ging, eine Perücke oder ein Tuch trug, wie es sich für verheiratete Frauen gehörte, hatte er sich nicht beklagt.

Unsere Kindheit war geprägt von der Toleranz, mit der unsere Eltern einander trotz ihrer unterschiedlichen Ansichten begegneten. Mutter ließ, nachdem sie mit Vater von ihrem winzigen Heimatdorf Zeteny nach Užgorod gezogen war, ihr Haar wieder wachsen. Vater hingegen bezahlte den Eisverkäufer im voraus, damit wir auf unseren samstäglichen Nachmittagsspaziergängen Eis schlecken konnten, ohne dass Mutter sich darüber grämen musste, am Sabbat Geldgeschäfte zu tätigen.

Ihr Judentum zu verleugnen kam für Mutter nicht in Frage. Ihr Glaube war einfach und kompromisslos wie der eines Kindes. Nichts, nicht einmal die späteren Geschehnisse, konnten ihr Gottvertrauen erschüttern. Ich wünschte, ich könnte dasselbe auch von mir behaupten.

»Wir dürfen nicht verleugnen, wer wir sind«, erklärte sie Vater in aller Ruhe.

Dann ging alles sehr schnell. Meine Eltern riefen uns zusammen und erzählten uns, dass wir nach Bratislava ziehen würden. »Hoffentlich nur für kurze Zeit«, sagte Mutter in ihrer ruhigen Art. »Aber wir dürfen niemandem unseren wirklichen Namen sagen oder dass Papa in der Armee war, habt ihr verstanden?« Sie schaute jeden von uns nacheinander prüfend an. Meine achtjährige Schwester und mein fünfjähriger Bruder nickten, obwohl ich nicht glaube, dass sie wirklich verstanden hatten, was sie von ihnen verlangte. Selbst ich mit meinen neun Jahren musste dauernd darüber nachdenken, wie einsam wir uns fühlen würden, wenn wir so viel für uns behalten mussten. Leider hatten wir keine andere Wahl.

Vater war einen Tag weg und als er zurückkam, erzählte er uns, dass er eine schöne möblierte Wohnung in Bratislava gemietet habe.

Doch das Schwerste stand uns noch bevor: uns von der übrigen Familie verabschieden. Darum hatte Vater sie an jenem Abend alle eingeladen. Ich schaute mich um. Meine Onkel, die gutaussehenden Tanten und ihre lebhaften Kinder, meine Cousins und Cousinen, die gleichzeitig meine Spielkameraden waren … Ich kämpfte mit den Tränen. Ich würde sie und unser gemeinsames Leben vermissen. Sie hatten verstanden, dass wir gehen mussten und ein Bleiben wegen der Position meines Vaters in der Armee viel zu gefährlich für uns war. Sie selbst glaubten, in dieser Beziehung nichts befürchten zu müssen, da ihre Familien dort seit Generationen in Frieden gelebt hatten. Aber so verständnisvoll sie auch waren, konnte ich doch die Trauer in ihren Augen sehen, mit der sie ihren jüngsten Bruder noch einmal genau betrachteten. Bestimmt würden sie sein herzliches Lachen, seinen Sinn für Humor und Abenteuer und seine wunderbare Musik vermissen.

»Ich bin nur froh, dass Mama das alles nicht mehr miterleben muss«, sagte sein ältester Bruder Josef traurig. Ich hatte Angst, Vater würde anfangen zu weinen. Nur einmal hatte ich ihn weinen sehen, vor ein paar Jahren, als Großmutter gestorben war.

Mutter rettete den Augenblick. Sie war nicht nur fromm, sondern auch voller Lebensfreude. Wie so viele Ungarn liebte sie es, besonders dann zu singen, wenn sie traurig war, denn in Ungarn glaubt man, dass Musik alle Sorgen vertreiben kann. Da sie ihr Leben lang an der ungarischen Grenze gewohnt hatte und in beiden Kulturen tief verwurzelt war, kannte sie die ungarischen Lieder und die der Zigeuner genauso wie die tschechischen. Fast jeden Abend nach dem Essen hatten Vater und Mutter gemeinsam Musik gemacht. Er pflegte sich ans Klavier zu setzen oder nahm die Geige und begleitete ihren beschwingten und betörenden Gesang. Die Musik hallte durchs ganze Haus und nicht selten hatten meine Geschwister und ich uns ins weiche Federbett gekuschelt, das wir uns bis unters Kinn zogen, und uns von den zauberhaften, schwermütigen Melodien in den Schlaf wiegen lassen.

Um die gedrückte Stimmung aufzulockern, schlug Mutter nun vor, miteinander zu singen. Lachend schob sie Vater zum Klavier und ließ ihn ein lustiges ungarisches Volkslied spielen, das von einer Gans erzählt, die davonläuft und durch den Matsch stakst, während das kleine Bauernmädchen Bazmare ihr hinterherrennt. Auch an diesem Abend brachte das Lied die Kinder unweigerlich zum Lachen und nach einer Weile heiterten sich auch die Mienen der Erwachsenen auf.

Ich sah, wie liebevoll Vaters Hände über die Klaviertasten strichen, und wurde traurig, weil er das Klavier nicht mit in die neue Wohnung nehmen konnte. Als er Mutter an sich zog und ihr Lieblingslied – Die blassgelbe Rose – anstimmte, war die Schwermut in seiner Stimme nicht zu überhören. Er sang die Melodie, sie die zweite Stimme, und die Worte berührten mich im Innersten meiner Seele.

Gelbe Rose, wenn du nur sprechen könnt'st.
Ich fragt' dich, was ich soll mit meinem Leben.
Ohne dich ist alles nur noch Schmerz.
Ach gelbe Rose, für dich, da würd' ich sterben.

Alle waren ergriffen von ihrer tiefen Liebe zueinander, die in jedem Ton ihres Gesangs zu spüren war.

Als sie endeten, war kein Auge trocken geblieben. Alle wussten, dass dieses Fest unser letztes gemeinsames sein würde. Wie Diebe in der Nacht würden wir uns davonschleichen müssen. Niemand durfte wissen, wohin wir gingen. Die unerbittliche Wahrheit war, dass Vater, seit er die Uniform an den Nagel gehängt und seinen Posten verlassen hatte, als Deserteur verfolgt wurde. Erst würden die Tschechen nach ihm suchen, dann die Nazis.

Ich versuchte mir jedes einzelne Gesicht einzuprägen. Alle gaben sich Mühe, an diesem Abend noch einmal fröhlich zu sein, und ließen sich von der Musik mitreißen, selbst die Kinder. Noch heute sehe ich sie vor mir, als wäre es erst gestern gewesen. Mit Ausnahme einer kurzen, heimlichen Begegnung im Jahr darauf haben wir keinen von ihnen jemals wiedergesehen. Wir mussten fliehen, um zu überleben. Sie blieben in der Gewissheit zurück, kein großes Risiko einzugehen, und wurden doch unter den brutalen Tritten der Nazistiefel wie Ungeziefer vernichtet.

Damals hätte ich nie geglaubt, dass die Trennung von diesem Teil der Familie für immer sein sollte.

Ich war wohlbehütet aufgewachsen. Jeden Freitagabend wurde Sabbat gefeiert. Mutter zündete die Kerzen an, brach das Challahbrot, das sie am selben Tag gebacken hatte, und sprach den Segen, mit dem das Sabbatfest begonnen wurde. Danach wurde gesungen oder wir bekamen Besuch. Täglich verließ Vater im Morgengrauen das Haus, ging zu seinem Regiment in die Kaserne und kehrte abends zurück. Es war nur anders, wenn er in einer wichtigen militärischen oder diplomatischen Mission unterwegs war, was häufig vorkam, als ich noch klein war. Einmal nahm er meine Schwester mit und kaufte ihr für die Reise einen wunderschönen Persianermantel. Ich weiß noch, wie neidisch ich war und dass ich unbedingt auch so einen Mantel haben wollte. Vater erklärte mir geduldig, dass der Kürschner ihn für jemand anders gemacht hatte, der ihn aber nie abgeholt habe. Da der Mantel die Größe meiner Schwester hatte und billig zu haben war, hatte Vater ihn für sie gekauft. Ein anderes Mal hatte er von einer Reise nach Deutschland Schokolade für uns alle mitgebracht – einen Schokoladenball für meinen Bruder und Schokoladenpuppen für meine Schwester und mich.

Genauso gewiss war für mich, dass Gott über allen Menschen wachte. Das hatte Mutter uns gelehrt. Jeden Tag sprachen wir regelmäßig unsere Gebete: das Abendgebet, wenn die Sonne unterging, das Gutenachtgebet kurz bevor wir die Augen schlossen, nach dem Aufstehen und Händewaschen das Morgengebet und vor den Mahlzeiten das Tischgebet.

Alle paar Monate fuhren wir zum Hof meines Großvaters in Zeteny, einem kleinen Bauerndorf einige Zugstunden von Užgorod entfernt. Dort lebten und arbeiteten wir zusammen mit der Großfamilie und den Pächtern, achtzehn Bauernfamilien, die seit Generationen Großvaters Land bestellten. Auf dem Hof gab es zur Begeisterung von uns Stadtkindern alle möglichen Tiere – Hühner, Gänse, Schafe, Ziegen, Pferde, Hunde und Katzen. Kaum waren wir angekommen, stürzten wir uns Hals über Kopf ins Landleben.

Die Vorfreude stellte sich meist schon lange vor der Ankunft ein. Die ganze Fahrt über pflegten meine Schwester und ich die Nasen gegen die Zugfenster zu pressen, wir staunten über die Kirschbäume und den knallroten Klatschmohn und die leuchtend blauen Kornblumen auf den Feldern, die an uns vorbeiflogen, während die Bahn durch das fruchtbare Ackerland zwischen Užgorod und Zeteny stampfte. Selbst mein kleiner Bruder, der damals noch ein Kleinkind war, spürte die freudige Erregung und versuchte am Fensterrahmen emporzuklettern. Vater musste immer lachen und zog ihn wieder runter. Als der Kleine dann älter wurde, hüpfte er aufgeregt durchs Abteil und fragte mindestens tausendmal: »Sind wir bald da?«

Zu Großvaters Ländereien gehörten eine Reihe von Feldern, die direkt hinter dem U-förmigen Gehöft begannen. In der Mitte stand Großvaters Haus, umringt von den Häusern seiner Pächter. Zum Hof gehörte auch ein hohes, einstöckiges, weiß gestrichenes Gebäude mit einem Dach aus Tonziegeln. Dort wurde ein Großteil der Ernte gelagert, wurden die Schafe geschoren, die Gänsefedern von grob nach fein sortiert und die Lammwolle auf einem uralten Spinnrad zu Garn gesponnen. Dann wurde die Wolle mit Pflanzenfarben gefärbt und in einer Ecke auf einem großen Handwebstuhl zu Sesselbezügen und Tischdecken gewebt.

Mit majestätisch wehendem schlohweißem Bart, der ihm bis auf die Brust reichte und ihn genauso patriarchalisch aussehen ließ, wie er war, pflegte Großvater uns zur Begrüßung entgegenzuschreiten. Sobald er mich erblickte, öffnete er die Arme, und ich flog ihm an die Brust und ließ mich von ihm drücken. Er war ein beeindruckender Mann und wirkte, obwohl er nicht besonders groß war, durch seine Haltung und seinen Charakter besonders imposant. Elf Kinder hatte er mit zwei Frauen gezeugt (seine erste Frau, die Mutter meiner Mutter, war jung gestorben). Ich bewunderte ihn.

Den Tag begann er gewöhnlich mit einem Gebet. Die Schläfenlocken wippten sanft, wenn er den Kopf in tiefer Versenkung über dem gefransten Gebetsschal wiegte. In Glaubensangelegenheiten verstand er keinen Spaß. Er betete, lebte koscher, achtete die Gesetze Gottes, so wie es von Generation zu Generation weitervererbt worden war, und legte sehr viel Wert darauf, diese Grundsätze auch seinen Kinder zu vermitteln. Von ihm hatte meine Mutter ihren einfachen, aufrechten Glauben, der sie voll und ganz erfüllte und dessen Befolgung sie auch von uns einforderte. In den vor uns liegenden Jahren war dieser Glaube oft der einzige Trost, der uns geblieben war. Wundersamerweise hat er uns immer Kraft gegeben. Nichts konnte Mutter in ihrem Glauben erschüttern, und bis auf den heutigen Tag bin ich fest davon überzeugt, dass wir diesem Umstand unsere Rettung verdankten.

Großvater war der beste Koch, den ich kenne, besser sogar noch als Mutter, die das Kochen bei ihm gelernt hatte und deren Künste selbst schon legendär waren. Sein Spezialgericht waren Suppen – am liebsten mit Beeren und Kirschen – kalt, süß und erfrischend, genau das Richtige für den Sommer. Außerdem bereitete er das beste Brathuhn der Welt zu. Dazu ging er auf den Hof, schnappte sich ein ganz junges Huhn und ließ es koscher schlachten. Anschließend mussten wir alle beim Rupfen helfen. Danach salzte er das Huhn und ließ das Salz eine Stunde ziehen, bevor er das Huhn eine halbe Stunde in Wasser einweichte. Als nächstes zerlegte er es, tauchte jedes Stück erst in Mehl, dann in gesalzene aufgeschlagene Eier und schließlich in Semmelbrösel, bevor er es in einer großen Pfanne in Gänseschmalz anbriet. Zum Schluss buk er alles in dem riesigen Holzofen, der in der Küche stand.

Zur Erntezeit gingen Mutter und ich meinen Tanten und den Frauen der Pächter zur Hand, rupften Gänse, sortierten Federn, trennten die Spreu vom Getreide, sammelten Eier und halfen bei der Schafschur. Auch bei der Herstellung der bunten Eier wurden wir eingespannt. Dazu musste man die Eier zunächst ausblasen und dann per Hand sorgfältig mit komplizierten Mustern bemalen. Die Frauen spannen und webten, nähten und färbten Stoffe. Bei der gemeinsamen Arbeit wurde meistens gesungen und auch Mutter stimmte in die seit Generationen überlieferten Gesänge ein – ungarische und tschechische Lieder und die schwermütigen, leidenschaftlichen Zigeunermelodien. Dieses gemeinsame Singen hat in mir eine große Liebe zu dieser Musik geweckt, die ein ganzes Leben hielt. Noch bis auf den heutigen Tag kenne ich die Texte der ausgefallensten Volkslieder auswendig.

Unser Leben war eine idyllische Mischung zwischen Stadt und Land, ein seltsame Mixtur aus Bürgertum und ländlicher Bodenständigkeit, weltlicher Anschauung und Religiosität. Meine Schwester und ich wetteiferten um Vaters Zuneigung, doch ich glaube, dass sie als jüngere ihm am liebsten war, zumal sie sein Temperament geerbt hatte. Mein Bruder war das Nesthäkchen. Mutter vergötterte ihn. Wir hatten Großeltern, die uns liebten, und brauchten uns um materielle Dinge keine Sorgen zu machen. In Užgorod half uns, obwohl Mut-ter selbst kochte und buk, ein Mädchen namens Joli bei der Hausarbeit. Wir lebten sicher und zufrieden, so, wie Generationen vor uns. Doch plötzlich stand der Krieg vor der Tür und wir mussten diese Welt hinter uns lassen.

Als die Feier sich an jenem letzten Abend dem Ende näherte, sah ich, wie Vater und sein ältester Bruder sich umarmten und weinten. Ich sah, wie viel Kraft Mutter das Lächeln kostete, mit dem sie die Gäste verabschiedete und versprach, zu schreiben, als führen wir nur für kurze Zeit in die Ferien.

Am nächsten Morgen verpackte Mutter gewissenhaft und liebevoll ihr teures Porzellan und das feine handbestickte Leinen, ihre Mitgift von Großvaters Hof, und richtete alles für die Zugreise nach Bratislava her. Wir hatten sorgfältig darauf geachtet, außer den Familienangehörigen niemanden in unsere Pläne einzuweihen, denn jede Indiskretion konnte uns das Leben kosten.

Als Haus und Möbel verkauft und der Rest eingepackt war, machten wir uns auf die 300 Kilometer lange Zugreise nach Bratislava im Süden der Tschechoslowakei. Wir hatten ein Abteil für uns, so dass wir auf dem Weg in unsere neue Heimat in aller Ruhe schlafen, singen und das festliche Picknick, das Mutter vorbereitet hatte, verspeisen konnten, ohne auf andere Rücksicht nehmen zu müssen. An den Bahnstationen stieg Vater aus dem Zug und kaufte heiße Getränke, Schokolade und frisches Obst. Rose, Larry und ich schauten aus dem Fenster den vorüberfliegenden Bäumen nach und versuchten, die Telefonmasten zu zählen. Wir erfanden sogar Lieder zum rhythmischen Geklapper der Zugräder.

In gewisser Weise waren wir eine ganz neue Familie geworden, genau so neu wie die Namen in unseren Ausweispapieren. Unsere bisherige Familiengeschichte war zu Ende. Vater, der schneidige Armeeoffizier, war nun ein Handelsvertreter für Damen- und Herrenunterwäsche aus importierter Seide, obwohl er offenbar heimlich noch einer anderen Tätigkeit nachging. Wenn ich an all die Leute denke, die in unserer Wohnung in Bratislava und später in Budapest ein und aus gingen, dann glaube ich heute, dass Vater schon früh Menschen bei der Flucht aus Mitteleuropa geholfen und für den tschechischen Untergrund gearbeitet hat. Uns hat er nichts davon gesagt, wahrscheinlich um uns zu schützen. Seit wir diese Reise angetreten hatten, durften wir niemandem mehr trauen und mussten zu unserer eigenen Sicherheit mit Lügen leben. Und so blieb es von nun an für den Rest meiner Kindheit.

Kapitel 2

Bratislava, die malerische slowakische Hauptstadt im Dreiländereck zwischen der ehemaligen Tschechoslowakei, Österreich und Ungarn, liegt am Westufer der Donau in einem Tal an den Ausläufern der kleinen Karpaten, das sich bis nach Österreich erstreckt – eine Lage, die für die späteren Ereignisse nicht unwichtig war.

Mit dem Taxi fuhren wir zu unserer neuen Wohnung. Selbst Mutter war von der Größe der Stadt beeindruckt. Im Vergleich zu dem, was wir kannten, war hier alles riesig. Die Stadt schien kein Ende nehmen zu wollen.

Unser neues Heim lag im malerischen jüdischen Viertel. Die Straßen wanden sich zwischen Geschäften und Wohnhäusern den von einer mittelalterlichen Burg dominierten höchsten Hügel der Stadt hinauf, dessen Gipfel etwa hundert Meter über dem Flusslauf lag. Die pastellfarbenen Gebäude weckten Erinnerungen an eine freundlichere Zeit, in der die Kunst, nicht der Krieg den Ton angegeben und Handwerker noch ihre jahrhundertealte Glasbläsertradition ausgeübt hatten. Ob Bratislava von Slowaken, Ungarn oder Tschechen regiert wurde – mit der Stadt und ihren Einwohnern war es seit dem achten Jahrhundert stetig bergauf gegangen.

Unsere Wohnung lag im dritten Stock, war geräumig und hell und auch schön möbliert. Mutter klatschte nach der ersten Besichtigung fröhlich in die

Hände. »Hier lässt es sich leben, sehr gut sogar«, sagte sie und nickte zur Bestätigung. Die hübschen Möbel hatte Vater der jüdischen Familie abgekauft, die vor uns hier gewohnt hatte. Sie waren in die Vereinigten Staaten ausgewandert. Mutter nähte Vorhänge für die Fenster, packte Porzellan, Silber und Leinen aus und sorgte dafür, dass wir uns in dem neuen Heim bald wie zu Hause fühlten. Den Leuchter, der einmal ihrer Mutter gehört hatte, platzierte sie auf den Tisch im Esszimmer und steckte elfenbeinfarbene Kerzen hinein, die am Sabbat zum Segen entzündet wurden. Die Schale für das Challahbrot stellte sie in den Eckschrank, damit sie sie am Freitagabend schnell zur Hand hatte. Und sie sang wieder, während sie Staub wischte und die Möbel polierte und umstellte. Wenn sie unser altes Haus und das alte Leben vermisste, so ließ sie sich nichts davon anmerken. Selbst dass wir nun kein Mädchen mehr hatten und sie die Hausarbeit allein machen musste, schien sie nicht zu stören. Mutter hielt sich nie lange damit auf, zurückzuschauen. Sie war eine Überlebenskünstlerin.

Unser erstes Freitagabendmahl in der neuen Wohnung war etwas ganz Besonderes, noch feierlicher, als es bei uns am Sabbat sonst üblich war. Wir feierten das neue Heim. Mutter, die wusste, wie es sich anfühlte, irgendwo neu anzufangen, bat zwei allein stehende Juden aus unserer Synagoge dazu, die keine Verwandten in Bratislava hatten. Seitdem hatten wir jeden Freitagabend und jeden Feiertag Gäste. Meine Eltern waren beide sehr großzügige Menschen und hielten es für selbstverständlich, all die guten Dinge, die Gott uns gegeben hatte, mit andern zu teilen. Unter der Woche war Vater nie zu Hause und keiner von uns wusste, ob er gerade Unterwäsche verkaufte oder

Leute über die Grenze schleuste. Geldprobleme schienen wir nicht zu haben, auch wenn wir nicht mehr wohlhabend waren. Die Eltern hatten das Geld von dem Haus- und Möbelverkauf gespart, irgendjemand zahlte Vater ein Gehalt und wir lebten auch jetzt wieder recht komfortabel.

Meine Schwester und ich besuchten die jüdische Schule in unserem Viertel. Mutter engagierte sich in der Synagoge und sie fand bald einen koscheren Schlachter, so dass sie auch weiterhin einen makellos koscheren Haushalt führen konnte. Die Eltern versuchten, unser Leben so normal zu gestalten, wie es mit falschen Namen, neuer Adresse und den deutschen Panzergeschwadern am Horizont möglich war.

Streunende Tiere hatten es Vater schon immer angetan, egal ob Katzen, Hunde oder Vögel. Einmal brachte er einen exotisch gefärbten Vogel mit, den man ihm wegen seiner Sprachkünste angepriesen hatte. Als der Vogel das erste Mal ein paar Spritzer Wasser abbekam, verlief die exotische Färbung und zum Vorschein kam ein gewöhnlicher Sittich, der nie und nimmer sprechen würde. Vater liebte ihn trotzdem. Alles mochte sich verändert haben – sein Herz für Streuner hatte er behalten. Eine Katze, die er mit in unser neues Zuhause brachte, erwies sich sehr bald als trächtig. Sie warf kurz darauf mitten in der Wohnung ihre Jungen. Wir verliebten uns sofort in die süßen Dinger, besonders Mutter. Wir redeten mit ihnen und fütterten sie mit allen möglichen Leckerbissen.

Mutter begann, Vorräte zu konservieren, füllte sie dazu in Glasbehälter, deckte sie mit Pergamentpapier ab und stellte sie in Reih und Glied neben das teure Porzellan und das Tafelsilber in die alte Eichenvitrine. Wenn die Sonne auf die bunten Gläser schien, leuchteten sie wie Juwelen. Mutter konnte sich nicht satt daran sehen. Vielleicht glaubte sie, damit auch unser neues Heim haltbarer gemacht zu haben.

Als Neunjährige war ich ein dürres, mittelgroßes Mädchen mit langen, welligen braunen Haaren, die in der Sonne leicht rötlich schimmerten. Von Mutter hatte ich die kurze Nase und die dunkelbraunen Augen geerbt. Meine Schwester war noch dünner als ich, hatte langes, dunkles Haar, Vaters bernsteinfarbene Katzenaugen und wirkte immer irgendwie zerbrechlich. Die Leute machten den Eltern dauernd Komplimente, wie hübsch wir wären, und obwohl Mutter nicht besonders eitel war, hatte sie einen guten Geschmack und nähte uns beiden oft die gleichen wunderbar verarbeiteten, reichlich bestickten Kleider.

Meine Schwester und ich lebten uns in der Schule ein und schlossen neue Freundschaften. Mutter ging mit unserem Bruder in den Park im Stadtzentrum, wo auch er neue Freunde fand. Das Klavier gab es nicht mehr, aber Vater hatte noch die Violine und seine Harmonika. An manchen Abenden spielten und sangen Mutter und Vater wie damals in Užgorod, besonders wenn wir Gäste hatten, die uns als »alte Freunde meines Vaters« vorgestellt wurden und ein, zwei Nächte bei uns blieben, bevor sie ins Ungewisse aufbrachen.

Langsam fühlten wir uns in Bratislava zu Hause und begannen Wurzeln zu schlagen, wie jede andere Familie es nach einem Umzug auch bald getan hätte. Das Jahr verging wie im Flug. Es ging uns gut, obwohl es Gerüchte über einen bevorstehenden Krieg und einen wachsenden Judenhass in Deutschland gab. Im März 1938 war Hitler in Österreich einmarschiert und betrieb die Annektierung des Sudetenlandes, einem

Gebiet an der tschechoslowakischen Nordgrenze, das hauptsächlich von Deutschen bewohnt war und früher zu Böhmen gehört hatte. Man nahm allgemein an, dass dies Hitlers erster Schritt war, sich auch die restliche Tschechoslowakei einzuverleiben. Die Streitigkeiten zwischen den Tschechen und den Minoritäten, besonders den Deutschen und den Slowaken, hatten dazu geführt, dass sich viele nach der Art von nationalistischem Staat sehnten, der ihnen von Hitler versprochen wurde. Die Nazis standen inzwischen also nördlich und südlich von uns.

Ende September wurde mit einem Schlag alles anders. Wieder einmal schickten sich die Deutschen unter Hitlers Führung an, auch unser Leben zu zerstören. Durch das mit Zustimmung von England und Frankreich zustande gekommene Münchener Abkommen von 1938 zwang Hitler den tschechoslowakischen Staatspräsidenten Edvard Beneš, das Sudetenland an Deutschland abzutreten, und ging dafür zum Schein darauf ein, die übrige Tschechoslowakei unbehelligt zu lassen. Kurze Zeit später ließ er jedoch seine Armeen durch Österreich an die tschechoslowakische Grenze rollen. Schließlich stand er mitten auf der Donaubrücke, die Österreich von der Tschechoslowakei trennte. Wir sahen ihn an jenem Tag von seinem offenen Wagen mit einer Arroganz auf Bratislava herabblicken, die an der Unbarmherzigkeit dieses Faschisten keinen Zweifel ließ. Damals wollte er die restliche Tschechoslowakei zwar nicht sofort einnehmen, aber Vater war fest davon überzeugt, dass es in kürzester Zeit so weit sein würde.

In der Zwischenzeit fühlte sich die Hlinka-Garde, die nach dem Vorbild der SA gebildete Kampforganisation der Slowakischen Volkspartei, durch Hitlers

Auftritt in ihrem Treiben bestätigt. Sie begann, die Juden zu verfolgen. Seit jenem Tag war kein Jude mehr sicher. Die Hlinka-Garde suchte jüdische Geschäfte heim, zerschlug die Schaufenster, marschierte durch unser Viertel und warf Steine durch die Fensterscheiben.

Vater wusste, dass wir erneut fliehen mussten. Aber wohin und wovon sollten wir die Flucht bezahlen? Ich hörte, wie meine Eltern des Nachts miteinander flüsterten und dass Mutter leise weinte.

»Vertrau mir«, tröstete Vater sie. »Ich werde uns in Sicherheit bringen.« Bis es jedoch so weit war, traf Vater einige Vorsichtsmaßnahmen. Er verrammelte die Fenster und machte aus unserer hellen, luftigen Wohnung eine düstere, von der Außenwelt abgeschnittene Gruft. Zur Schule durften wir nur noch in Begleitung gehen. Die Atmosphäre war ringsum zum Zerreißen gespannt und Mutter war ganz krank vor Sorge um unsere Sicherheit.

Dann machten die Ereignisse unsere Abreise immer dringender. Als ich etwa eine Woche nach Hitlers Auftritt auf der Donaubrücke durch die scheinbar friedlichen Straßen unseres Viertels nach Hause schlenderte, sah ich eine Gruppe Hlinka-Gardisten auf einen jungen Juden mit Schläfenlocken einschlagen. Sie rissen brutal an seinem Bart und den Locken, bis der Mann in Ohnmacht fiel. Der Anblick war so fürchterlich, dass ich laut schluchzend nach Hause rannte. Ich konnte einfach nicht verstehen, wie jemand einen unschuldigen Mann derart gemein behandeln konnte.

»Was für ein Verbrechen hat er begangen, dass er so eine Behandlung verdient?«, wollte ich von Mutter wissen. Sie stand wie angewurzelt da und schwieg. Gesicht und Lippen waren kreidebleich, während ich nicht aufhörte zu fragen – Fragen, auf die es unausweichlich nur eine Antwort gab.

»Sie haben ihn angegriffen, weil er ein Jude ist«, sagte Mutter schließlich leise und unendlich traurig.

Die Antwort erschreckte mich zu Tode. Ich war auch Jüdin. Ich konnte also ebenso gut angegriffen und geschlagen werden. Vater war wie so oft nicht in der Stadt, was meine Angst noch mehr verstärkte.

»Ich will, dass Papa nach Hause kommt«, weinte ich. »Er muss uns vor der Hlinka-Garde beschützen.«

Mutter antwortete nicht, nahm mich nur in den Arm, versuchte mich zu beruhigen und versicherte mir, dass alles gut werden würde. Ich glaubte ihr nicht und vermutlich glaubte sie selbst sich auch nicht.

Als Vater ein paar Tage später heimkam, bestätigte er unsere schlimmsten Befürchtungen.

»Es ist Zeit, von hier fortzugehen«, sagte er mit traurigen Augen und einem Zorn, den ich noch nie an ihm bemerkt hatte. »Wisst ihr, die Deutschen haben den slowakischen Faschisten ihre Zustimmung gegeben, gegen die Juden vorzugehen, und niemand wird wagen, sich ihnen in den Weg zu stellen. Das ganze Land befindet sich ohne die Unterstützung durch England oder Frankreich praktisch im Zustand der Auflösung.«

Er legte die Hand über die Augen. Zum ersten Mal im Leben erkannte ich, dass Vater für einen Moment die Kraft zu verlassen drohte, als ob auch ihm alles zu viel würde. Doch dann richtete er sich gerade auf und als er die Hand von den Augen nahm, lächelte er, und ich hatte meinen alten, selbstbewussten Papa zurück, der für jedes Problem eine Lösung wusste.

»Wir werden bald von hier verschwinden, aber bis dahin müssen wir sehr vorsichtig sein«, sagte er.

»Deshalb dürft ihr nicht mehr in die Schule gehen und Mama nicht mehr mit Larry auf den Spielplatz.«

»Aber Papa«, protestierte ich. »Ich gehe gern zur Schule! Ich will nicht zu Hause bleiben.«

»Das ist im Moment aber besser«, beschwichtigte mich Mutter.

»Es ist einfach zu gefährlich«, sagte Vater. Damit war das Thema beendet.

Wir warteten also ab, während Vater Pläne schmiedete. Die Steine flogen jetzt täglich. Wir hörten, wie sie gegen die verrammelten Fenster prallten, durften aber nicht draußen nachsehen. Inzwischen waren neue Probleme aufgetreten. Wenn wir nach Ungarn gingen (was das Beste schien), brauchte Vater andere Papiere, die ihn als ungarischen Staatsbürger auswiesen. Gleichzeitig mussten Mutter und wir Kinder einen andern Nachnamen als Vater bekommen, damit, wenn er geschnappt werden sollte, niemand wusste, dass wir zu ihm gehörten. Verzweifelt tat Vater alles in seiner Macht Stehende, um zu verhindern, dass wir seinetwegen in Schwierigkeiten gerieten.

Doch seit Gewalt und Antisemitismus in Bratislava auf der Tagesordnung standen, waren diese Papiere leider unmöglich zu beschaffen. Vater entschied, dass wir dann unser Glück eben ohne sie versuchen mussten – solange wir überhaupt noch die Möglichkeit hatten, abzureisen.

»Pack nur das Nötigste für uns alle in eine Tasche, wie für einen Ausflug«, sagte Vater eines Morgens zu meiner Mutter.

Sie sah ihn mit großen Augen an. »Aber was wird aus den anderen Sachen? Die Katze, ihre Jungen, mein feines Porzellan und das Leinen, die ganzen schönen Konserven?«

Vater schloss die Augen. »Wir müssen alles hier lassen.«

An diesem Morgen weinte Mutter laut, weil ihr klar wurde, dass sie alles, was sie besaß, verlieren würde. Aber es war nicht zu ändern. Vater sagte nichts und ließ sie weinen. Was hätte er tun sollen? Wir mussten fliehen, solange es noch ging. Mutter stopfte so viele Lebensmittel, wie wir tragen konnten, in einen Picknickkorb, und Vater bestellte ein Taxi. Über das Ziel unserer Reise schwieg er sich aus.

Die Taxifahrt durch Bratislava war ein einziger Albtraum. Zu den Repressalien gegen die Juden gehörte auch, dass es jedem Slowaken verboten war, sie zu transportieren. Doch unser Fahrer war angesichts der großen Summe, die Vater ihm geboten hatte, bereit, das Risiko auf sich zu nehmen. Der Mann war angespannt und übellaunig und schaute während der Fahrt dauernd über seine Schulter. Am Bahnhof waren die Gleise überfüllt mit Menschen, die auf einen Zug in eine beliebige Richtung warteten. Mehrere jüdische Familien wurden, während sie warteten, zusammengeschlagen und all ihrer Habe beraubt. Ich schloss die Augen. Ich hatte genug gesehen. Mehr konnte ich nicht ertragen.

Sobald der Fahrer den Stadtrand erreichte, fuhr er nur noch durch Nebenstraßen, um so eventuellen Straßensperren zu entgehen, an denen nach fliehenden Juden Ausschau gehalten wurde. Vater dirigierte das Taxi zu einem Waldweg, auf dem wir einen Bekannten von ihm auflasen, der uns bis Kotchov Košice, eine Stadt hinter der ungarischen Grenze, begleiten wollte. Als wir die Ausläufer von Kotchov Košice erreichten, erlitt der Wagen einen Achsenbruch. Der Fahrer verlangte noch mehr Geld von Vater, um den Schaden reparieren zu können.

»Ich habe Ihnen bereits ein Vermögen bezahlt«, entgegnete Vater scharf.

Der Fahrer zuckte die Schultern. »Ein Fahrzeugschaden war nicht im Preis inbegriffen. Die Reparatur wird mich eine Menge Zeit und Geld kosten.«

Vater starrte ihn eine Weile lang an. Man konnte die Wut und Verachtung in seinen Augen lesen, aber schließlich griff er in die Tasche und zahlte die geforderte Summe. Wir schnappten unser Gepäck und gingen zu Fuß zum jüdischen Waisenhaus der Stadt, in dem wir die Nacht verbringen konnten. Kaum waren wir am nächsten Morgen in den Zug gestiegen, eröffnete uns Vater, dass wir für einen kurzen Besuch nach Užgorod zurückfahren würden. Er hoffte, dort über seine alten Kontakte Papiere besorgen zu können.

Ich lächelte, als ich durch das Zugfenster erst den Bahnhof von Užgorod näher kommen sah, dann das malerische Städtchen und schließlich sogar unser altes Haus, das noch immer so idyllisch auf meiner geliebten Wiese stand. Nach dem Chaos in Bratislava sah hier alles so ruhig und sicher aus … Aber ich wusste, dass der Eindruck täuschte.

»Du musst hier so schnell wie möglich verschwinden«, sagte Vaters Bruder Josef. »Die tschechische Armee hat schon nach dir gesucht.« Seine Miene verfinsterte sich. »Wenn sie dich finden, hängen sie dich wegen Fahnenflucht auf.«

Vater nickte. Ich bin mir sicher, dass er das bereits wusste, und genauso sicher, dass es ihm gar nicht gefiel, dies vor seiner Familie erörtern zu müssen, aber er sagte nichts.

Stattdessen fragte er: »Kannst du mir neue Papiere besorgen? Wahrscheinlich müssen wir das Land verlassen und das ist mit unseren jetzigen Pässen unmöglich.«

Josef half ihm. Uns gab das die Möglichkeit, noch ein letztes Mal heimlich unsere Tanten, Onkel, Cousins und Cousinen wiederzusehen, bevor wir am nächsten Tag abreisten. Es war grausam, nur zurückzukehren, um gleich wieder aufbrechen zu müssen, aber die Eltern erklärten uns in aller Ruhe, dass wir keine andere Wahl hatten. Im übrigen, sagte Mutter, würden wir noch Großvater besuchen. Und schon konnten wir wieder lachen.

Am nächsten Morgen saßen wir im Zug nach Kiraly Helmec, der Zeteny nächstgelegenen Stadt auf ungarischer Seite. Von dort benachrichtigten wir Großvater von unserer Ankunft. Er war überrascht von unserem Besuch, aber vor allem erleichtert, dass wir in Sicherheit waren, da auch er von den Gewaltausbrüchen in Bratislava gehört hatte. Mit dem uns so vertrauten Pferdewagen brachte er uns zu seinem einige Kilometer entfernten Bauernhof.

Er war so wütend auf Vater, dass er sich kaum beherrschen konnte. Mutter war ganz bleich und presste ihre Hände zusammen, während sie zwischen den beiden hin und her schaute. Bis zu unserer Ankunft auf dem Hof sagte Großvater keinen Ton.

»Weißt du eigentlich, wie rücksichtslos du gewesen bist?«, schrie er Vater an, sobald sie die Tür hinter sich geschlossen hatten. Wir konnten trotzdem alles hören. »Erst begehst du Fahnenflucht und entehrst deinen Namen, dann verlässt du Bratislava und lässt all dein Hab und Gut einschließlich der Mitgift meiner Tochter zurück! Als du das erste Mal davongelaufen bist, hast du wenigstens einen Teil eurer Habe retten können, auch wenn es nicht sehr viel war.« Großvater war ein hochdekorierter Veteran aus dem Ersten Weltkrieg und hatte kein Verständnis für Vaters Entscheidung, der tschechischen Armee den Rücken zu kehren, um sich einer anderen, weit größeren Herausforderung zu stellen.

Was ihn jedoch am meisten erregte, war die Tatsache, dass seine Tochter und die Enkel plötzlich völlig mittellos vor seiner Tür standen und nicht einmal wussten, wo sie in der nächsten Zeit unterkommen sollten, während der Ehemann und Vater obendrein von der Armee gesucht wurde.

»Ich habe dich immer für einen Lebemann und verweichlichten Muttersohn gehalten, der nie etwas zu Ende bringen kann«, hörte ich Großvater schimpfen. Mutter machte Anstalten, die Tür zu öffnen und dazwischenzugehen, überlegte es sich aber im letzten Moment anders. »Du warst nie da, wenn meine Tochter dich wirklich gebraucht hat. Als sie Betty bekam, musste sie sogar zu mir nach Hause kommen, weil du irgendwo in der Weltgeschichte herumgondeltest. Auch dass du heute hierher gekommen bist, zeigt, wie unverantwortlich du handelst. Jetzt ist meine gesamte Familie in Gefahr, wahrscheinlich sogar das ganze Dorf. Die tschechischen Behörden haben dich hier bereits gesucht. Wenn sie zurückkommen und dich hier finden, werden sie dich wohl hängen und alle anderen deportieren oder ins Gefängnis werfen. Ist es das, was du willst?«

Wir hörten Vater leise antworten. Wie sehr er sich gewünscht haben muss, laut loszuschreien! Aber er tat es nicht. Er war auf Großvaters Hilfe angewiesen. Vielleicht gab er Großvater auch in einigen Dingen recht.

Als sie später aus dem Zimmer traten, hatten sie offenbar zu einer Art von friedlicher Übereinkunft gefunden, die darauf hinauslief, dass wir ein paar Tage bleiben durften. Dann würde Vater mit dem Zug nach Budapest fahren, wohin wir ihm später folgen sollten.

Und so machten wir es. Als Großvater uns mit dem Pferdewagen nach Kiraly Helmec zurückfuhr, versuchte er ein letztes Mal, Mutter zum Bleiben zu überreden.

»Dein lieber Mann wird dich bestimmt gleich wieder in Schwierigkeiten bringen. Für dich und die Kinder wäre es viel besser und auch sicherer, wenn du ihn ziehen ließest. Schließlich wird nur er von den Behörden gesucht. Du und die Kinder, ihr könntet hierbleiben, bis der ganze Wahnsinn vorbei ist«, drängte Großvater.

Mutter schüttelte den Kopf. Nicht im Traum dachte sie daran, Vater zu verlassen. Zudem hatte sie eine Heidenangst, irgendwo in Reichweite der Nazis zu bleiben. Sie hatte deren Brutalität und Hass mit eigenen Augen beobachtet und wusste, dass sie bald auch die übrige Tschechoslowakei besetzen würden.

»Du hast nicht gesehen, was sie in Bratislava mit den Juden machen«, sagte sie zu Großvater. »Als Jude ist man in der Tschechoslowakei nicht mehr sicher. Vielleicht solltest du dir den Bart schneiden, bis alles vorüber ist.«

Großvater lachte nur. »Mich kennt hier jeder. Mit oder ohne Bart – alle wissen, dass ich Jude bin, und ich werde nicht verleugnen, wer und was ich bin. Das solltest du eigentlich wissen.«

Sie sahen sich an und begannen zu weinen. Großvater war damals achtundsiebzig. Vielleicht spürte er, dass er weder Mutter noch uns jemals wiedersehen würde. Er drückte mich fest an sich. Ich schluchzte. Er versprach, dass wir uns bald wiedersehen würden, aber ich konnte ihm nicht glauben.

Als der Zug in den Bahnhof einlief, halfen wir Mutter mit den fünf Koffern beim Einsteigen, in denen wir alles verstaut hatten, was uns in dieser Welt geblieben war.

Aufrecht und würdevoll stand die trotz ihrer Jahre unbeugsame Gestalt meines Großvaters am Gleis und sah uns nach.

Seine Pächter liebten ihn ebenso wie seine Kinder und doch konnten ihm weder die einen noch die anderen helfen, als die Nazis kamen. Er und seine Familie wurden zusammengetrieben und über die Dorfstraße abgeführt, während die Freunde und Nachbarn entsetzt, aber hilflos zusehen mussten. Meine Verwandten wurden wie viele Millionen andere auch von der Mordmaschinerie der Nazis und ihrer Helfershelfer vernichtet. Wir haben erst nach dem Krieg davon erfahren.

Noch immer habe ich dieses letzte Bild vor Augen, als Großvater am Bahnhof stand und mit der rechten Hand seine Augen beschattete, während der Zug langsam anfuhr. Ich schaute zurück, bis er schließlich aus meinem Blickfeld verschwand.

Großvater hatte uns drei Abschiedsgeschenke gemacht: etwas Geld, einen gut gefüllten Picknickkorb für die fünfstündige Reise nach Budapest – und seine Gebete.

Kapitel 3

Es war dunkel, als wir in Budapest ankamen. Das stattliche Gebäude des Westbahnhofs erinnerte uns an ein riesiges Herrenhaus. Wir hielten auf dem belebten Bahnsteig nach Vater Ausschau und waren wie verzaubert vom Glanz der Stadt, die uns hell erleuchtet entgegenstrahlte. Wie Diamanten funkelten die Lichterketten an den Hängebrücken vor dem schwarzen Samthimmel über der majestätischen Donau, die von den bunt angestrahlten und reich verzierten Häuserfronten von Buda und Pest eingerahmt wurde. Wir konnten uns gar nicht satt sehen. Zu Recht wurde die Stadt Klein-Paris genannt. Es war die größte Stadt, die je einer von uns gesehen hatte. Selbst Mama gingen die Augen über.

Aber damals fehlte uns die Kraft, diesen Eindruck unbeschwert zu genießen. Obwohl meine Geschwister und ich auf der Reise die meiste Zeit geschlafen und uns zwischendurch reichlich aus Großvaters Picknickkorb bedient hatten, wollten wir nach der langen Fahrt nur noch in die Sicherheit unseres neuen Heims flüchten. Doch stattdessen mussten wir mit der bereits überfüllten Wohnung eines von Vaters Freunden vorlieb nehmen.

»Ich hätte euch gern in unserem neuen Heim in Empfang genommen, aber die Zeit war zu kurz«, erklärte Vater und stellte uns seinen Freunden vor, die gekommen waren, um uns mit dem Gepäck zu helfen. Allerdings hatte er eine gute Nachricht: dass er eine wunderschöne Wohnung gefunden hatte, in die wir in etwa einer Woche einziehen konnten. Bis dahin mussten wir uns mit dem einen Zimmer begnügen, das er für uns gemietet hatte, und wir überbrückten die Zeit damit, unsere neue Umgebung zu erkunden. Was für eine überwältigende Umgebung das war! Das aus der Vereinigung der beiden erstmals im Mittelalter erwähnten Städte Buda und Pest hervorgegangene Budapest war das architektonische Prunkstück des österreich-ungarischen Habsburgerreichs. Die stolze Geschichte mancher Gebäude in den gepflasterten Gassen des alten Buda gingen bis in die Renaissance zurück. Es gab unzählige Kirchen mit farbigen Glasfenstern und Wandfriesen, eine schöner als die andere, die ihren Erlöser und alle Heiligen priesen. Doch gleichzeitig bezeugten die ebenfalls vorhandenen zahlreichen Synagogen die verhältnismäßige Freiheit und Toleranz, die ungarische Juden seit fast hundert Jahren in dieser Stadt genossen. Eine Freiheit, die in deutlichem Kontrast zum Antisemitismus und den oft grausamen Pogromen und Umsiedlungen im übrigen Osteuropa und Russland stand.

Obwohl man die Juden auch in Ungarn als eigenständiges Volk und Religionsgemeinschaft angesehen hatte, standen ihnen doch fast ein Jahrhundert lang alle Posten in Wirtschaft und Verwaltung offen, und sie konnten ein freies und ausgefülltes Leben an der Seite ihrer ihnen freundlich gesinnten Landsleute führen. Diese Toleranz und Freiheit hatten in den letzten fünfzehn Jahren durch das Aufkommen des Faschismus etwas gelitten. Als wir Ende 1938 in Ungarn ankamen, waren bereits einige einschränkende Gesetze gegen Juden verabschiedet worden. Aber noch wurde niemand auf offener Straße verprügelt. Wir waren erleichtert und fühlten uns zumindest für den Augenblick in Sicherheit.

Unermüdlich durchstreiften wir die neue Stadt, Mutter immer begeistert vorneweg. Wir gingen zu Fuß oder nahmen auf der Pest-Seite der Donau die Straßenbahn. Wir erkundeten die Hügel von Buda, die Ruinen am Stadtrand, drängten uns durch die Menschenmassen im eleganten Einkaufsviertel, besichtigten das stattliche Parlamentsgebäude und die königliche Feste auf dem Burghügel hoch über der Donau.

Doch die größte Freude bereitete Mutter der Beitritt zur Dohány-Synagoge, der größten in ganz Osteuropa, die mitten in dem Teil der Stadt lag, der später das jüdische Getto werden sollte.

Es war eine reiche und mächtige Gemeinde mit einem blühenden religiösen Leben, ehe die Nazis 1944 einmarschierten, den faschistischen Pfeilkreuzlern zur Macht verhalfen und die Juden verfolgen und terrorisieren ließen, bis Adolf Eichmann schließlich die »Endlösung« für die ungarischen Juden propagierte. Als der Holocaust in Ungarn vorüber war, hatte nur ein Bruchteil der jüdischen Bevölkerung überlebt. Die wenigen, die am Leben geblieben waren, hatten alles verloren, viele sogar ihre Kinder.

Doch damals war die Synagoge für mich einfach nur die größte und schönste, die ich je gesehen hatte. Die Sandsteine und die Mosaikfliesen verliehen ihr eine majestätische Aura und einen Hauch von Ewigkeit. Mutter war glücklich, einer so großen und frommen jüdischen Gemeinde anzugehören. Trotz einiger antisemitischer Beschränkungen war Budapest 1939 noch der freieste und sicherste Ort für osteuropäische Juden. In einer solchen Gemeinde hatte sich Mutter noch nie engagiert, obwohl sie immer am Leben der Synagogen teilgenommen und sich in den Dienst der Wohltätigkeit gestellt hatte. Nun konnte sie ihrer Berufung in ganz anderem Maßstab nachgehen und das genoss sie.

Eine Woche nach unserer Ankunft war die Wohnung fertig – und, was noch besser war, sie befand sich im selben Gebäude wie unsere provisorische Unterkunft. Wir waren alle sehr glücklich darüber, da das Haus in einem angenehmen, eleganten Viertel nur zwei Blocks von der Donau entfernt stand. Es gab sogar einen Aufzug. Wie für Luxusbauten dieser Art üblich, waren die Wohnungen des siebenstöckigen Hauses um einen hübsch bepflanzten Innenhof mit Bänken und Gartenmöbeln angelegt. Ein zweiter Hof, der mit Kopfstein gepflastert und durch einen Zaun mit einem schmiedeeisernen Tor gesichert war, führte zu einem weiteren baugleichen Gebäude.

Unsere Wohnung im ersten Stock war geräumig und schön, mit hohen Wänden und Stuckdecken. Insgesamt gab es drei Schlafzimmer, ein Wohnzimmer, das durch Flügeltüren mit dem Esszimmer verbunden war, und ein geräumiges Bad mit separater Toilette. Statt eines alten Keramikofens wie in Bratislava hatten wir hier Zentralheizung. Das Beste war jedoch die Küche. Sie war groß genug, dass Mutter nach Herzenslust kochen und backen konnte, worauf wir uns bereits alle freuten. Tatsächlich machte sie als erstes ihren berühmten Mohnrosinenstrudel. Während der Butterhefeteig ging, kochte Mutter aus Mohn, Rosinen, Milch, Rum und Zucker die köstliche Füllung. Wir halfen ihr, den Teig auszurollen, trugen die Füllung auf, rollten den Teig wieder zusammen und warteten ungeduldig darauf, dass er erneut aufging. Sobald das geschehen war, bepinselte Mutter ihn oben mit Milch und Ei und schob ihn in den Ofen. Als wir später in der Küche unser erstes Stück Strudel verzehrten, lächelten wir vor Glück und fühlten uns wie im Himmel.

Als nächstes galt es, die Wohnung einzurichten. Wieder einmal trieben meine Eltern genügend Mittel auf, um Möbel zu kaufen. Das Geld stammte wohl zum Teil aus dem Verkauf unseres Hauses in Užgorod, zum Teil hatte Vater es mit seinen Untergrundaktivitäten und möglicherweise sogar durch seinen Handel mit Herrenunterwäsche verdient. Dazu kam noch das Geld von Großvater. Die Eltern stöberten in Antiquitätengeschäften und Gebrauchtwarenläden nach hübschen Möbelstücken, kauften Porzellan, Leinen und sogar etwas Tafelsilber – all die Dinge, die wir in Bratislava hatten zurücklassen müssen. Für ein Klavier reichte das Geld jedoch nicht, aber das war wohl auch besser so, da mein Vater so wenig Aufmerksamkeit wie möglich auf sich ziehen wollte. Wenn er da war, durften wir niemanden mit nach Hause bringen und niemandem sagen, dass er unser Vater war. Aus Sicherheitsgründen wollte er nicht, dass man uns mit ihm in Verbindung bringen konnte. Wenn wir nach ihm gefragt wurden, sollten wir sagen, dass Vater als Handelsreisender arbeitete und selten zu Hause war. Den netten Mann, der in Wirklichkeit mein Vater war, mussten wir als einen »Freund« und nicht als einen Familienangehörigen vorstellen.

Die ungarische Regierung war weiterhin dem Faschismus zugeneigt und mit Nazi-Deutschland verbündet. Jeder wehrfähige Mann zwischen achtzehn und fünfundfünfzig musste seinen Kriegsdienst ableisten. Mein Vater konnte nicht beweisen, dass er diesen Dienst bereits geleistet hatte, aber natürlich wollte er auf keinen Fall jetzt noch eingezogen werden. Auch damals, Anfang 1939, musste sich schon jeder bei der Polizei anmelden und seine Religionszugehörigkeit angeben. Diese Meldepflicht gab es in Ungarn seit den frühen zwanziger Jahren. Vater hatte sich nie bei der Polizei registrieren lassen. Er wollte inkognito bleiben, damit er bei uns sein und uns beschützen konnte, während er für den tschechischen Untergrund arbeitete.

Tagsüber verließ er die Wohnung und versteckte sich irgendwo in Buda, in einem, wie er es nannte, »sicheren Haus«, das den tschechischen Untergrundkämpfern gehörte. Daß er für den Widerstand arbeitete, war zu Hause nie ein Gesprächsthema. Vater wollte es so. Er glaubte, dass nur Unwissenheit Mutter retten konnte. Er wusste, dass sie bei der ihr eigenen Aufrichtigkeit die Wahrheit sagen würde, sobald man sie unter Druck setzte. Also war es besser für sie, nichts zu wissen.

Wir mussten lernen, was sich schon während der Monate in Bratislava angedeutet hatte: unsere wahre Lebensgeschichte für uns zu behalten. Niemand durfte wissen, dass wir falsche Papiere hatten und eigentlich keine ungarischen Staatsbürger waren. Diese Lebenserfahrung lehrte mich schon früh, meine Angelegenheiten selbst zu regeln und zur Einzelgängerin zu werden. Es war mir unmöglich, irgendjemandem voll und ganz zu vertrauen, auch später nicht, als ich dieses Vertrauen gut hätte gebrauchen können. Es war mir unmöglich, weil ich Angst hatte, jemanden in all meine »Geheimnisse« einzuweihen. Auf der anderen Seite rettete unser Schweigen uns wahrscheinlich das Leben.

In der Zwischenzeit schuf Mutter uns ein richtiges Heim, nähte mit viel Liebe abermals Vorhänge, sogar welche für die Glasscheiben der Flügeltüren zwischen Wohn- und Esszimmer. Um etwas dazuzuverdienen, kochte und buk sie für andere Leute, was sie so gut machte, dass ihre Dienste sehr gefragt waren. Obwohl Vater tagsüber kaum zu Hause war, kamen wieder Fremde in unsere Wohnung und blieben bis zu ein oder zwei Tagen – wie in Bratislava und vermutlich auch aus demselben Grund. Vater half offensichtlich illegalen Fremden bei der Flucht aus Ungarn.

Ich wüßte nicht, dass Mutter sich jemals über unsere komplizierten Lebensumstände geärgert oder mit Vater deswegen gestritten hätte. Im Nachhinein erscheint es mir schier unglaublich, dass ich meine Eltern – trotz all der Umstellungen in unserem Leben, der vielen Menschen und Dinge, die wir zurücklassen mussten und später sehr vermissten – nie habe streiten hören. Mutter erzählte oft, dass sie Vater von Anfang an – seit der große Armeeoffizier durch die Straße von Kiraly Helmec marschiert war –, unwiderstehlich fand. Daran hatten auch seine Heimlichkeiten nichts ändern können, die er mit niemandem teilen konnte und ihm keine Ruhe ließen.

Manchmal versuchte er, sich mit uns Kindern die Zeit zu vertreiben. Dann ließ er uns gegeneinander »kämpfen«, als wären wir Soldaten unter seinem Befehl.

»Betty, greif Rose an, ja so, bring sie zu Boden, aber tu ihr nicht weh«, sagte Vater und lehnte dabei im Wohnzimmer an der Wand. Pflichtschuldig griff ich also Rose an, die sich wehrte, mich biß oder an den Haaren zog. Sofort sprang auch mein kleiner Bruder Larry hinzu und trommelte mit den Fäusten auf uns beide ein. Vater sah eine Weile lang zu, bis eine von uns die Oberhand gewann, und ging dann dazwischen. Wenn ich es mir heute überlege, war das ein merkwürdiges Verhalten für einen Vater, aber vielleicht wollte er uns ja nur beibringen, stark zu sein, um uns das Überleben zu erleichtern. Mir hat es zumindest später geholfen. Mutter aber stand meist schweigend dabei.

Die Schule wurde wieder wichtiger. Mutter wollte uns auf eine jüdische Schule schicken, was Rose und Larry auch ohne Murren akzeptierten, aber ich protestierte heftig bei dem Gedanken an die vorgeschriebene Schuluniform, die aus einem entsetzlichen knielangen, langärmligen Kleid, Kniestrümpfen und scheußlichen schwarzen Schnürschuhen bestand. Ich wollte auf die staatliche Schule gehen, aufs örtliche Gymnasium. Die Eltern lenkten ein, aber ich musste versprechen, nach der Schule noch zum Religionsunterricht zu gehen. Mutter war noch immer entschlossen, aus uns gute, engagierte Juden zu machen. Dem Krieg und allen Wirren zum Trotz führte sie weiter ihren koscheren Haushalt. Vater sah diese Angelegenheit weniger streng.

Gleich am ersten Schultag fand ich eine Freundin, die dazu noch in der Nachbarschaft wohnte. Violet Storch war gerade elf Jahre alt und schon eine atemberaubende Schönheit mit pechschwarzem Haar, herzförmigem Gesicht und dunkelblauen Augen. Sie war lebhaft und lustig und vom ersten Moment an schlossen wir Freundschaft.

In der Pause kam sie auf dem Schulhof zu mir und sagte: »Hallo, du bist die Neue, oder?«

Ich stellte mich vor und sie fragte mich, wo ich wohne. »Dann sind wir ja Nachbarn«, sagte sie. »Ich bin direkt gegenüber zu Hause. In welchem Stockwerk wohnst du?«

»Im ersten«, antwortete ich.

Sie klatschte in die Hände. »Wir auch.«

Ich weiß nicht, warum ich so dickköpfig darauf bestanden hatte, die staatliche Schule zu besuchen, aber wahrscheinlich war es Schicksal. Wenn ich Mutters Wunsch gefolgt wäre, hätte ich Richie Kovacs nie kennengelernt.

Ich war zeitlebens ein Wildfang. Auch wenn ich nie größer als einen Meter fünfundfünfzig wurde, war ich, anders als meine dünne, kränkelnde und unsportliche Schwester, immer kräftig und durchtrainiert. Rose hatte von einer Kinderkrankheit einen Schatten auf der Lunge zurückbehalten, weshalb sie von den Eltern verzärtelt wurde. Heute verstehe ich ihre Fürsorge, aber als Kind ärgerte ich mich darüber. Als ich vom Turnunterricht der Schule erfuhr, meldete ich mich, sportbegeistert wie ich war, natürlich sofort an.

Dort begegnete ich Richie Kovacs zum ersten Mal. In der gemischten Turngruppe wurde er mir als Partner zugewiesen. Ich begutachtete ihn. Er war ein paar Jahre älter als ich, also etwa zwölf, und viel größer. Ein gut aussehender dunkler Typ, bei dem einem glatt die Luft wegblieb und in dessen hinreißend blauen Augen man sich verlieren konnte. Doch damals hatte ich noch keinen Blick für derlei Vorzüge. Mir war nur wichtig, dass er stark genug war, um mir bei den Übungen Hilfestellung geben zu können. Sein muskulöser Nacken und die breiten Schultern überzeugten mich, dass er dieser Anforderung gewachsen war. Ich wurde mir bewusst, dass ich ihn anstarrte, und im selben Augenblick schaute er mir direkt in die Augen, lächelte und winkte mir zu.

Jedes Paar musste etwas vorführen. Während die anderen zusahen, sollten wir an einem Seil die Wand der Turnhalle hinaufklettern. Als ich an der Reihe war, hatte ich schwer zu kämpfen. Mit meinen kurzen Beinen und Armen fiel mir die Übung nicht leicht. »Mach schon«, hörte ich unter mir Richies Stimme erbarmungslos kommandieren. »Bring's hinter dich!«

Ich war mir schon bald nicht mehr so sicher, ob ich seine Partnerin sein wollte, aber nach dem Vorturnen kam er zu mir und schenkte mir wieder sein unwiderstehliches Lächeln. »Wo wohnst du?«, fragte er.

»Im fünften Bezirk«, antwortete ich.

»Ich wohne gar nicht so weit weg«, sagte er. »Im achten Bezirk. Sollen wir zusammen nach Hause gehen?«

Ich nickte schüchtern und war froh, dass ich einen neuen Freund gefunden hatte, der zudem noch genauso sportinteressiert war wie ich.

Den ganzen Heimweg über unterhielten wir uns.

»Ich werde in der neuen Turngruppe bleiben«, sagte Richie. »Turnen ist gut für die Haltung. Ich spiele natürlich auch Fußball, aber das ist was anderes. Turnen erfordert irgendwie mehr Disziplin.«

Ich nickte. »Ich werde auch weitermachen, obwohl man dafür dreimal in der Woche länger bleiben muss. Aber es gefällt mir gut.«

»Spielst du ein Musikinstrument?«, fragte er mich, während wir über die breite Promenade schlenderten. Unterhalb des hohen Donaudamms trieben die Lastkähne träge flussabwärts.

»Nein«, antwortete ich. »Wir hatten mal ein Klavier, aber wir haben es verkauft, als wir ...« Ich zögerte, wuss-te nicht recht, wie ich den Satz zu Ende bringen sollte, und sagte schließlich: … als wir ungezogen sind.«

Er strahlte mich an. »Wir haben ein Klavier. Mutter spielt Klavier und ich spiele Klavier und Schlagzeug. Wenn du mal ein bisschen klimpern willst, komm einfach vorbei.«

Ich weiß noch, dass ich mich sehr über das großzügige Angebot freute und ihn dankbar ansah. So fing es an. Dreimal die Woche – montags, mittwochs und freitags – gingen wir zum Training, und danach brachte er mich entweder zu Fuß nach Hause und fuhr mit der Straßenbahn heim oder wir nutzten unseren Schülerausweis und fuhren gemeinsam Straßenbahn. Wir hatten uns so viel zu erzählen! Oft brauchten wir ein, zwei Stunden für den Heimweg. Wir blieben stehen und schauten auf den Fluss oder holten uns etwas zu essen. Manchmal tranken wir Kakao oder Sprudelwasser. Ich weiß noch, wie ich damals nach einer Himbeerbrause schmachtete, die es bei einem Straßenhändler zu kaufen gab. Ich traute mich aber nicht, es zu sagen, da ich kein Geld hatte und mich deswegen vor Richie schämte.

Als hätte er meine Gedanken gelesen, sagte er plötzlich: »Ich bin so durstig! Ich könnte sterben für eine Himbeerbrause.« Er schob mich zu dem Straßenhändler. »Möchtest du auch eine?«, fragte er. Ich schüttelte den Kopf, unfähig zu antworten und zu stolz, ihm die Wahrheit zu sagen. Also stand ich daneben und sah zu, wie er die ganze Brause allein trank.

Schon nach einigen gemeinsamen Spaziergängen war mir klar, dass Richie aus einer reichen Familie stammen musste. Ihr gehörte ein riesiges Weingut auf dem Land und Ungarns größter Spirituosenhandel.

Richies Vater war außerdem Herausgeber und Miteigentümer der Budapester Tageszeitung Die Stimme des Volkes. Bei uns hingegen langte das Geld gerade zum Leben. Zwar hatten wir ausreichend zu essen und eine hübsche Wohnung, aber wohlhabend waren wir längst nicht mehr.

Bisweilen vergaßen wir auf unseren unterhaltsamen Spaziergängen die Zeit und ich kam zu spät nach Hause. Mutter ärgerte das sehr, besonders freitags. Dieser Tag war uns immer noch heilig, weil mit ihm der Sabbat begann. Mutter bereitete das große Mahl am Freitagabend vor und buk Challahbrot. Frühmorgens ging sie zum Fleischer, um ein koscheres Huhn zu kaufen, das sie samt der Beine verwertete. Das Essen begann mit einer Hühnerbrühe, in die sie ihre köstlichen selbst gemachten Nudeln schabte. Dann servierte sie das Huhn und reichte dazu das selbst gebackene Challahbrot, anschließend folgte ein Braten, der meistens geschmort war und zu dem es, je nach Saison, Kartoffeln, Karotten, Bohnen oder Apfelmus gab. Zum Nachtisch wurde Strudel aus der Bäckerei oder einer von Mutters hervorragenden Kuchen aufgetragen. Ihr Meisterstück war Varadi lepény, ein Kuchen mit einem Boden und einer oberen Schicht aus Mürbeteig mit Walnüssen. Dazwischen befand sich eine Walnußfüllung mit acht Eiern, bei der Eiweiß und Eigelb getrennt geschlagen und mit Kakao und Zucker vermischt wurden. Bis auf den heutigen Tag ist diese leckere Spezialität der Lieblingskuchen meiner Kinder.

Bevor wir zugreifen durften, legte Mutter ihren wunderschönen Spitzenschleier um, zündete die fünf Schabbeskerzen an, die in der Mitte des Esstisches standen, fuhr mit den Händen dreimal über die Kerzen, bedeckte ihr Gesicht und sprach ihre Gebete. Zum Schluss wünschte sie einen »guten Schabbes« und küsste uns Kinder. Meistens war das der Zeitpunkt, an dem Vater aus der Synagoge heimkam, manchmal allein, manchmal in Begleitung von Freunden. Oft blieben die »Freunde« zum Essen und spielten nachher Karten, obwohl nach dem Mahl der Sabbat offiziell begonnen hatte und Mutter sich später immer bei Vater darüber beklagte. »Konntet ihr mit dem Kartenspielen nicht bis Samstag Abend warten?«

In gewisser Weise sehnten wir uns damals alle nach unserer ganz speziellen Freiheit. Wie sehr hatte Vater, das verhätschelte Nesthäkchen der Familie, die Freiheiten, die ihm beim Militär gewährt wurden, genossen! Als Nachrichtenoffizier konnte er selbstständig arbeiten und war es gewohnt, aufregende Auslandsreisen zu unternehmen. Er liebte das Reisen und seine militärischen und diplomatischen Missionen hatten ihn bis nach Australien und Neuseeland gebracht, an Orte, von denen die meisten Leute noch nie etwas gehört hatten. Jetzt ging er zwar tagsüber aus dem Haus, aber er musste dabei vorsichtig sein und sich so gut es ging »unsichtbar« machen. Mutter war stets besorgt, wenn er nicht pünktlich nach Hause kam. Womöglich hatte man ihn geschnappt und sie würde ihn nie mehr wiedersehen? Papa schien dieser beengende Zustand eher zu frustrieren und zu langweilen, als zu beängstigen. Er war es gewohnt, offen durchs Leben zu gehen, doch jetzt musste er sich in dunklen Hausfluren verbergen und durfte sich nicht einmal öffentlich zu seiner Frau und seinen Kindern bekennen. Aus diesem Grund hatte Mutter in ihren und unsere Pässe ihren Mädchennamen eintragen lassen. Für Vater war das die einzige Möglichkeit, uns zu schützen.

Je älter ich wurde, desto mehr Freiheiten wollte auch ich. Vor allem wollte ich ausgehen, wann ich Lust dazu hatte. Aber Mutter brauchte mich zu Hause, damit ich auf Larry aufpasste, während sie als Köchin arbeitete.

Wie sehr wir auch unseren Horizont zu erweitern versuchten – Mutters Horizont wurde unverrückbar von den Geboten ihrer Religion begrenzt. Tscholent war das beste Beispiel dafür. Samstags durfte man nicht kochen, denn am Sabbat waren solche Hausarbeiten verboten. Da man trotzdem etwas essen musste, bereitete Mutter also wie alle ihre jüdisch-orthodoxen Geschlechtsgenossinnen das Samstagsmahl am Freitag Nachmittag zu. Dieses Gericht hieß Tscholent, ein Gericht, das an Schmorbraten erinnert, aber einen so eigenen Geschmack hat, dass jeder Vergleich hinkt – besonders, wenn es nach Mutters Rezept zubereitet wird. Wie bei so vielen mitteleuropäischen Gerichten ist auch bei Tscholent die Art der Zubereitung von Land zu Land verschieden. Tscholent kommt ursprünglich aus Russland, wo es für gewöhnlich zu gleichen Teilen aus Gerste und gefleckten Feldbohnen besteht. Die Ungarn nehmen drei Viertel Bohnen und ein Viertel Gerstengraupen. Die Österreicher hingegen verwenden wiederum mehr Gerste als Bohnen. Mutter hatte eine himmlische eigene Mischung. Sie gab Bohnen, Gerste, Knoblauch und Zwiebeln in einen schweren Zehn-Liter-Topf. Dann stopfte sie einen Gänsehals wie eine Art Pelle mit einer Füllung aus Mehl, Gänseschmalz, Salz, Paprika und ein bisschen Wasser und legte ihn ebenfalls in den Topf. Der Gänsehals gab zusätzlich Aroma und Geschmack.

Schließlich tat sie etwas geräuchertes Gänsefleisch und ein wenig Rinderbraten dazu und füllte den Topf zur Hälfte mit Wasser.

Sobald die Zutaten beisammen waren, fing mein Teil der Arbeit an. Mutter schickte mich mit dem Topf zu unserem Bäcker, der ihn, nachdem das letzte Challahbrot gebacken und die Asche über die Kohlen geschüttet worden war, zusammen mit den vielen Töpfen der anderen jüdischen Familien aus der Nachbarschaft auf der schwelenden Glut über Nacht köcheln ließ. Jede Familie hatte ihren Namen auf den Deckel geschrieben und das Gericht mit Pergamentpapier abgedeckt, bevor der Topf geschlossen wurde. In der Nacht füllte der Bäcker Wasser nach. Die Gerichte blieben von Freitag abend bis Samstag mittag im Ofen. Wenn ich mich mit dem schweren Topf verspätete, schüttelte der Bäcker jedes Mal den Kopf.

»Jetzt ist es zu spät. Da wirst du morgen wohl kein Tscholent essen können.«

Sofort fing ich an zu bitten und zu betteln. »Sie müssen den Topf noch annehmen! Meine Mutter macht mich sonst fertig.« Da ich immer die richtige Mischung aus Schuldbewusstsein und Reue fand, ließ sich der freundliche Bäcker erweichen und stellte meinen Topf zu den anderen.

Am Samstag Mittag holte ich dann das durchgegarte Tscholent ab, womit wir dann samt würzig eingelegtem Gemüse und Challahbrot ein opulentes Mittagsmahl genießen konnten. Das Gericht war so schwer und gehaltvoll, dass Vater sich nach dem Essen immer für zwei Stunden auf die Wohnzimmercouch legte und schlief. Während er ruhte, durften wir weder sprechen noch sonst einen Mucks von uns geben. Sobald er aber aufwachte, lächelte er immer und sagte, dass die Bohnen Schuld gewesen seien.

Abends, nachdem wir mit unseren Hausarbeiten und den Nachtgebeten fertig waren und Mutter uns ins Bett gebracht hatte, hörte ich sie mit Vater darüber sprechen, dass inzwischen tatsächlich der Krieg ausgebrochen war. Die Nachrichten verhießen nichts Gutes. Die Nazis befanden sich auf dem Siegeszug und nahmen ein Land nach dem anderen ein. Mittlerweile schrieben wir das Jahr 1940 und Polen war gefallen. Die restliche freie Welt hatte tatenlos zugesehen, als sie noch hätte eingreifen können. Jetzt war sie zu sehr mit sich selbst beschäftigt, als dass sie die Nazis noch aufhalten konnte.

»Wenigstens ist England in den Krieg eingetreten«, hörte ich Vater sagen. »Ich habe gehört, dass eine Menge polnischer Piloten jetzt für die RAF fliegen.«

Er erzählte nie, woher er das wusste, und wir Kinder kamen auch nicht auf die Idee, ihn danach zu fragen. Es war eine chaotische Zeit. Als »gute Ungarn« hätten wir eigentlich treu zu den Deutschen stehen müssen, die schließlich unsere Verbündeten waren. Doch sowohl als Juden als auch als Osteuropäer war es erschreckend, mitansehen zu müssen, wie die Deutschen überall einmarschierten. Und was ich der geflüsterten Unterhaltung meiner Eltern über das Schicksal der polnischen Juden entnehmen konnte, ließ mich nachts vor Angst aus dem Schlaf schrecken.

»Sei unbesorgt, Mamika«, vernahm ich eines Nachts Vaters beschwichtigende Worte. »Hier sind wir sicher. Bis die Deutschen die Zeit finden, Ungarn einzunehmen, ist der Krieg längst vorbei. Wir müssen nur abwarten.«

Vater war immer optimistisch und Mutter brachte

nichts aus der Ruhe, es sein denn, ich verspätete mich. Mit der Zeit nahm sie mich immer mehr in die Verantwortung. Auch wenn die Eltern nie darüber sprachen, hatten wir ständig Geldprobleme. So etwas wie Taschengeld kannten wir nicht. Nie gab es mal etwas extra und die schönen Geschenke, die Vater uns früher mitgebracht hatte – Porzellanpuppen, Schweizer Schokolade, Pelzmäntel und Schmuck –, gehörten der Vergangenheit an. Allerdings nähte Mutter sich und uns Kindern noch immer schöne Kleider, die sie selbst entwarf. Und sie kleidete Rose und mich immer noch wie Zwillinge, obwohl wir keine waren.

Richie und ich wurden dicke Freunde. Wir waren so häufig zusammen, dass meine Freundin Violet schon eifersüchtig wurde.

»Bevor du Richie kennengelernt hast, sind wir immer zusammen von der Schule nach Hause gegangen«, beschwerte sie sich. »Jetzt gehst du nur noch mit ihm.«

Was sollte ich sagen? Ich wollte weder auf meine Spaziergänge mit Richie verzichten, noch wollte ich, dass Violet dabei war.

Richie und ich waren ausgewählt worden, mit zweiundzwanzig anderen bei einer Tanzgruppe mitzumachen, die zur Musik der Schulband auftrat und exerzierte. Für uns bedeutete das eine große Ehre und eine Menge Spaß. Wir bekamen Uniformen – marineblaue Hosen für die Jungen und marineblaue Faltenröcke, marineblau gepunktete Blusen und eine Fliege für die Mädchen. Richie und ich machten uns großartig. Er wirbelte den Taktstock, als ob er damit geboren worden wäre. Na ja, als Schlagzeuger musste er wohl damit umgehen können. Und ich meisterte voller

Stolz jedes noch so schwere Manöver mit der ungarischen Flagge in der Hand.

Schade, dass mir das Turnen nicht genauso leicht fiel. Wir trainierten viel am Trapez, aber ich war nicht besonders gut. Richie sollte mich halten, während ich eine Brücke schlug. Das tat er auch. Die Schaukel schwang hin und her, aber aus lauter Angst hinunterzufallen, klammerte ich mich so fest an ihn, dass an eine Durchführung der Übung nicht zu denken war. Ich glaube, in dem Moment fing ich an, mich in ihn zu verlieben – vielleicht weil er mir nie die Schuld an unserer ziemlich glanzlosen Vorstellung gab. Und das hieß einiges, denn Richie war Perfektionist in allem, was er tat.

Damals gewann unsere Freundschaft eine neue Qualität. Richie begann, mich zu sich zum Essen einzuladen, und ich revanchierte mich. So wurde Richie einer der wenigen Menschen, die wussten, dass mein Vater mein Vater war, da ich sie bei ihrem ersten Zusammentreffen einander vorgestellt hatte. Es war das Beste, was ich machen konnte, denn obwohl ich eigentlich niemanden am Abend mit nach Hause bringen durfte, galt das für Richie, seit er Vaters wahre Identität kannte, nicht mehr. Am Anfang fand Vater Richies Besuche amüsant und zog mich erbarmungslos damit auf.

Wenn Richie hereinkam, hob Vater die Augenbraue, als wolle er sagen: »Schon wieder eine Verabredung?«

Ich schaute weg, aber Richie suchte meinen Blick, zwinkerte mir zu – unsere »Geheimsprache«, wenn wir nicht allein waren – und ich wusste, dass er nicht über mich, sondern mit mir lachte.

Ich versuchte, Würde zu bewahren, aber Vater wollte sich den Spaß nicht nehmen lassen.

»Soso«, flüsterte er mir im Vorbeigehen zu. »Dein spezieller Freund ist also wieder einmal unser Gast. Soll ich den Rabbi rufen? Den Festsaal mieten?«

Ich wurde knallrot. Ich war erst zwölf! Richie und ich waren nur Freunde, obwohl ich zugeben muss, dass es zumindest für mich eine ganz besondere Freundschaft war. Er stand meinem Herzen am nächsten und war neben Violet mein bester Freund. Aber auch ihm wagte ich nicht all unsere Geheimnisse anzuvertrauen, da ich wusste, dass Vater – wir alle – unter Umständen schwer dafür würden büßen müssen. Kein Mensch durfte wissen, dass Vater bei der tschechischen Armee gewesen und desertiert war. Natürlich durfte auch niemand wissen, dass er kein Ungar war, besonders jetzt nicht, da die Regierung viele Nichtungarn, vor allem Polen und Tschechen, deportieren ließ. Je länger der Krieg dauerte, desto mehr wehrfähige Männer wurden an die Ostfront geschickt oder in Arbeitslager gesteckt. Mein rastloser, großmütiger Vater war da ein willkommenes Ziel und wir versuchten ihn genauso zu schützen wie er uns.

Die Abendessen bei Richie waren kultiviert und mondän. Die Wohnung der Kovacs' lag im Obergeschoss des Gebäudes, das sowohl den Spirituosenhandel als auch eine kleine jüdisch-orthodoxe Synagoge beherbergte, die sein Urgroßvater hatte bauen lassen. Die Zimmer waren geräumig und geschmackvoll mit unbezahlbaren Antiquitäten und polierten Mahagonimöbeln eingerichtet. Richies Vater war nett, aber sehr würdevoll und distanziert. Während des Essens unterhielt er sich höflich mit mir, verschwand danach aber sofort in seinem Arbeitszimmer. Die Mutter war eine schlanke, zierliche, ausnehmend freundliche Schönheit, die aufgrund ihres dunklen Haares und der elfenbeinfarbenen Haut den Vergleich mit meiner Mutter nicht zu scheuen brauchte. Damals, noch vor der deutschen Besetzung, zog sie sich zum Essen jedesmal um, und die Nägel an ihren langen, schmalen und gepflegten Händen glänzten mit einer dünnen Schicht Nagellack. Ihr Schmuck war erlesen und ich habe sie nie ohne Perlen, Diamanten oder Juwelenohrringe gesehen. Ihr Ehering war entzückend und der Verlobungsring mit einem großen Diamanten besetzt. Sie redete gestenreich und spielte wie Richie Klavier. Bestimmt hatte er seine langgliedrigen, schmalen Hände von ihr geerbt, und seine Liebenswürdigkeit auch. Richie war einer der liebenswürdigsten Menschen, denen ich je begegnet bin, und dasselbe galt für seine Mutter. Da sie den Wohlstand ihrer Familie als Privileg und Gnade ansah, fühlte sie sich verpflichtet, den vom Schicksal weniger Begünstigten zu helfen. Sie verbrachte viel Zeit mit ihrer karitativen Tätigkeit in Budapest – eine Arbeit, die immer wichtiger wurde, je länger der Krieg andauerte, die Wirtschaft zusammenbrach, die Nahrungsmittel rationiert wurden und Familien ohne ihre Väter und Söhne zurecht kommen mussten.

Trotz der orthodoxen Synagoge, die der Urgroßvater in ihrem Haus eingerichtet hatte, waren Richies Eltern sehr moderne Juden, die sich von den strikten Regeln ihres Glaubens gelöst hatten. Wie so viele andere wohlhabende Juden der damaligen Zeit sahen sie sich zu hundert Prozent als Ungarn und zu achtzig Prozent als Juden. Sie waren assimiliert – zumindest glaubten sie das.

Kapitel 4

Rückblickend war es wohl unvermeidlich, dass aus Richie und mir ein Paar wurde. Unsere Bande hatten sich so spontan und fest geknüpft, dass sich mehr als Freundschaft entwickelte. Als ich dies zum ersten Mal spürte, war ich zwölf und Richie gerade vierzehn geworden. Er wuchs, wurde schöner und spielte die Trommel in der Schulkapelle. Die Mädchen waren verrückt nach ihm, aber zu meiner Freude hatte er nur Augen für mich.

Wir waren so unzertrennlich, dass es Violet schon lange ein Dorn im Auge war. Eifersucht mochte auch eine Rolle spielen, aber hauptsächlich ärgerte es sie, dass ich so viel Zeit mit ihm verbrachte. Sie fühlte sich von mir vernachlässigt. Manchmal fragte sie, ob sie mitkommen dürfe, wenn wir spazieren oder ins Kino gingen, aber ich verneinte dies. Ich wollte unsere gemeinsame Zeit mit niemandem teilen. Wenn ich mit Richie zusammen war, konnte ich wenigstens für einen Augenblick den Krieg vergessen und einfach nur jung und ich selbst sein.

Eines Tages schaute er mich mit seinen leuchtend blauen Augen an, setzte ein ernstes Gesicht auf und fragte: »Willst du mit mir gehen?« Ich erinnere mich noch genau. Es war ein schöner Tag und wir spazierten gerade die Donau entlang, als Richie vorschlug, die wenigen Schritte von der breiten Promenade zum Ufer hinabzusteigen und uns unter die Brücke zu setzen. Wir hatten immer ein paar Brotkrumen dabei, um damit die Karpfen zu füttern. Zuerst bekam ich keinen Ton heraus, zerquetschte nur die Brotkrumen in meiner Hand und schaute ihm in die Augen.

»Hast du deine Zunge verschluckt, Kis Pofa?«, fragte Richie. Das war sein Kosename für mich, Kleines Gesicht. Auch wenn ich langsam weibliche Formen zu entwickeln begann, maß ich kaum mehr als einen Meter fünfzig und alles an mir war klein, auch mein Gesicht.

Ich schüttelte den Kopf.

»Du willst nicht mit mir gehen?«, fragte Richie, grinste dabei aber so breit, dass auch mir die Mundwinkel zuckten und ich schließlich lachen musste.

»Nein, ich habe meine Zunge nicht verschluckt, ja, ich will mit dir gehen.«

Seitdem waren wir ein Paar. Bei unserer ersten Verabredung nach jenem Tag lud mich Richie ins Kino ein. Wir saßen im obersten Rang. Was wir uns angesehen haben, weiß ich nicht mehr, irgendwas Amerikanisches. Wir liebten amerikanische Filme und amerikanische Musik – Showmelodien, Big-Band-Songs, Jazz. Ungefähr nach der Hälfte des Films legte Richie den Arm um mich und küsste mich auf die Wange, drehte dann mein Gesicht zu sich und küsste mich auf den Mund, ein keuscher, unschuldiger Kuss mit geschlossenen Lippen, sehr sanft und anrührend. Sterne tanzten vor meinen Augen. Kein Wunder, dass ich mich an den Film nicht mehr erinnern kann.

Schon immer war die Donau Budapests Lebensader: als Reise- und Handelsroute, als landschaftliche Attraktion, als Gewässer, das zwei stolze alte Städte gleichzeitig trennte und verband. Und sie war der Inbegriff des Freizeitvergnügens. Als 1942 der Frühling anbrach, nahm mich Richie jedes Wochenende mit auf den Fluss.

Die Kovacs' besaßen ein Boot, das in einem der engen hölzernen Bootshäuser lagerte, die in einer schmalen, im rechten Winkel auf die Donau zuführenden Seitengasse aufgereiht nebeneinander standen. Es war ein Ruderboot. Wenn man sich anstrengte und erst flussaufwärts ruderte, konnte man sich danach gemütlich flussabwärts treiben lassen. Das Bootshaus selbst war winzig, hatte ein einziges kleines Fenster und gerade genug Platz für ein schmales Bett, einen Stuhl und einen Tisch.

Das Boot war unser fliegender Teppich, der uns aus der schwülen Hitze der Stadt davontrug und den neugierigen Blicken von Eltern und Freunden entzog. Es war unser Fluchthelfer ins private Abenteuer.

Natürlich hätte Mutter mir nie erlaubt, allein mit einem Jungen in ein Boot zu steigen, obwohl sie Richie mochte und ihm vertraute. Aber so etwas gehörte sich nicht. Abgesehen davon ließ sie mich überhaupt nur ungern in ein Boot steigen. Wie leicht konnte man da ertrinken! Doch ich überzeugte sie, dass ich eine gute Schwimmerin war. Und was Richie anging, habe ich sie schlicht belogen. Ich sagte, dass wir mit Freunden unterwegs sein würden. Mir war nicht wohl dabei, sie zu belügen, aber ich tat es trotzdem. Ich wollte mir den Spaß nicht verderben lassen, und auch nicht das Alleinsein mit Richie. Es gab aber noch ein anderes Problem, bei dem ich auf Violets Hilfe angewiesen war: Ich brauchte Badekleidung. Mutter konnte ich nicht darum bitten, denn sie hätte mir bei ihren strengen religiösen Grundsätzen sicher einen Anzug mit langen Armen und Beinen genäht. So etwas trug in Ungarn aber niemand mehr. Ich musste also Violet bitten, mir einen von ihren modernen Badeanzügen zu leihen. Sie hatte dieselbe zierliche Statur wie ich und wir tauschten häufig unsere Kleider. Ihre Eltern konnten sich ganze Schränke voller Sachen für Violet und ihre genauso hübsche Schwester leisten.

Seit ich mit Richie ging, hatte ich Geheimnisse vor Mutter – eine ganz normale Entwicklung bei einem Teenager, auch wenn wir uns mitten im Krieg befanden. Wenn Mutter jemals erfahren hätte, dass ich mit Richie allein auf dem Boot gewesen war und nichts als einen Badeanzug trug, hätte sie mir auf der Stelle verboten, ihn jemals wiederzusehen.

Draußen war es sehr warm und der Weg zum Bootshaus weit. Erst mussten wir die Straßenbahn nach Buda nehmen, in den Zug umsteigen und dann ziemlich lange über eine Wiese laufen. Aber ein Gutes hatte die lange Anreise: Als wir die mit Blumen übersäte Wiese überquerten, nahm Richie mich zum ersten Mal bei der Hand. Hinter den Gärten der Bulgaren, die vor einigen hundert Jahren nach Ungarn gekommen und noch immer die wichtigsten Gemüsebauern des Landes waren, hielt er noch immer meine Hand und ich wünschte, er würde sie nie mehr loslassen. Von der Stelle, wo seine Finger meine Hand berührten, schienen kleine Stromstöße durch meinen Körper zu schießen. Ich denke, ihm ging es genauso. Er ließ nicht los und wir pressten unsere Hände ineinander, aber natürlich traute sich keiner von uns, etwas zu sagen. Wir waren so jung und schüchtern! Richie zählte zwar zu den selbstbewusstesten Menschen, die ich kannte, aber auf eine sehr besonnene Art. Er war kein Aufschneider. Prahlereien hatte er nicht nötig, da alles, was er tat, Hand und Fuß hatte. Als hochbegabtes Einzelkind wohlhabender Eltern, die ihn vergötterten, hatte er es nicht nötig, sich zu beweisen.

Auf unserem ersten Bootsausflug brachte Richie mir zunächst das Rudern bei. Um mir zu zeigen, wie so ein Boot in Bewegung gesetzt wird, hockte Richie sich hinter mich, legte seine Arme um mich und zog zusammen mit mir die Ruder durchs Wasser. Er saß so dicht bei mir, dass unsere Körper sich berührten. Es fiel mir schwer, mich auf das Rudern zu konzentrieren, aber irgendwie lernte ich es schließlich doch. Als ich die Technik leidlich beherrschte, setzte sich Richie zurück auf seinen Platz, ohne die körperliche Nähe oder den Umstand, dass ich nur einen Badeanzug trug, auszunutzen.

Sehr weit stromaufwärts kamen wir an diesem Tag nicht. Meine Hände waren mit vielen Blasen übersät, die ich mir geholt hatte, doch das Treibenlassen auf dem Rückweg entschädigte mich für alles. Ich lag auf meiner Seite des Bootes und genoss die heiße Sonne auf der Haut. Richie sah von seiner Seite zu mir herüber und steuerte das Boot sanft zurück zum Anlegesteg. »Du bist so schön und ich liebe dich so sehr«, sagte er leise.

Auf den Bootstouren erzählten wir uns unsere Träume. Er wollte an die Uni und Biochemiker werden. Meine Pläne waren viel schlichter und häuslicher: Ich wollte einfach nur Richies Frau und die Mutter seiner Kinder sein. Ich hatte eine so chaotische Kindheit gehabt, hatte wegen des Krieges dauernd umziehen und so viele Geheimnisse mit mir herumtragen müssen, dass ich mir nichts sehnlicher wünschte als ein ruhiges Leben an Richies Seite, weit weg vom Krieg und dem, was er den Menschen antat.

Einmal ruderten wir bis zur tschechischen Grenze

hoch, was etwa vier Stunden dauerte. Als wir uns dann mit der Strömung zurücktrieben ließen, waren es jedoch nur zwei, und das, ohne einen Handschlag tun.

Später auf dem Heimweg blieben wir stehen, um den Sonnenuntergang über der Donau zu genießen. Das Schauspiel war atemberaubend. Feuerrote Kaskaden aus Purpur und Gold zerschlitzten den Himmel, als die Sonne mit einem letzten Aufblitzen am Horizont verschwand und die Nacht sich über die Stadt senkte.

Mit dem letzten Lichtstrahl lief mir ein Schauder den Rücken hinunter. »Wirst du mich immer so lieben, wie du mich jetzt liebst?«, fragte ich Richie in einem plötzlichen Bedürfnis nach Bestätigung.

Er nahm mein Gesicht in seine Hände und hauchte mir einen Kuss auf die Lippen, sanft wie ein Flüstern. »Immer«, versprach er.

Wenn wir nicht auf dem Fluss oder in der Schule waren, stöberten wir zusammen in Antiquitätengeschäften. Richie hatte bereits zwei Schuljahre mehr auf dem Buckel als ich und wusste in vielen Dinge besser Bescheid. Geduldig versuchte er, mir das Geheimnis der Kunst näher zu bringen: wer Tizian war, was und wann er gemalt hatte, wie ein Triptychon aussah. Ich weiß noch, dass er mir vor einem Bild, auf dem eine Frau mit einer Rose zu sehen war, die verschiedenen Pinselstriche erklärte.

In einer Januarnacht 1942 holte mich Richie zum Kino ab. Es schneite so stark, dass die Flocken einen dichten Schneevorhang bildeten.

»Vielleicht sollten wir besser nicht ausgehen«, sagte ich. »Bis wir im Kino ankommen, sind wir völlig zugeschneit.«

Richie grinste nur. »Wird schon nicht so schlimm werden, Kleines. Außerdem sind wir beide warm angezogen – was soll uns also passieren?«

Meine Miene hellte sich auf. »Wenn dir die Kälte und der Schnee egal sind, lass uns Schlittschuh laufen.« Ich war verrückt nach Schlittschuhlaufen und Eistanzen auf den künstlich angelegten Teichen in der Nähe. Richie war nicht so begeistert davon. Aber da er zumindest angedeutet hatte, dass ihm der Schnee Freude machte, wollte ich versuchen, ihn zu überreden.

Inzwischen waren wir bereits auf der Straße. Statt einer Antwort nahm Richie eine Handvoll Schnee, formte ihn zu einem Ball und warf ihn mir ohne Vorwarnung mitten ins Gesicht. »Du willst also Eis laufen, hm?« Er lachte und schaufelte wieder Schnee in seine Hände.

Meine Überraschung war im Nu verflogen und ich kratzte selbst eifrig Schnee für einen Racheakt zusammen. So jagten wir uns den ganzen Weg zum Kino und bewarfen uns mit Schneebällen. Dass wir natürlich doch über und über mit Schnee bedeckt waren, ehe wir ankamen, brauche ich wohl nicht extra zu erwähnen. Und als hätten wir nicht schon genug von dem kalten Weiß gehabt, wurde auch noch der amerikanische Film Adoptiertes Glück mit der Eisläuferin Sonja Henie gezeigt. Wenigstens eine, die an diesem Abend zum Schlittschuhlaufen kam.

So ließen wir uns durch das Jahr 1942 treiben, während um uns herum der Krieg loderte. Vater musste sich noch mehr vorsehen als bisher, um nicht geschnappt und an die russische Front oder ins Arbeitslager geschickt zu werden.

Er arbeitete weiterhin als Fluchthelfer und Mutter als Köchin, um unsere Kasse aufzubessern. Oft brachte sie uns Essen mit nach Hause.

An einem schönen, sonnigen Tag im Sommer jenes Jahres, in dem ich dreizehn geworden war, nahm Vater mich mit auf einen Spaziergang. Ich freute mich und war gleichzeitig überrascht, weil er in letzter Zeit meistens vermieden hatte, mit uns gesehen zu werden.

Ich sah ihn an. Sein Mund lächelte, seine Augen nicht. In ihnen spiegelte sich eine unendliche Traurigkeit.

»Stimmt etwas nicht, Papa?«

Er schüttelte nur den Kopf. »Komm mit!« Wir gingen ein paar Straßen weiter, bis wir zu einem Friseursalon kamen. Zu meiner Überraschung, schob er mich durch die Tür und bevor ich noch einen Ton sagen konnte, bat er die Friseuse, mir mein langes, welliges Haar so kurz zu schneiden, dass es wie ein Bubikopf aussah. Danach ließ er mir eine Dauerwelle machen, die so scheußlich war, dass man mich deswegen noch monatelang danach auslachte, bis sie endlich herausgewachsen war.

»Du musst unbedingt älter aussehen, denn von jetzt an musst du auch älter sein«, erklärte er mir mit ernster Miene, als er bemerkte, wie weh mir der Verlust meiner Haare tat. »Als Älteste musst du Mutter zur Seite stehen, ihre rechte Hand und zweites Augenpaar sein.«

Er drehte sich für einen langen Augenblick zur Seite, wandte sich mir dann wieder zu, nahm meine Hand und führte mich hinaus. Nachdem wir ein paar Schritte gegangen waren, schaute er auf mich herab, dieser große, fesche, einmalige Mann, der mein Vater war, und sagte: »Ich muss das Land verlassen, Kleines. Ein Geheimauftrag. Ich wollte, ich könnte bleiben, aber das ist zu gefährlich. Sie würden mich an die Front nach Russland schicken oder ins Arbeitslager stecken und dann könnte ich nichts mehr für euch tun, nicht für dich, nicht für Mutter und auch nicht für deinen Bruder und deine Schwester.« Er wischte mir eine Träne ab, die sich aus dem Augenwinkel die Wange hinuntergestohlen hatte. »Du musst stark sein, meine Tochter. Für dich, für mich und vor allem für deine Mutter.«

»Aber wohin gehst du, Papa?«

Er seufzte und drückte meine Hand. »Freunde von mir werden mich außer Landes bringen, damit ich meinen Auftrag erfüllen und französische Flüchtlinge zur Fremdenlegion schmuggeln kann. Die Sache ist riskant und ich werde wohl lange wegbleiben. Ich hatte gehofft, dass der Krieg bald vorbei sein würde und wir in Budapest bleiben könnten, ohne um unser Leben fürchten zu müssen, aber es hat nicht sollen sein. Ich muss diesen Auftrag erledigen und vielleicht werden andere folgen.« Einige Blocks später kamen wir zu einem Hutgeschäft, und Vater kaufte mir einen karierten Florentinerhut aus Taft, den man unter dem Kinn festbinden konnte. Mit diesem Ding und der Dauerwelle sah ich bestimmt grauenhaft aus, aber das konnte ich Papa kaum sagen, nicht jetzt, da er uns für Gott weiß wie lange verlassen würde.

Ich konnte es noch gar nicht fassen. Ein Leben ohne Vater war für mich ebenso undenkbar wie ein Leben ohne Mutter, auch wenn er sich die halbe Zeit verstecken musste und wir kaum jemandem erzählen durften, dass er unser Vater war. Aber wenn es darauf ankam, war er das Familienoberhaupt und unser Beschützer. Ich hasste diesen schrecklichen Krieg! »Und wann kommst du zurück, Papa?«

»Sobald ich kann.« Mehr sagte er nicht.

Mutter schnappte nach Luft, als sie meine neue Frisur sah, und war ziemlich wütend auf Vater.

»Was in aller Welt hast du mit meiner hübschen Betty angestellt?«, schimpfte sie.

»Sie muss älter aussehen, da sie eine Zeitlang meinen Platz einnehmen und dir zur Seite stehen muss«, antwortete Vater leise.

Mutters entsetzter Gesichtsausdruck verriet, dass sie bisher keine Ahnung gehabt hatte.

»Was heißt das? Wohin gehst du?«, stieß sie hervor.

Er deutete lediglich an, Leute nach Nordafrika bringen zu müssen und dass er für eine Weile fort müsse, vielleicht sogar für Monate.

Beim Abendessen war es ungewöhnlich still. Meine Schwester konnte vor Aufregung keinen Bissen herunterbringen und mein kleiner Bruder war völlig verwirrt. Mutter sagte kaum etwas, obwohl Vater versuchte, sich fröhlich und charmant zu zeigen. Vielleicht wollte er seine Familie in glücklicher Stimmung in Erinnerung behalten. Nach dem Essen überredete er Mutter zu singen und begleitete sie auf der Violine. Erst spielte er einige traurige Zigeunerweisen, die so klangen, wie ich mich fühlte: »Der Frost hauchte Blumen auf die Scheibe, als ich dich zum ersten Mal sah, und Frühling war's, als ich dich verließ ...« Hatte er nicht allen Grund, an diesem Abend traurige Lieder zu singen? Er brachte uns gemeinsam mit Mutter zu Bett und schaute zu, wie sie mit uns die Gebete sprach. Vielleicht wollte er auch diese Szene in Erinnerung behalten. Später, als wir längst hätten schlafen sollen, spielte er flottere, fröhliche Lieder, sogar einen Czárdás. Einmal hörte ich sie sogar zusammen lachen.

Als ich am nächsten Morgen aufstand, war er schon weg. Einige Wochen später erhielten wir eine Ansichtskarte von ihm. Das Bild zeigte Vater auf einem Schiff in der Nähe von Konstantinopel. Mutter erklärte, dass er über eine vom tschechischen Untergrund seit langem genutzte Route durch Jugoslawien dorthin gelangt war. Der jugoslawische Untergrund war ebenfalls sehr aktiv im Kampf gegen die Deutschen. Von dort war er in die Türkei geschmuggelt worden, von wo aus er die ihm Anvertrauten wahrscheinlich per Schiff nach Marokko zur Fremdenlegion bringen würde. War die Legion lange Zeit die Endstation für äußerst zweifelhafte Charaktere gewesen, so avancierte sie damals zum letzten Rettungshafen für Flüchtlinge. Allerdings bei weitem kein sicherer Hafen. Mutter sagte, Vater habe ihr einmal erzählt, welche mörderischen Pflichten die Flüchtlinge dort zu erfüllen hatten. Viele würden dabei sterben.

Etwa vier Wochen später bekamen wir eine zweite Karte von Vater, aus Marokko. Man sah ihn lachend in der Wüste vor einem Kamel stehen. Der Text war kurz und rätselhaft. Er sei in Sicherheit und seine Mission ein Erfolg gewesen.

Das war das Letzte, was wir je von ihm gehört haben.

Keiner von uns wusste, woran wir waren, während erst Monate, dann Jahre vergingen. Kein Wort von ihm. Keine Möglichkeit herauszufinden, wo er war. Mutter versuchte, über die Synagoge Kontakt zu den Flüchtlingen aufzunehmen, die mit ihm befreundet gewesen waren, aber sie waren nicht aufzufinden, und Mutter wusste auch nicht, wo sie nach ihnen suchen sollte. Sie tröstete sich damit, dass Vater unseren Aufenthaltsort kannte und folglich, wenn er noch lebte, zurückkommen und uns finden würde. Aber das geschah nie. Nachdem unsere Nachforschungen jahrelang im Sande verlaufen waren und wir nie eine Botschaft von ihm erhielten, fanden wir uns schweren Herzens damit ab, dass er wohl auf dem Rückweg getötet worden war.

Der Verlust meines Vaters löschte auch die letzten Spuren von kindlicher Leichtigkeit in mir aus. Ich war vor der Zeit gezwungen, erwachsen zu sein, um Mutter zu helfen und meinem Bruder und meiner Schwester so gut es ging den Vater zu ersetzen. Ich nahm meine Verantwortung ernst und verfluchte sie aber auch gleichzeitig. Ich war jung und wollte Spaß haben. Ich war verliebt und wollte mit meinem Freund zusammen sein. In gewisser Weise brachte mich allerdings der Verlust von Vater Richie noch näher. Er war jetzt der Mann in meinem Leben. Wenn er freitagabends zum Essen kam, bat Mutter ihn, sich ans Kopfende auf Vaters Platz zu setzen. Selbst fast noch ein Kind – wenn auch älter als ich –, kümmerte er sich bewundernswert um mich und meine Familie.

Hatte Vaters Verschwinden mir die Kindheit geraubt, so hatte es meine Schwester zerstört. Immer war sie ihm sehr nahe gewesen, war sein ein und alles. Schon vorher war sie sehr empfindlich gewesen, dünn und kränklich. Sie hatte so sehr an Vater gehangen, dass sie bei Albträumen nachts zu ihm ins Bett kroch und ihr Nachthemd an seine Pyjamajacke knotete, damit er sie nicht allein ließ. Seit Vater weg war und ich vollauf mit Richie beschäftigt war, musste Rose sich sehr einsam gefühlt haben. Der Krieg hatte sie plötzlich auf einer ganz privaten Ebene in Mitleidenschaft gezogen.

Mein Bruder war noch nicht alt genug, um wirklich zu begreifen, dass Vater vielleicht für immer fort war. Die meisten Familien mussten ohne Ehemänner und Väter auskommen. Man hatte alle männlichen Juden gezwungen, für die Armee zu arbeiten. Entweder legten sie vor den anrückenden feindlichen Truppen Landminen, oder sie dienten den ungarischen Truppen beim Vorrücken als menschliche Schutzschilde. Es gab für einen männlichen ungarischen Juden kein Entkommen.

Ohne Vater hatten wir wesentlich mehr verloren als das Gefühl der Geborgenheit. Unsere finanzielle Absicherung war ebenfalls dahin. Außer Mutters Einkünften als Köchin, die oft nicht ausreichten, hatten wir nichts mehr. Wenn sie nicht mehr ein noch aus wusste, versetzte sie etwas von ihrem Schmuck, nahm dafür aber nur so viel Geld, dass es gerade reichte, damit sie ihn später leichter wieder einlösen konnte. Für sie überstieg der ideelle Wert ihres Schmucks den materiellen bei weitem. Sobald sie wieder genügend Geld beisammen hatte, ging sie zum Pfandleiher und kaufte den Ring, die Kette oder das Armband zum gleichen Preis plus Zinsen zurück. So wanderte dasselbe Schmuckstück nicht selten drei bis vier Mal im Jahr über den Tresen des Pfandleihers. Nicht, dass Mutter viel Schmuck besessen hätte. Sie hatte einen Rubin- und einen Diamantring, eine schwere Goldkette mit einer Kamee, ein schweres Goldarmband und ein paar kleinere Ringe. Sie hing sehr an diesen Stücken, tat aber alles, damit wir nicht hungern mussten und immer die Miete bezahlen konnten.

Zwei Jahre funktionierte dieses System. Doch als

die Nazis später, im März 1944, Ungarn besetzten, gab es keine Nahrungsmittel und auch keine Arbeit mehr für Juden, da sie nur zu ganz bestimmten Zeiten auf die Straße durften. In diesem Jahr musste sich Mutter für immer von ihrem Schmuck trennen, selbst von ihrem Ehering. Es gab schließlich keine Möglichkeit mehr, ständig zum Pfandleiher zu gehen. Als ich sie danach fragte, antwortete sie, dass Essen schließlich wichtiger sei als Juwelen.

Kapitel 5

1943 war kein gutes Jahr für die Achsenmächte und ihre Verbündeten. Nach den vernichtenden Niederlagen in der Ukraine und bei Stalingrad beschloss Ungarns pragmatischer Ministerpräsident Miklós Kállay, sich mit Hinblick auf den unklaren Kriegsausgang eine Hintertür offen zu halten. Zwar gab sich Ungarn weiter den Anschein, treuer Vasall der Nazis zu sein, doch zielte Kállays Politik darauf ab, die Bindung an die Achsenmächte nach und nach aufzulösen.

Aber unabhängig davon, wie der Premierminister über Ungarns Verbleib im Bündnis der Achsenmächte dachte, hatten die ungarischen Juden erheblich unter den antisemitischen Gesetzen zu leiden, die von ihm und seinen vielen Vorgängern in den vergangenen zehn Jahren erlassen worden waren. Man enteignete ihre Geschäfte und hinderte sie durch radikal beschränkte Quotierung daran, ihren Beruf auszuüben. Tausende von Juden wurden als Zwangsarbeiter an die russische Front geschickt.

Im Land hatte der Krieg immer größere Versorgungsengpässe zur Folge. Die Kriegswirtschaft ging an keiner Familie spurlos vorüber. Dazu gab es Gerüchte über Massenvertreibungen von Juden im übrigen Osteuropa. So weit war es in Ungarn noch nicht gekommen. Kállay war zwar kein Freund der Juden, aber auch kein fanatischer Faschist. Heute ist mir klar, dass er realistisch genug war, um zu sehen, dass die Alliierten den Krieg gewinnen würden, und sich hütete, allzu große Grausamkeiten anzuordnen, für die er sich später hätte verantworten müssen.

Trotz der drückenden Not war ich nie zuvor in meinem Leben so glücklich gewesen. Mit meinen vierzehn Jahren war ich unendlich, wahnsinnig und bis über beide Ohren verliebt in einen großen, patenten, hübschen und talentierten jungen Mann, der meine Liebe genauso intensiv erwiderte. Jeder, der einmal in Budapest war, spürt sofort, dass es die Stadt der Liebe ist. Wo man hinsieht, an jeder Straßenecke, auf den Donaupromenaden, stehen Liebespaare in inniger Umarmung, blicken sich tief in die Augen und küssen sich, während ein Zigeuner ihnen auf der Geige ein Ständchen bringt. Ungarn sind von Natur aus heißblütig und temperamentvoll und Budapest ist ein verführerischer Nährboden für innige Gefühle. Richie und ich waren Verliebte in einer Stadt der Liebenden. Während um uns der Krieg wütete, die Lebensmittel knapp wurden, Mutter ohne meine Hilfe nicht zurechtkam und ich Vater noch immer schmerzlich vermisste, fühlte ich mich doch vollständig geborgen in dieser Leidenschaft, die nur mir allein gehörte.

Richie hatte sich gemacht. Als begabter Musiker spielte er inzwischen in einer Tanzband in den besten Hotels von Budapest nachmittags zum Tanztee auf, im Bristol, im Royale und einigen anderen. Jeden Mittwoch und Samstag um fünf trafen sich junge Männer und Frauen zum Tanz. Die Frauen waren natürlich in Begleitung einer Anstandsperson – Mutter, Schwester oder Bruder. Allein zu kommen galt als unschicklich. Ich durfte hin, weil ich Richie stets beim Schlagzeugtragen half. Meist setzte ich mich in eine Ecke und schaute zu, wie er spielte. Ich war so stolz auf ihn und so glücklich, mit ihm zusammen zu sein!

Ich schnitt zwei schwarze Filzstreifen zurecht und schrieb den Namen Richie so auf seine Trommel, dass die beiden I's genau auf den senkrecht aufgeklebten Streifen standen. Wir fanden das todschick.

Die Band bestand aus vier umtriebigen jungen Männern. Schlagzeuger war mein großer, dunkler, schöner Richie. Tommy, der Klavierspieler, hatte welliges, blondes Haar und eine sehr lange Nase. »Wenn ich in die Straßenbahn steige, ist die Nase immer vor mir drin«, witzelte er gern. Tibor, der Klarinettist, war klein und hatte braune Locken. Trompeter George war groß, gut aussehend und der einzige Nichtjude in der Band. Sie waren alle so lebenslustig und hatten so viel Spaß zusammen!

Am liebsten spielten sie romantische Liebeslieder wie »Night and Day«, »Kiss Me Once«, »Sentimental Journey«, »For All We Know« – all die amerikanischen Big-Band-Hits, und auch ein paar Songs, die wie »Star Dust« ins Ungarische übersetzt worden waren.

Natürlich durfte ich mich beim Tanztee nie auffordern lassen. Die wenigen Male, die ich es doch tat, warf Richie mir einen derart vernichtenden Blick zu, dass ich es nicht übers Herz brachte, den Versuch zu wiederholen. Er war auf eine sehr Besitz ergreifende Weise eifersüchtig. Er war der einzige Mann in meinem Leben und dabei sollte es bleiben. In diesem Punkt war ich ganz seiner Meinung und deshalb habe ich bei Richies eigenen Auftritten nie getanzt, obwohl ich es für mein Leben gern tat.

Im Herbst 1943 fing Richie an zu studieren, ein beachtliches Kunststück, wenn man die restriktive Quotierung bedenkt. Studieren war für Juden so gut wie unmöglich. Doch Richie war etwas Besonderes und selbst in dem immer judenfeindlicher werdenden

Umfeld hatte seine Familie ihr Ansehen noch nicht völlig verloren. Er war begeistert von seinen Kursen und wir waren so glücklich, dass unsere Ziele – seine wissenschaftliche Karriere und unsere Heirat – in greifbare Nähe zu rücken schienen.

Mit vierzehn war ich wie meine Schwester zu einer hübschen jungen Frau erblüht, obwohl man uns wegen unserer geringen Körpergröße leicht für jünger halten konnte. Zumindest wenn wir es darauf anlegten. Das taten wir natürlich nicht. Anfang 1944 hätten wir uns eher älter als jünger gemacht. Einmal hatte ich mir sogar in den Kopf gesetzt, mein Haar mit Peroxid zu behandeln, um den leichten Rotton besser zur Geltung zu bringen. Dummerweise hatte ich keine Ahnung, wie man das Mittel anwenden musste, und ich kam nicht auf die Idee zu fragen. Als ich mir das Zeug gerade auf die Haare geschmiert hatte, erschien Mutter im Badezimmer und fragte misstrauisch, was ich da treibe.

»Nichts«, antwortete ich und wickelte mir hastig ein Handtuch um den Kopf. Dann vergaß ich, mir die Haare auszuspülen. Sie wurden mit jeder Stunde heller. Mutter war außer sich, als sie es merkte. »Was hast du bloß mit dir gemacht?«, rief sie und ich bekam zum ersten Mal in meinem Leben eine Ohrfeige. Für sie muss ich wohl wie ein Flittchen ausgesehen haben. Ich schäme mich noch heute, wenn ich daran denke, wie dumm und eitel ich damals mitten im Krieg war. Immerhin musste ich für diese Sünde und meine Überheblichkeit ordentlich büßen. Das Haar wurde gräßlich orange und fühlte sich an wie Stroh, bis sich das Peroxid verflüchtigt hatte. Richie lachte lauthals, als er mich sah.

Richie und ich ruderten weiterhin mit dem Boot hinaus, sogen jeden kostbaren Augenblick, den wir für uns alleine hatten, in uns auf und planten unsere Zukunft.

An einen Samstagmorgen standen wir in der Dämmerung auf und waren schon um sechs Uhr früh auf dem Fluss. Es war still und friedlich, keine Menschenseele weit und breit. Wie immer beteuerte Richie mir, wie sehr er mich liebe, und ich tat das Gleiche. Wir sprachen darüber, dass wir heiraten würden, sobald er die Hochschule abgeschlossen hatte. Wir hatten das schon oft diskutiert, aber diesmal sagte er, dass er mir einen Ring besorgen würde, damit wir uns wenigstens schon einmal verloben konnten, solange ich noch auf dem Gymnasium war. Danach wollten wir heiraten. Bis dahin sei der Krieg längst vorbei, versicherte Richie mir. Wir würden eine prunkvolle Hochzeit mit all unseren Freunden und Verwandten im Hotel Royale feiern und in den Flitterwochen nach Venedig fahren.

»Venedig wird dir gefallen, Kleines. Ich war vor ein paar Jahren einmal da und es ist die schönste Stadt, die ich je gesehen habe. Viel romantischer als Paris oder Budapest.« Er lachte. »Ich möchte allein mit dir in einer Gondel durch die Kanäle fahren. Der Gondoliere singt seine italienischen Arien und ich überhäufe dich mit Küssen. Oder wir spazieren einfach Arm in Arm über den Markusplatz, füttern die Tauben und küssen uns.«

Ich sah ihn sprachlos an – den Magier meiner Träume. Richies Phantasie versetzte mich in eine andere Zeit und an einen Ort, an dem es keinen Krieg und keine Furcht gab, nur uns und unsere Liebe.

An diesem Abend glühte ich innerlich vor Glück. Selbst Mutters Geschimpfe, weil ich zu spät gekommen war, konnte dieses wohlige Gefühl nicht zerstören. Als Mutter sich nach dem Essen etwas beruhigt hatte, erzählte ich ihr, dass Richie und ich heiraten wollten, sobald ich achtzehn war. Mutter schaute mich lange schweigend an. Weiß der Himmel, was ihr durch den Kopf ging. Vielleicht, dass wir froh sein konnten, wenn wir den Krieg überhaupt überlebten. Vielleicht auch, dass ich erst vierzehn war und sich noch vieles ändern konnte. Vielleicht verstand sie auch, wie verliebt ich war, und hoffte lediglich, dass wir vorsichtig waren. Auf jeden Fall lächelte sie schließlich und sagte: »Darüber reden wir, wenn du achtzehn bist.«

Das nächste Mal, als wir über unsere Zukunft sprachen, befand Richie, dass es das Beste wäre, wenn wir nach der Hochzeit erst einmal zu seinen Eltern zögen, bis er promoviert hatte. Danach konnten wir daran denken, eine Familie zu gründen, vorher nicht. Und solange wir keine Kinder hätten, könne ich, statt zu Hause zu hocken, ruhig meine eigene Karriere verfolgen, wenn ich das wolle. Aber dazu brauche ich einen Schulabschluß. Ich hätte am liebsten sofort Kinder bekommen, aber Richie wollte warten, bis er eine Anstellung gefunden hatte. Gern hätte ich auf die Schule verzichtet, obwohl ich gar nicht so schlechte Noten hatte. Am liebsten wäre ich zu Hause geblieben und hätte den Haushalt geführt.

Manchmal siegte allerdings auch die Angst. Überall um uns herum geschahen schreckliche Dinge. Alle Nichtungarn waren deportiert worden. Der Antisemitismus wurde schlimmer. In den Synagogen flüsterte man Gerüchte über die fürchterlichsten Gräueltaten, die im Ausland an Juden verübt wurden: Zwangsarbeit, Deportation, Umsiedlung, körperliche Gewaltanwendungen, Erschießungen. Wie sehr ich mich nach den verlässlichen Informationen sehnte, die Vater immer für uns hatte! Die meisten Zeitungen waren rechtsgerichtete Käseblätter. Eine Ausnahme bildete die Zeitung von Richies Vater. Die Stimme des Volkes versuchte weiterhin die Wahrheit zu schreiben.

Richie sprach mir geduldig Mut zu. »Wir werden überleben, Kis Pofa. Du und ich werden in diesem Krieg nicht sterben. Das verspreche ich dir.«

Es hört sich naiv an, aber diese einfachen Worte gaben mir Hoffnung und Mut. Ich glaubte ihm. Er hatte große Pläne für uns und ich spürte eine innere Gewissheit, dass uns nichts an ihrer Verwirklichung hindern konnte. Wie dumm und leichtsinnig die Jugend ist!

Wie soll ich die Beziehung zwischen Richie und mir beschreiben? Es war für mich, als sei er immer schon ein Teil von mir gewesen, als hätte ich die andere Hälfte meiner Seele gefunden. Erst mit ihm fühlte ich mich als ganzer Mensch und mit mir im Reinen. Etwas Besseres als ein Leben an seiner Seite konnte ich mir nicht vorstellen. Und er empfand ebenso. Wir hatten nur Augen für einander. Uns anderweitig umzuschauen kam uns beiden nicht in den Sinn. Unsere Beziehung war uns heilig, sie war etwas sehr Privates. Violet wollte immer wissen, ob wir miteinander schliefen. »Und wenn, würde ich es weder dir noch sonst jemandem sagen«, war die einzige Antwort, die sie bekam. Für mich waren solche Dinge zu intim, um sie mit einem Menschen wie Violet zu teilen, für die Sex etwas Alltägliches war. Für Richie und mich hingegen gehörte Liebe dazu.

Als wir eines Tages über die Wiesen zum Bootshaus liefen, fing es an zu regnen. In Ungarn passiert das oft von einem Moment auf den anderen und ist genauso schnell wieder vorbei. Noch eine Minute zuvor hatte die Sonne geschienen, und in der nächsten war es stockfinster und es regnete, als wollte es überhaupt nicht mehr aufhören. Als wir das Bootshaus erreichten, waren wir klitschnass. Meine Lippen waren blau, die Zähne klapperten und ich zitterte. Richie sah mich prüfend an und sagte: »Du musst aus den nassen Kleidern raus.« Er sah, dass ich zögerte. »Mach schon, Kis Pofa. Du holst dir sonst den Tod. Wir bleiben, bis deine Sachen trocken sind und der Regen aufgehört hat.«

Vorsichtig begann ich, die nassen Kleider abzustreifen – die Bluse, das Hemd und zum Schluss den Badeanzug. Richie hatte sich diskret umgedreht, bis ich unter die Decken auf dem schmalen Bett gekrochen war.

»Ich bin fertig«, sagte ich. Er drehte sich um.

»Kleines, hast du was dagegen, wenn ich auch meine nassen Sachen ausziehe? Ich lass die Badehose an und dann komme ich zu dir unter die Decke und nehm dich in den Arm, damit dir warm wird.«

Ich nickte langsam. Ich traute mich nicht, etwas zu sagen, und hatte Angst vor dem, was passieren könnte. Innerhalb gewisser Grenzen waren wir schon miteinander intim gewesen. Als wir einmal den Fluss hinabtrieben, hatte ich das Oberteil des Badeanzugs ausgezogen. Richie hatte es den Atem verschlagen. »Ich hab gewusst, dass du so schön bist«, hatte er gesagt. Dann kniete er sich neben mich und berührte sanft, so ungeheuer sanft meine Brüste und küsste mich überall. Plötzlich zog er sich abrupt zurück und sagte: »Zieh das Oberteil wieder an, Kleines. Bitte.«

Ich gehorchte. Ich wusste, dass es Dinge gab, die wir besser nicht miteinander machten. Violet machte viel mit Jungs herum. Sie dachte sich nichts dabei. Flirten war für sie das Schönste. Sie wollte Spaß haben und hatte kein schlechtes Gewissen dabei. Richie und ich liebten uns, aber wir wollten erst nach der Hochzeit miteinander schlafen. Trotzdem blieb es im Laufe der Zeit nicht nur bei schüchternen Küssen.

Einmal verabschiedete Mutter Richie und mich, obwohl wir ihr vollstes Vertrauen genossen, mit den Worten: »Tut bitte nichts Unrechtes.«

Wir versprachen es, aber ich wurde das Gefühl nicht los, dass wir doch Sachen machten, die Mutter in unserem Alter nicht getan hätte. Manchmal geriet die Situation einfach außer Kontrolle, als hätte unsere Beziehung eigene Gesetze entwickelt, die alles andere außer Kraft setzten.

Bei anderer Gelegenheit waren wir gerade in einen leidenschaftlichen Kuss vor Richies Wohnung gefangen, als seine Mutter die Tür öffnete. Erst sah sie ziemlich erschrocken aus, dann lachte sie. Ich schämte mich in Grund und Boden. Aufs Schlimmste gefasst beteuerte ich Richies Mutter, dass so etwas nicht wieder vorkommen würde, aber sie lachte nur.

»Natürlich, wird das wieder vorkommen«, stellte sie sachlich fest. »Ich sehe doch, wie verliebt ihr seid. Mit Richies Vater und mir war es genauso. Richie benimmt sich kein Deut anders als sein Vater damals. Er ist wie besessen und hoffnungslos in dich verliebt. In dem Fall vergisst man alles um sich herum, auch die Zeit, also werdet ihr sicher noch öfter zu spät kommen.«

Dann gab sie uns noch den wohlgemeinten Rat, aufzupassen, wo wir uns küssten.

Das war leichter gesagt als getan, denn wir küssten uns überall und bei jeder Gelegenheit. Vor seiner Tür, unter den Treppen in unserem Wohnblock, vor der Mauer der königlichen Burg mit Blick auf die Donau, auf dem Boot, in der Straßenbahn, auf der Wiese, an den Straßenecken. Wir hatten jede Scham verloren. Je wütender der Krieg tobte, desto verzweifelter und leidenschaftlicher wurde unsere Liebe.

Und jetzt waren wir allein im Bootshaus. Der Regen trommelte auf die Dachschindeln, lief an der winzigen Fensterscheibe hinunter und schloss unser eigenes kleines Reich von der Außenwelt ab. Die raue Decke kratzte auf meiner nackten Haut. Ich beobachtete, wie Richie erst sein nasses Hemd auszog, dann die Hose, und schließlich nur noch in Badehose vor mir stand. Der dünne Stoff war deutlich über seiner Erektion gewölbt. Ich schluckte, dann hielt ich ihm das Laken auf.

Wir umarmten uns, und ich spürte seine nackte Brust auf meinen Brüsten, seine Schenkel gegen meine gepresst. Es fühlte sich sündhaft an. Verboten. Fantastisch. Richie sah mir tief in die Augen. »Weißt du, wie sehr ich dich liebe, Kleines?«, fragte er sanft.

»So sehr wie ich dich.« Ich streichelte sein Gesicht. Er küsste mich – ein langer, leidenschaftlicher Kuss, der nie zu enden schien. Ich glaubte zu sterben vor Verlangen, wollte mehr, und als ich sein Stöhnen hörte, wusste ich, dass er dasselbe empfand. Ich verlor jedes Verantwortungsgefühl, wollte bis zum Letzten gehen und auf die Konsequenzen pfeifen. Aber ein Teil von mir schreckte davor zurück. Plötzlich rutschte Richie zur Seite, sprang buchstäblich aus dem schmalen Bett und stellte sich mit dem Rücken zu mir ans andere Ende der Hütte. Er zitterte.

»Hab ich dir weh getan?«, fragte ich. Das Bett war mit einem Mal so kalt und leer.

»Nein, Kleines, es ist nur so ...« Er schaute mich an. »Weißt du, wenn ein Mann so stark, so leidenschaftlich für eine Frau fühlt, dann ist sein ... dann hat er keine Kontrolle über ... über bestimmte Organe und dann, dann staut sich ein Druck an und da ist so ein ... Schmerz, ein ziemlich heftiger Schmerz. Aber ich möchte nicht, dass wir miteinander schlafen, bevor wir verheiratet sind, und wenn ich nicht ein paar Meter zwischen uns gebracht hätte, könnte ich für nichts mehr garantieren, weil ich dich so sehr liebe und schon so lange begehre. Verstehst du das?«

»Ja«, brachte ich mit gebrochender Stimme hervor. Ich glaube, ich hatte ihn wirklich verstanden, aber hauptsächlich war ich verwirrt.

Richie zog sich den Stuhl ans Bett und wickelte sich in eine eigene Decke, nahm meine Hand und sprach mit mir über die Zukunft. Wir würden heiraten, drei Kinder bekommen und das vollkommene Ehepaar sein. Die Zeit verging, der Regen hörte auf und die Kleider trockneten. Als es Zeit war zu gehen, zogen wir uns an und machten uns auf den Heimweg.

Ich hatte nie den leisesten Zweifel, dass er mich wirklich begehrte, aber er wollte alles richtig machen, so wie es sich gehörte. Wir hatten nicht mit den Überraschungen gerechnet, die der Krieg in den folgenden Monaten noch mit sich brachte. Wir glaubten, bereits alles gesehen und genug gelitten zu haben. Was für ein Irrtum! Schon bald mussten wir erfahren, dass alles noch viel schlimmer kommen sollte.

Im März 1944 zerstörte Hitler mit seiner Wehrmacht abermals mein Leben. Er marschierte in Ungarn ein.

Kapitel 6

Sonntag, 19. März 1944. Es war ein klarer, sonniger, für die Jahreszeit ungewöhnlich warmer Frühlingstag. Mutter hatte die Fenster geöffnet, um zu lüften. Wir saßen am Küchentisch und frühstückten – Äpfel, Käse und Brot. Nichts deutete auf die Ereignisse hin, die in den nächsten Minuten die schlimmsten Tage unseres Lebens einläuten sollten.

Plötzlich bebte die Erde. Panzer rollten dröhnend vorbei. Wir liefen zum Fenster und reckten die Hälse. Noch mehr Deutsche auf dem Weg zur Front in Russland? An den Anblick durchziehender Truppen und Panzerverbände hatten wir uns gewöhnt, seit wir nach Budapest gezogen waren, aber dieser Höllenlärm war neu. Ich schnappte mir einen Pullover und rannte zur Tür. »Geh nicht raus! Das ist zu gefährlich. Wir wissen doch gar nicht, was los ist. Bleib hier!«, rief Mutter mir nach.

Aber ich ließ mich nicht aufhalten, stürmte die Treppen hinunter, durch die Eingangshalle hinaus auf die Straße, und schloss mich der Menschenmenge an, die auf dem Weg zum Szt. István Körut war, einem Kreisverkehr im Stadtzentrum nur wenige Blocks von unserem Haus entfernt. Als wir die Straßenecke erreicht hatten, sahen wir wie bei einer Siegerparade einen Panzer nach dem anderen vorbeiziehen. Niemand wusste, was los war, doch man munkelte, Deutschland würde den Krieg verlieren. Vor allem die ungarischen Juden hofften, dass dies bald der Fall sein würde. Ungarn war offiziell zwar Deutschlands Verbündeter, aber es war uns nicht verborgen geblieben, was die Nazis in anderen Ländern mit Juden machten. Von Vernichtungslagern wussten wir zwar nichts, aber dass es Deportationen, Arbeitslager und Umsiedlungen gab, war bekannt.

Sollte dieser Aufmarsch nun eine letzte Demonstration der Stärke an die Adresse der Russen sein? Aber was hätte das für einen Sinn gemacht, zumal die Panzer nur im Kreis zu fahren schienen? Hunderte von Menschen standen von neun Uhr morgens an bis zum Nachmittag auf den Bürgersteigen. Nach einer Weile bemerkte ich, dass immer wieder Panzer mit derselben Kennnummer vorbeifuhren. Das Ganze war nur ein Täuschungsmanöver! Man wollte uns vorgaukeln, dass wir es mit Hunderten von Panzern zu tun hätten, dabei waren es gerade mal dreißig. Ich machte Mutter darauf aufmerksam, die mit meinen Geschwistern dazugekommen war. Und bald erfuhren wir auch, was diese Militärpräsenz zu bedeuten hatte: Die Deutschen waren gekommen, um zu bleiben. Ohne Vorwarnung war Ungarn okkupiert worden.

Ich wandte mich an Elisabeth, die Tochter unseres Blockwarts, mit der ich mich angefreundet hatte, obwohl sie im Gegensatz zu mir Nichtjüdin war. Da ihre Mutter nicht viel Geld verdiente, lieh Elisabeth sich oft Kleider von mir und den andern jüdischen Mietern, wenn sie eine Verabredung hatte und bei ihren Freunden Eindruck schinden wollte. »Die Deutschen marschieren ein, das wird schlimm«, sagte ich zu ihr. Sie warf mir einen verächtlichen Blick zu. »Redest du mit mir, dreckige Jüdin?«

Ich war fassungslos. »Du nennst mich eine dreckige

Jüdin? Als ich dir gestern mein Kleid geliehen habe, war ich wohl noch keine dreckige Jüdin, was?«

Sie schnaubte hasserfüllt. »Doch, aber da durfte ich es dir noch nicht sagen.«

Mir wurde schlecht – nicht etwa wegen Elisabeths perfidem Verhalten, sondern weil mir mit einem Schlag klar wurde, dass es uns nun, nach dem Einmarsch der Deutschen, gehen würde wie den Juden in Bratislava. Sie würden uns verfolgen. Elisabeths Vater war wahrscheinlich ein Nazi, der jedoch, wie die meisten Judenhasser in Ungarn, seine wahren Gefühle für sich behalten hatte, bevor die Deutschen gekommen waren. Jetzt brach der Haß offen aus, und wir mussten darunter leiden, ohne dass wir von irgendeiner Seite Hilfe zu erwarten hatten. Ich bekam panische Angst und war gleichzeitig schrecklich wütend.

Langsam gingen wir in unsere Wohnung zurück. Mutter hatte den Arm um meine Schulter gelegt und versucht, mich zu trösten – wegen der Deutschen und wegen Elisabeth. »Dein Vater hat ganz richtig vermutet, dass wir noch viel zu leiden haben werden, bevor der Krieg zu Ende ist. Er hat auch vorhergesehen, dass die Ungarn nie gegen die Deutschen kämpfen würden, sondern lieber mit ihnen kooperieren. Sieht aus, als hätte er Recht behalten«, sagte sie leise. Aber Mutter war eine Kämpfernatur und der Kampf hatte gerade erst begonnen. »Wer weiß, was uns noch erwartet, meine lieben Kinder! Aber egal, was passiert, wir bleiben zusammen«, versprach sie und schloss uns in ihre Arme, als ob sie uns mit dieser Geste in Sicherheit bringen könnte.

Am Abend versammelten wir uns um das teure Kurzwellenradio, das Vater nach unserem Umzug nach Budapest gekauft hatte, und hörten die offizielle

Bestätigung, dass die Deutschen Ungarn besetzt hatten. Jahre später erfuhr ich, dass es sich bei dieser Aktion um das Unternehmen »Margarethe I.« handelte – der Deckname für die »eingeschränkte Besetzung« des mit Deutschland verbündeten Ungarn. Aber es kam noch schlimmer. Hitler hatte die Besatzungstruppen von SS-Einheiten begleiten lassen, die unter der Leitung von Adolf Eichmann die »Endlösung« für die ungarischen Juden organisieren sollten. Einen Tag zuvor waren der ungarische Reichsverweser Miklós Horthy und sein Ministerpräsident Miklós Kállay bei einem von Hitler kurzfristig in Salzburg einberufenen Treffen von der bevorstehenden Invasion informiert worden. Die Konferenz hatte lediglich als Vorwand gedient, die ungarischen Führer aus ihrem Land fernzuhalten, bis die Deutschen vollendete Tatsachen geschaffen hatten. Wieder einmal hatten die Nazis ein Land eingenommen, ohne einen einzigen Schuss abzufeuern.

Niemand von denen, die sich um das Radio versammelt hatten – außer meiner Familie auch die Nachbarn, die kein eigenes Radio besaßen –, hätte an jenem Tag gedacht, wie bedrohlich sich die Situation noch für uns entwickeln würde, auch wenn uns die neue Lage Sorgen machte.

Nicht ohne Grund, wie sich bald herausstellte. Die Besatzungsmächte wollten die ungarischen Juden vernichten und konnten dabei auf die, wenn auch widerwillige, Unterstützung der Regierung Horthy rechnen. Als wenige Tage nach dem Einmarsch der liberalere Kállay als Premierminister abdankte, setzten die Deutschen den fanatischen ungarischen Nazi Döme Sztójay als seinen Nachfolger ein, der im Gegenzug den militant nationalsozialistischen Pfeilkreuzlern freie Hand gewährte. Mit der Machtübernahme von Sztójay am 22. März 1944 war das Schicksal der ungarischen Juden besiegelt.

An Schlaf war in jener Nacht nicht zu denken. Unruhig wälzte ich mich im Bett herum. Immer wieder wanderten meine Gedanken zu Richie. Ich musste ihn unbedingt sehen! Aber Mutter wollte nicht, dass ich das Haus verließ, sie hielt es für zu gefährlich. Erst zwei Tage später konnte ich mich aus dem Haus schleichen und Richie an unserem Platz auf dem Burghügel treffen. An die alten Burgmauern gelehnt, hinter denen sich der Reichsverweser in abgeschirmter Herrlichkeit verbarg, schauten wir auf Pest und die stetig dahinfließende Donau hinab. Richie nahm mich, ohne ein Wort zu sagen, gleich fest in den Arm. »Hast du die deutschen Panzer gesehen?«, fragte er.

Ich versuchte, tapfer und zuversichtlich zu lächeln. »Die sahen gar nicht so gefährlich aus.«

Er erwiderte mein Lächeln, aber seine Augen blieben ernst. »Wie die deutschen Soldaten aussehen, sagt nichts darüber, mit welchen Befehlen sie hier sind und was sie mit uns vorhaben.«

Mehr sagte er nicht, aber ich hatte den Eindruck, dass er mir etwas vorenthielt, um mich nicht zu beunruhigen. Richie hatte sich inzwischen dem ungarischen Untergrund angeschlossen, überbrachte Botschaften und nahm auch an anderen Aktivitäten teil. Als ich ihn danach fragte, wechselte er das Thema.

»Reden wir nicht mehr davon, Kis Pofa.« Er lachte und drückte mich fester an sich. »Willst du mich nicht lieber küssen? Seit zwei Tagen schmachte ich nach deinen Lippen, und ich lass dich nicht eher gehen, bis ich diesen Rückstand aufgeholt habe.«

Ich begab mich tiefer in seine Arme und versank im tiefen Blau seiner Augen. »Nicht eine Minute sollten wir verschwenden.«

Es war ein warmer Tag. Vielleicht wollte Gott uns ein letztes Friedensgeschenk machen. Richie legte mich sanft auf die mitgebrachte Decke und bedeckte meine Gesicht über und über mit Küssen, die Augenlider, die Wangen, bis unsere Lippen sich zu einem Kuss fanden, der mich all meine Ängste und alle schrecklichen Ereignisse vergessen ließ. Ich öffnete die Lippen und wir küssten uns, bis uns der Atem ausging. Alles, was ich über die Liebe wusste, erfuhr ich von Richie. Wir hatten es uns gemeinsam beigebracht, denn ich war seine erste Freundin. In jedem Kuss, in jeder Umarmung, und jedesmal, wenn er den Pullover über meinen Brüsten berührte oder die Hand unter meine Bluse schob, spürte ich, wie bedingungslos er mich liebte. Und ich spürte meine eigene Liebe. Aber ich empfand auch die Achtung, die er mir durch seine Zurückhaltung bezeugte.

An jenem warmen, sonnigen Tag fühlten wir uns im Schutz der Burgmauern geborgen. Wir waren dem Krieg für einen Moment entflohen und machten uns nur Gedanken um unsere ganz private Zukunft.

Bald war es Zeit zu gehen. Mutter sorgte sich um mich und ich musste ihr zu Hause helfen. Heute durfte ich sie nicht warten lassen, denn seit die Deutschen in der Stadt waren, machte sie der Gedanke, dass mir etwas geschehen sein könnte, rasend. Ein letztes Mal suchte mein Mund Richies Lippen. Ich wollte mir diese sanfte Berührung für immer einprägen. Er schmeckte nach der Schokolade, die wir zwischen den Küssen verzehrt hatten. Obwohl ich ihn nie wieder loslassen wollte, flüsterte ich doch: »Ich muss gehen.«

»Ich weiß.« Er umschlang mich, als wollten seine Arme die bevorstehende Trennung nicht wahrhaben. Schließlich stand er jedoch auf und zog mich hoch. Wir rannten den Weg hinunter, der in Serpentinen den Hügel hinabführte. Unten angekommen, trennten wir uns und jeder lief über eine andere Brücke nach Hause.

In den ersten Tagen blieb es ruhig. Es gab Gerüchte, dass die Juden in bestimmten Stadtteilen zusammengetrieben würden und in eigens für sie bestimmte Häuser einziehen mussten. Doch noch bevor sich diese Gerüchte bewahrheiteten, bekamen wir die ersten Repressalien zu spüren. Über Zeitung, Radio und Aushänge wurde in der ganzen Stadt bekanntgegeben, dass Juden von nun an einen gelben Stern auf ihrer Kleidung zu tragen hätten, damit man sie eindeutig erkennen konnte.

Ich schauderte bei dem Gedanken. Mutter hatte schon immer einen guten Geschmack gehabt und meine Schwester und mich dementsprechend gekleidet. Wir waren hübsche Mädchen und gewohnt, bewundernde Blicke zu ernten. Noch nie war man uns mit Verachtung begegnet, aber das sollte sich nun schlagartig ändern. Sobald man Juden auf den ersten Blick erkennen konnte, würden sie zur Zielscheibe von Haß und Übergriffen werden. Der Gedanke machte mich wahnsinnig. Doch Mutter kramte in ihrer ruhigen und pragmatischen Art ein altes gelbes Leinenkleid hervor und schnitt daraus die Sterne zurecht. Die Deutschen hatten exakte Maße für diese Kennzeichnung vorgeschrieben. Die Sterne mussten 10 cm im Durchmesser betragen und ordentlich mit kleinen, gleichmäßigen Stichen auf sämtliche Oberbekleidung genäht werden – Pullover, Jacken, Mäntel. Ohne die verhassten Sterne durfte man nicht aus dem Haus.

Mutter schnitt die Sterne auf den Millimeter genau aus und hatte auch genügend zugegeben, dass sie sie so vernähen konnte, dass der Saum nicht ausfranste.

»Warum musst du sie so ordentlich anfertigen?«, fragte ich empört.

Als Mutter mich ansah, wusste ich, dass sie meinen Zorn verstand, ihn aber nicht teilen wollte, da er in damaligen Zeiten gefährlich sein konnte. »Es soll ordentlich aussehen«, antwortete sie nur.

Ich hätte am liebsten laut geschrien, und meiner Schwester ging es genauso. Ich war gerade fünfzehn geworden, aber in vielen Dingen noch ein Kind. Als ich am Abend meine hübschen Pullover und Jacken von diesen schrecklichen Sternen verschandelt daliegen sah, weinte ich mich in den Schlaf, schwor mir aber, kein Wort mehr darüber zu verlieren.

Doch die Sterne waren erst der Anfang. Kurz darauf durften jüdische Kinder nicht mehr zur Schule gehen und der nächste Schlag drohte bereits. An einem der letzten sonnigen Morgen im März saßen wir mit Mutter in der Küche, als plötzlich der Tritt von schweren Stiefeln durchs Treppenhaus schallte. Jemand pochte gegen unsere Tür und schrie: »Alle Juden nehmen, was sie tragen können, nicht mehr, und verlassen sofort das Haus!« Dazu wurde ununterbrochen eine Glocke geschlagen und man wiederholte den Befehl so oft, dass niemand ihn überhören konnte.

Wir starrten uns mit schreckgeweiteten Augen an, aber für Angst und Schmerz blieb uns keine Zeit. Wir stopften so viel wie möglich in einen Kissenbezug, während die ungarischen Soldaten schrien und gegen die Türen schlugen, um uns anzutreiben. Wer zu langsam war, wurde einfach hinausgeschleift. Wertsachen durften nicht mitgenommen werden und es blieb keine Zeit mehr, um sie zu verstecken. Trotzdem versuchten einige, sie in den Luftschacht zwischen Vorder und Hinterhaus zu werfen. Mutter nahm ihren restlichen Schmuck und ansonsten nur das Nötigste, dann gingen wir hinaus.

Auf der Straße wurden wir in Gruppen eingeteilt und verschiedenen Häusern zugeordnet, die wir »Sternhäuser« nannten, weil sie von außen mit einem Judenstern markiert waren. Der Weg dorthin war ein langer, erniedrigender Marsch durch die Straßen einer Stadt, die einmal so viel Glück für mich bedeutet hatte und jetzt nur noch Trauer und Schrecken bereithielt. Dieser Gewaltakt war von Ungarn an Ungarn verübt worden. Und weil Ungarn dafür verantwortlich waren, fühlte ich mich, als zöge man mir den Boden unter den Füßen weg, als fiele ich in ein unendlich tiefes Loch, aus dem mich niemand retten würde. Aber ich unterdrückte meine Tränen, da die Soldaten auf uns aufmerksam geworden wären, wenn Mutter sich um mich hätte kümmern müssen. Um das zu vermeiden, taten wir stumm, wie uns geheißen.

Als der Marsch kein Ende zu nehmen schien, nahm Mutter meinen Bruder auf den Arm und meine Schwester und ich gingen vor ihr her. »Wir müssen zusammenbleiben, wir müssen zusammenbleiben«, wiederholte Mutter ununterbrochen wie eine magische Litanei. Schließlich waren wir am Ziel – und das war der Moment, in dem unser Privatleben endete.

Man wies uns ein Zimmer in einer Wohnung zu, die nur wenige Straßen von Richies Haus entfernt war. Wir mussten das Zimmer mit drei weiteren Familien teilen. Die ursprünglichen Wohnungseigentümer waren sehr nett. Den Vater hatte man in ein Arbeitslager gesteckt, die Mutter und ihre zwei Töchter teilten ihr Zimmer mit zwei anderen Familien. Aber auch weniger freundliche Familien waren in die Wohnung einquartiert worden. Sie benahmen sich rüpelhaft, schrien und fluchten und man konnte ihnen nicht entkommen. Selbst die wenigen Habseligkeiten, die uns geblieben waren, mussten wir vor ihnen schützen.

»Wie lange wollt ihr denn noch die Küche besetzen«, schrie ein Frau meine Mutter an, die gerade unser Essen kochte. »Die ist für alle da, nicht nur für euch!«

Mutter schloss die Augen und versuchte, sich zu beherrschen. Es war unser erster Abend in diesem fürchterlichen Sternhaus, und unsere erste Mahlzeit nach dem schweren Marsch und dem Schock, wieder einmal unser Heim verloren zu haben.

»Wir sind gleich fertig«, sagte Mutter leise und warf mir einen warnenden Blick zu, weil sie sah, dass ich den Mund öffnete. Gehorsam schloss ich ihn wieder. An diesem Tag hingen unser aller Nerven an einem seidenen Faden. Weinen, Schreien und Tobsuchtsanfälle waren im Sternhaus keine Seltenheit. Aber damit war niemandem geholfen, und außerdem war es gefährlich. Mutter hatte uns das unmissverständlich eingeschärft.

»Beeilt euch gefälligst«, bellte die Frau und reckte ihr Kinn kampflustig vor. »Ihr haltet euch vielleicht für was Besseres, aber das seid ihr nicht. Wir sitzen alle im gleichen stinkenden Loch. Glaubt ja nicht, dass ihr irgendwelche Vorteile hättet, weil ihr wie feine Damen redet. Wir sind alle nur dreckige, stinkende Juden, so wie die Soldaten es uns gesagt haben.«

Mutter bebte, während sie der Frau den Rücken zuwandte, um den Suppentopf vom Herd zu nehmen. Die Teller waren angeschlagen und gesprungen. Sie teilte die Suppe aus und hielt uns an, wie jeden Abend die Tischgebete zu sprechen. Ich hatte das Gefühl, an den Worten zu ersticken, aber ich betete. Keiner wagte es, Mutter in diesem Punkt ungehorsam zu sein, nicht etwa, weil sie uns sonst geschlagen hätte – ich kann mich nur an eine einzige Ohrfeige erinnern –, sondern weil sie von uns erwartete, dass wir Gott dankten, gleichgültig, was auch passierte.

Um die Frau mit dem großen Mundwerk nicht weiter zu verärgern, schlangen wir die Suppe in unserem engen Zimmer hinunter. In dieser Nacht, in der wir zu viert in einem notdürftig auf dem Boden errichteten Bett schliefen und ein Schnarchen und Röcheln wie an einem Teich voller Ochsenfrösche ertragen mussten, fragte ich mich ernsthaft, ob ich das auch nur einen Tag länger aushalten konnte. Ob Küche oder Bad – für alles musste man in dieser Wohnung Schlange stehen. Privatsphäre und Menschenwürde gab es nicht mehr. Unsere wunderschöne Wohnung, unser sicheres Heim war unwiderruflich verloren, als hätte es nie existiert.

Ich spielte mit dem Gedanken wegzulaufen. Einige Juden hatten es bereits getan, vorgeblich aus Angst, dass die Alliierten nach dem Einmarsch der Deutschen ihre Bomben auch über Budapest abwerfen würden. In Wahrheit aber flohen sie vor der Verfolgung aufs Land, wo niemand sie als Juden erkennen würde. In den kleinen Dörfern konnten sie sich als Nichtjuden ausgeben und unerkannt das Kriegsende abwarten. Wäre meine Familie nicht gewesen, hätte ich dasselbe getan. Richie und ich hätten gemeinsam irgendwo untertauchen und für den Widerstand arbeiten können. Aber auch wenn sich mein Herz nach einer wie auch immer gearteten Flucht aus diesem neuen Gefängnis sehnte, wusste ich, dass es unmöglich war. Ich hatte Vater versprochen, bei Mutter und meinen Geschwistern zu bleiben. Irgendwann würde er zurückkommen und erwarten, die Familie vollständig vorzufinden. Ich konnte nicht einfach davonlaufen und Mutter ihrem Schicksal überlassen.

Langsam und vorsichtig versuchte ich, meinen Arm unter dem Kopf meiner Schwester hervorzuziehen. Der Arm war eingeschlafen und es fühlte sich an, als würden tausend Nadeln auf ihn einpiksen. Ohne Rose zu wecken, versuchte ich, eine bequemere Lage zu finden. Welche Schrecken hielt wohl der nächste Morgen für uns bereit? Wir würden all unsere Kraft brauchen. Außerdem wollte ich am nächsten Tag zu Richies Haus gehen, das nun ganz in der Nähe lag.

Am Morgen war es deutlich kälter geworden. Wir warteten, bis wir im Badezimmer an die Reihe kamen. Kaum waren wir drin, klopften die nächsten bereits ungeduldig an die Tür. An Baden war nicht zu denken, es reichte gerade für eine Katzenwäsche. Wir wechselten nicht mal die Unterwäsche, weil sich das Wäschewaschen äußerst schwierig gestaltete. Ich schaute in den Spiegel, schrubbte mir das Gesicht, bis die Haut glänzte, und bürstete das Haar, bis es zumindest etwas frischer wirkte. »Beeilt euch da drin«, rief jemand. Ich warf einen letzten Blick in den Spiegel und zögerte den Moment ein wenig hinaus, in dem ich den verhassten Pullover mit dem Stern überziehen musste.

Zu viert marschierten wir zu Richie, dessen Haus auch in ein Sternhaus umgewandelt worden war. Der Spirituosenladen unter der großen Wohnung im zweiten Stock war geschlossen. Zuvor hatte man ihn zertrümmert und geplündert. Richie und seine Eltern hatten in ihrer früheren Wohnung bleiben dürfen, mussten sie aber mit acht oder neun anderen Familien teilen.

Frau Kovacs trat schweigend auf meine Mutter zu und umarmte sie. »Ich bin so froh, dass es euch gut geht! Musstet ihr auch eure Wohnung verlassen?« Als Mutter nickte, schüttelte Frau Kovacs den Kopf. »Wir hätten euch zu uns holen sollen.«

Doch niemand hatte sich aussuchen können, wo er untergebracht wurde, auch wenn uns später klar wurde, dass es keiner bemerkt hätte, wenn wir umgezogen wären. Wir waren nirgendwo registriert. Für den Moment waren Richie und ich einfach nur glücklich, uns wiederzusehen. Er hatte seiner Familie geholfen, so viele Wertsachen wie möglich zu verstecken, bevor die ersten Neuankömmlinge bei ihnen einquartiert wurden, aber die Trauer und die Wut in den Augen seines stolzen Vaters, mit denen er die anderen Familien betrachtete, war unübersehbar. Auch ich war entsetzt, riss mich aber zusammen, als ich sah, dass unsere Eltern sich leise unterhielten und schließlich zu weinen begannen.

»Sie haben Menschen in die Synagoge gesteckt und sogar in die Ställe der Kutschpferde«, sagte Richies Mutter. »Können Sie sich das vorstellen? Die Leute leben dort wie die Tiere.«

Aber sie konnten genauso wenig etwas dagegen tun wie wir. Jeder, der auch nur einen Funken Verstand hatte, verbarg seine Gefühle vor den Behörden. Wer schrie, weinte oder tobte, wurde erschossen. Die Erwachsenen versuchten also, sich so gut wie möglich zu trösten, und Richie hielt meine Hand, spielte

Schach mit Rose und scherzte mit Larry. Wir alle wussten, dass sich unser Leben für immer verändert hatte, und jeder einzelne von uns hatte Angst vor dem, was der nächste Morgen bringen würde.

Kapitel 7

»Kleines, wir müssen zu unserer alten Wohnung, um mal nach dem Rechten zu sehen. Vielleicht ist ja auch Vater zurückgekommen und sucht nach uns«, flüsterte Mutter mir an unserem dritten Morgen im Sternhaus zu.

Ich warf einen Blick auf Larry und Rose, die an einem kleinen Tisch, den wir aufgetrieben hatten, Schach spielten. »Und was ist mit den beiden?«

Mutter seufzte. »Sie sind hier in Sicherheit. Frau Szolnay wird auf sie aufpassen, ich habe sie schon gefragt. Außerdem ist Rose inzwischen alt genug, um sich um Larry zu kümmern, bis wir wieder hier sind.«

Widerwillig griff ich nach der Jacke mit dem gelben Stern. Ich hatte gedacht, dass ich mich mit der Zeit an dieses Ding gewöhnen würde, aber dem war nicht so.

Um möglichst schnell wieder da zu sein, nahmen wir die Straßenbahn. Beim Aussteigen wurden wir samt allen anderen Passagieren von Pfeilkreuzlern umringt. »Papiere, bitte«, forderten sie uns auf. Angst kroch mir die Eingeweide hoch. Es fühlte sich an, als würde ich krank. Mutter war ruhig geblieben. Ich versuchte, dieselbe Kraft aufzubringen.

Einer der Männer lächelte mich an, aber verächtlich, nicht bewundernd, wie ich es gewohnt war. Ich wurde rot, weil ich erst glaubte, dass er auf meinen Busen starrte, der für meine Größe etwas üppig war, aber dann merkte ich, dass sein Blick dem gelben Stern galt. Sekunden später wusste ich, warum. »Alle Juden in einer Reihe aufstellen und mir nach«, sagte er und führte uns über den Hof eines Gebäudes auf der anderen Straßenseite in einen Keller.

Fünfzig, sechzig verängstigte Frauen und Kinder hockten dort, von Soldaten bewacht, eng beisammen.

»Gebt uns euren Schmuck«, befahl der große, dunkelhaarige Wortführer.

Ich versuchte, meine Hand hinter dem Rücken zu verstecken, um den mit drei Türkisen besetzten Goldring zu retten, den jedes Mädchen in Mutters Familie bekommen hatte. Neben mir schüttelte Mutter jedoch unmerklich den Kopf. Sie hatte panische Angst, dass mein Ungehorsam uns in Gefahr bringen würde. Langsam holte ich den Arm wieder vor und zog den Ring ab. Doch als die Soldaten für einen Moment nicht hinsahen, schleuderte ich ihn in den Holzkasten neben einem großen, alten Ofen. Lieber warf ich den Ring weg, als ihn diesen Dieben zu geben!

Mutter händigte ihnen ihren Rubinring und die kleinen goldenen Ohrringe aus. Zum Glück befand sich ihr übriger Schmuck bei Rose im Sternhaus. Wir würden ihn später sicher noch für Lebensmittel und andere nützliche Dinge benötigen. Die Soldaten sammelten den Schmuck ein und rissen dann engsitzende Ringe rücksichtslos von den Fingern ihrer Opfer, ohne sich um den Schmerz und die Schreie zu kümmern.

»Was wollen die von uns?«, fragte ich Mutter leise und achtete darauf, dass sich meine Lippen kaum bewegten.

»Ich weiß es nicht, aber wir müssen hier raus. Larry und Rose sind ganz allein im Sternhaus und wissen nicht, was mit uns passiert ist. Einen der Soldaten habe ich sagen hören, dass wir in der Befehlszentrale für diesen Bezirk sind. Wenn wir hier bleiben müssen, wird es kein gutes Ende nehmen.«

Was konnten wir tun? Ich zermarterte mir das Hirn. Die Soldaten sahen nicht so aus, als wollten sie uns einfach gehen lassen. Vielleicht würden sie uns stundenlang festhalten oder gar deportieren! Ohne lange zu überlegen, fasste ich einen Plan.

»Entschuldigung«, sagte ich laut zu dem Befehlshaber. »Wir sind hergekommen, um den Pfeilkreuzlern eine Meldung zu machen.«

Er sah mich prüfend an und versuchte zu ergründen, ob ich die Wahrheit sagte.

»Wir haben eine wertvolle Information.« Ich versuchte überzeugend zu klingen. »Mutter und ich haben diesen weiten Weg nur gemacht, um den Behörden Meldung zu machen.«

Er sah mich lange an und zuckte schließlich die Schultern. »Folgt mir!« Er führte uns die Kellertreppe hoch. Mutter musste vorangehen. Sie ging langsam, vermutlich weil ihr vom Sitzen im feuchten Keller die Beine schmerzten. »Schneller«, sagte der Soldat und hieb ihr den Gewehrkolben in den Rücken.

Ich ging direkt hinter ihm und war empört. Wie konnte dieser Mann es wagen, meine freundliche, liebenswerte Mutter zu schlagen! »Hören Sie auf!«, rief ich. »Wir sind schließlich hergekommen, um zu helfen.« Dann ging ich zu Mutter und massierte ihr die Schulter, an der er sie getroffen hatte. Die Tränen liefen mir die Wangen hinunter, aber sie sagte nur: »Ist schon gut, Kleines. Ist schon gut.«

Der Soldat brachte uns in eine Art Vorzimmer. »Wartet hier«, sagte er und hieß uns auf Holzstühlen Platz zu nehmen, bevor er an eine Tür klopfte.

»Was hast du nur vor?«, flüsterte Mutter.

»Keine Angst. Vertrau mir!«

Der Soldat kam zurück. »Ich hoffe für euch, dass ihr wirklich etwas zu melden habt.« Dann führte er uns in ein Büro mit einem großen Schreibtisch und eleganten Ledersesseln. Hinter dem Tisch saß ein aufgeblasener junger Mann, der sich stolz mit seinen Pfeilkreuzlerabzeichen brüstete. Ich atmete tief durch. Angst konnte ich mir jetzt nicht mehr leisten.

»Was hast du zu berichten, Jüdin?«, fragte er in einem so beleidigenden und abfälligen Ton, dass ich ihn am liebsten geohrfeigt hätte. Aber das ging natürlich nicht.

»Es stimmt doch, dass alle ihre Wertsachen bei den Behörden abgeben müssen, oder?«

Er nickte.

»Nun, Mutter und ich haben zwei wertvolle Orientteppiche in unserem Sternhaus entdeckt. Die Leute haben sie geschickt versteckt. Sie haben sie um Matratze und Lattenrost eines großen Betts gewickelt, und dann die Bettwäsche darüber gezogen.«

Der junge Mann beugte sich interessiert vor. »Und das Haus befindet sich in diesem Bezirk?«

Ich tat, als würde ich furchtbar erschrecken, und starrte betreten auf meine Fußspitzen. Aber natürlich hatte ich mir alles genau überlegt und hätte nie jemanden wirklich in Schwierigkeiten gebracht. Es gab dieses Teppichversteck zwar tatsächlich, aber ich wusste, dass jeder Bezirk sein eigenes Hauptquartier hatte und wir im falschen waren.

»Nein«, nuschelte ich. »Im achten Bezirk.«

Ich schien dem Mann Leid zu tun. Vielleicht hielt er mich für schwachsinnig, vielleicht wollte er Menschen zu solchen Anzeigen ermutigen – wer weiß. Jedenfalls wandte er sich an den Soldaten, der uns hergebracht hatte. »Freilassen!« Zu uns sagte er: »Für den Bezirk bin ich nicht verantwortlich.« Er schrieb uns eine Adresse auf. »Ihr müsst zum Hauptquartier eures Bezirks gehen und dort Meldung machen. István wird euch zur Straßenbahn bringen.«

Mutter und ich nickten, atmeten aber erst auf, als wir das Gebäude verlassen hatten. Der Soldat wartete mit uns auf die Straßenbahn. Ich wäre vor Angst fast gestorben, ließ mir aber nichts anmerken. Als ich Mutter einen verstohlenen Blick zuwarf, lächelte sie schwach.

Es schien Stunden zu dauern, bis die Bahn endlich kam. Rasch stiegen wir ein, und als wir ein Stück gefahren waren, brach ich weinend in Mutters Armen zusammen. Auch sie zitterte. Sie musste genauso viel Angst gehabt haben wie ich.

»Wir hätten erschossen werden können«, war alles, was sie sagte.

»Sind wir aber nicht«, sagte ich aufatmend und dachte daran, wie stolz Vater auf meinen Mut und Einfallsreichtum gewesen wäre. Ich entwickelte mich zu einer begabten Lügnerin. Und warum auch nicht, wenn ich damit unser Leben retten konnte?

An der nächsten Haltestelle stiegen wir aus und liefen im Bogen zu unserer alten Wohnung zurück, diesmal von der entgegengesetzten Seite. Wir hatten Glück und erreichten unser Ziel ohne weitere Zwischenfälle. Aber vielleicht wären wir besser nicht dorthin zurückgekehrt.

Mutter schluckte schwer, als wir die Wohnung betraten. Das schöne Sofa, das meine Eltern bei unserer Ankunft in Budapest mit so viel Liebe ausgesucht hatten, war verschwunden. Ebenso die Porzellanvitrine und der Sessel, den Mutter mit einem hübschem Seidenstoff neu hatte polstern lassen. All die schönen Stücke, die sie mit Vater sorgfältig ausgesucht hatte – Art deco und Barock – waren weg oder kaputt. Nicht einmal die Pflanzen waren noch da. Mutters Augen suchten die Zimmer ab und registrierten alles, was uns genommen worden war – über die Hälfte unseres Besitzes war verschwunden, unser Zuhause existierte nicht mehr.

»Was wollen Sie?«, fragte die Frau, die uns hereingelassen hatte, in barschem Ton, als wir immer noch fassungslos dastanden.

»Das ist unsere Wohnung.« Mutter kämpfte mit den Tränen.

Die Frau schnaubte. »Jetzt nicht mehr. Jetzt leben wir hier.« Sie zeigte auf die vielen Menschen, die sich in unseren schönen Zimmern breit gemacht hatten.

Mutter schloss die Augen. »Wir möchten nur unsere restlichen Kleider abholen.«

»Hier sind keine Kleider mehr von Ihnen. Das sind alles unsere Sachen«, sagte die Frau angriffslustig. Die Leute hinter ihr nickten eifrig.

»Dürfte ich wenigstens kurz in meinem Schlafzimmer nachsehen?« Ich hasste den bettelnden Unterton in Mutters Stimme.

Die Frau verschränkte die Arme vor der Brust. »Sie gehen jetzt besser. Sie haben hier nichts mehr verloren.«

Ich wandte mich zum Gehen, aber Mutter hielt mich zurück. »Nur eins noch.« Meine zierliche Mutter ließ sich von den bösen Blicken nicht einschüchtern. »Hat jemand nach mir oder meiner Familie gefragt? Ein großer, gutaussehender, braunhaariger Mann?«

Die Frau lachte ihr ins Gesicht. »Sie träumen, meine Beste. Wir haben hier keinen Mann gesehen, auf den diese Beschreibung passt.«

Mutter sackte für einen Augenblick in sich zusammen, straffte dann die Schultern und streckte ihre Hand aus. Darin befand sich ein verknittertes Stück Papier mit der Adresse von unserem Sternhaus. »Wenn doch jemand nach Ethel Markowitz fragen sollte, geben Sie ihm bitte diese Adresse, damit er uns finden kann«, sagte sie leise und würdevoll.

Für einen Moment flackerte ein Funken Sympathie in den Augen der Frau. Sie nahm das Papier.

Mutter bedankte sich und ergriff meine Hand. »Gehen wir.«

Den ganzen Rückweg zum Sternhaus war ich wie benommen. Zu viel war an diesem Tag geschehen: Man hatte uns eingesperrt, den Schmuck gestohlen, und den größten Teil unseres restlichen Besitzes hatten sich wahrscheinlich die Nichtjuden aus unserer ehemaligen Nachbarschaft unter den Nagel gerissen. »Von den eigenen Nachbarn ausgeraubt, kannst du dir das vorstellen?«, sagte Mutter.

Was würde als Nächstes passieren? Die Verzweiflung in Mutters Gesicht, wenn sie sich von mir unbeobachtet fühlte, verhieß nichts Gutes.

Die folgenden Tage bewahrheiteten diese Vermutung. Es wurde verfügt, dass Juden ab sofort kein eigenes Geschäft mehr führen durften. Erst wurden alle Geschäfte enteignet und dann zwang man die jüdischen Besitzer auch noch, in ihren eigenen Läden für die Leute zu arbeiten, die ihnen ihr Eigentum geraubt hatten. Als Nächstes wurden sämtliche Radios, Fahrzeuge und Räder beschlagnahmt, damit wir noch mehr von der Außenwelt isoliert waren.

Die Synagoge, die so lange das Zentrum der jüdischen Gemeinde gewesen war, versuchte zu helfen, so gut es ging. Im Geheimen wurde in verschiedenen Gebäuden Unterricht für jüdische Kinder organisiert, die nicht mehr zur Schule gehen durften.

Die Lage wurde durch eine Ausgangssperre zunehmend verschärft. Juden durften nur noch zu bestimmten Tageszeiten aus dem Haus gehen und in der Dunkelheit überhaupt nicht mehr. Die größte Sorge bereitete mir, dass es nun noch schwerer für mich war, mich mit Richie zu treffen.

Etwa eine Woche nach unserem Einzug ins Sternhaus bekam Mutter Besuch. Zuerst hatte sie furchtbare Angst vor dem Unbekannten. »Was wollen Sie von Ethel Markowitz?«, fragte sie.

»Ich kannte Ihren Mann«, antwortete er sanft. Sein Gesicht mit den schweren Augenlidern wirkte irgendwie vertraut. War er früher einmal zu Gast in unserer Wohnung gewesen? Gehörte er auch zum tschechischen Untergrund? Wir stellten keine Fragen. »Können wir uns irgendwo unter vier Augen unterhalten, Frau Markowitz?«

Mutter nickte. »Einen Augenblick.« Sie ging in das Zimmer, das wir mit den anderen Familien teilten und erklärte in ruhigem Ton, dass sie sich kurz ungestört unterhalten müsse. »Würde es euch etwas ausmachen, mir das Zimmer für ein paar Minuten zu überlassen?«, fragte sie unsere Mitbewohner höflich.

Zum Glück waren unsere Zimmergenossen einigermaßen rücksichtsvoll. Alle gingen hinaus, auch Rose, Larry und ich, sodass Mutter sich allein mit dem Fremden unterhalten konnte. Nach etwa zehn Minuten verschwand der Mann genauso still und leise, wie er gekommen war.

»Komm mit, Kleines«, forderte Mutter mich mit ernster Stimme auf, die keinen Widerspruch duldete. »Ihr« – sie zeigte auf Larry und Rose – »bleibt hier, bis wir zurück sind. Es kann ein paar Stunden dauern.« Sie umarmte Rose und flüsterte ihr ins Ohr: »Pass auf unsere Sachen auf. Lass niemanden an sie heran, besonders Frau Androsz nicht, die uns die Suppe gestohlen hat.« Meine Schwester nickte. Mutter nahm ihren dicksten Pullover, und wir verließen die Wohnung.

»Wohin gehen wir?«, fragte ich etwas außer Atem, da Mutter ziemlich schnell vorausging.

»Zu Raoul Wallenberg. So heißt der Mann, der uns heute besucht hat und deinen Vater kennt. Er will uns in der schwedischen Botschaft Schweizer Schutzpässe besorgen, mit denen wir in ein besseres und sicheres Haus umziehen können. Das Einzige, was man dazu braucht, ist Geld, und damit hat uns dieser Mann ausgeholfen«, sagte sie und zeigte mir die Banknoten, die sie sorgfältig in ihrem Kleid versteckt hatte. »Sie sagen, dass Juden in Gettos gesperrt werden und die Lage sich weiter verschlechtern wird. Aber in einem Haus unter schweizerischem oder schwedischem Schutz soll das Leben zumindest zur Zeit noch besser sein.«

Ich nickte. Ich hatte zwar nicht alles verstanden, aber doch so viel, dass Vaters mysteriöse Beziehungen uns wieder einmal geholfen hatten, auch wenn er selbst weiterhin verschwunden blieb.

Vor der schwedischen Botschaft in der Vadász Utca hatte sich eine lange Schlange gebildet. Der große Menschenfreund Raoul Wallenberg war dort bemüht, so vielen ungarischen Juden Schutzpässe zu verschaffen, wie es die Nazis und seine eigene Regierung zuließen. Auch die einzigen anderen neutralen Länder, die Schweiz und der Vatikan, stellten solche Papiere aus. Über eine Stunde warteten wir an diesem kalten Julitag vor der Botschaft. Mutter schaute sich nervös um und hoffte, dass alles so reibungslos verlaufen würde, wie es der Mann versprochen hatte. Endlich erreichten wir das mit Leidensgenossen überfüllte Wartezimmer. Plötzlich trat ein mittelgroßer Mann mit braunen Haaren und Hakennase aus dem Büro ins Wartezimmer. »Das ist Adolf Eichmann«, flüsterte jemand. Im Militärmantel über der ordengeschmückten Uniformbrust marschierte er durch den Raum. Seine polierten Stiefel schimmerten in der durch die Fenster einfallenden Nachmittagssonne.

Niemand kannte den Grund, warum er hier war, aber jeder Jude fürchtete ihn. Zu Recht, denn Eichmann war für die Endlösung der ungarischen Juden verantwortlich. Hitler hatte ihn in den letzten Kriegstagen, trotz der schwindenden Ressourcen der Nazis, mit der Aufgabe betraut, sämtliche ungarischen Juden zu vernichten – oder zumindest so viele wie möglich. Er konnte sich auf Eichmann verlassen.

Nach etwa einer Stunde wurden wir in Wallenbergs Büro vorgelassen, der uns höflich und freundlich empfing, unsere Daten aufnahm und uns versprach, dass wir die Papiere am nächsten Tag abholen konnten, wenn es uns recht war. Es war uns natürlich mehr als recht.

»Zu keinem im Sternhaus ein Wort über die Papiere, Kleines«, schärfte Mutter mir ein. Noch ein Geheimnis, das ich bewahren musste. Aber inzwischen war ich alt genug, um einzusehen, wie wichtig es war, all diese Geheimnisse für mich zu behalten. Ich nickte und gab mir Mühe, tapfer zu sein. Doch innerlich war ich dem Zusammenbruch nahe. Sobald es ging, rannte ich zu Richie. Er merkte mir sofort an, wie aufgewühlt ich war, und brachte mich aus der überfüllten Wohnung. Wir gingen an der Donau spazieren. Selbst am Wasser waren die Nazis präsent und hatten die Ufer mit Sandsäcken befestigt.

»Was ist los, Kis Pofa?«

Ich konnte die Tränen nicht mehr aufhalten und begann hemmungslos zu weinen. Richie nahm mich in den Arm und tröstete mich.

»Gestern hätten uns die Pfeilkreuzler beinahe eingesperrt, heute erzählte uns ein Mann was von Schweizer Schutzpässen und gab Mutter das nötige Geld dafür. Wir haben die Papiere bekommen und werden bald an einen sichereren Ort umziehen. Zumindest hat der Mann das gesagt.«

»Na, das sind doch gute Neuigkeiten, oder nicht?«

»Schon, aber jeden Tag passiert etwas anderes. Unser Leben kann genauso gut jeden Moment vorbei sein. Gestern hat ein Pfeilkreuzler Mutter mit dem Gewehrkolben geschlagen. Wenn er statt auf die Schulter auf den Kopf gezielt hätte, wäre Mutter jetzt vielleicht tot, und das alles wegen nichts!«

Richie drückte mich fester an sich und strich mir übers Haar, das mir inzwischen bis zum Po reichte. »Hör zu, Kleines. Ich habe es dir schon einmal gesagt, aber jetzt ist es noch wichtiger als jemals zuvor, dass du mir glaubst.« Er schob mich so weit zurück, dass er mir in die Augen sehen konnte. »Du und ich, wir werden diesen Krieg überleben. Wir werden heiraten und die Flitterwochen in Venedig verbringen. Weißt du noch, als ich dir vom Markusplatz erzählt habe? Bald wirst du ihn mit eigenen Augen sehen. Und wir werden zusammen in einer Gondel durch die Kanäle fahren. Ich weiß das ganz sicher, hier drin, in meinem Herzen. Glaubst du auch so unbeirrbar daran wie ich?«

Ich nickte und meinte es aufrichtig. Seine wunderschönen blauen Augen gaben mir die Kraft, daran zu glauben. »Tut mir leid, dass ich so kindisch war, aber es ist schlimm, mit all diesen Leuten zusammenleben zu müssen und weder baden noch die Kleider wechseln zu können. Ich fühle mich schmutzig und hässlich …«

Richie legte mir seinen Finger auf den Mund. »Sag doch so etwas nicht, Kleines! Das ist doch Unsinn. Für mich bist du so schön und einzigartig wie immer. Wenn jemand schmutzig ist, dann die Leute, die uns so behandeln. Aber der Tag wird kommen, an dem sie dafür bezahlen müssen.«

Ich stellte mich auf die Zehenspitzen und küsste ihn. Egal, was auch geschah, bei Richie fühlte ich mich sicher und beschützt, als könne kein Schmerz mir länger etwas anhaben. Ich spürte die Sonne auf meinem Gesicht, seine starken Arme um meinen Körper – und mit einem Mal wusste ich, was auch immer passieren würde, dies war die größte Liebe meines Lebens. Trotz aller Widrigkeiten war ich so dankbar für diese Liebe, dass sie mich beinahe für alles entschädigte. Wenn nur Gott unsere Träume wahr werden ließ, konnte ich all das überleben und eines Tages auch überwinden.

»Geht es dir besser, Liebes?« Er suchte die Antwort in meinen Augen.

Ich schenkte ihm mein strahlendstes Lächeln. »Wenn du da bist, immer. Könnte es doch immer so sein!«

Er lachte. »Das wird schon noch früh genug der Fall sein. Am besten mieten wir heute schon einen Saal im

Hotel Royale. Nicht, dass er bei unserer Hochzeit belegt ist!«

Ich lächelte. Er versuchte fröhlich zu sein, aber der Schatten, der über sein Gesicht huschte, war mir nicht entgangen. Seit die Deutschen die Sperrstunde angeordnet hatten, war es mit den Auftritten von Richies Band vorbei. Eine seiner größten Freuden war ihm genommen worden und ich sah deutlich, was ihn dieser Verlust kostete. Aber Richie war niemand, der mit seinem Schicksal haderte. Schließlich war er als nüchterner Mensch gewohnt, sich den Tatsachen zu stellen, statt sie zu beklagen. Aber er war auch Musiker und die Leidenschaft des Künstlers gab ihm die nötige Energie, sich gegen die Nazis zu wehren und sich dem Widerstand anzuschließen. Leichtsinnig wurde er dabei jedoch nie. Dazu war ihm unsere gemeinsame Zukunft zu wichtig.

Bei ihm zu Hause zog er mich unter den Treppenabsatz, presste mich an sich, küsste mich, schob seine Hand unter meinen Pullover, und seine schlanken Finger glitten über meine Brüste, als spielten sie ihr Lieblingsinstrument. Ich schlang die Arme um ihn und streichelte seinen Nacken. »Wären wir doch wieder allein im Bootshaus! Diesmal würden wir unser Liebesspiel nicht abbrechen«, flüsterte ich zärtlich.

»Du weißt, wie sehr ich dich liebe, wie sehr ich dich begehre, Kleines. Aber wir können nicht mehr ins Bootshaus und ich will mich nicht mit dir in irgendeiner Ecke herumdrücken. Wenn es passiert, soll alles stimmen, soll alles vollkommen sein. Erst dann möchte ich, dass du voll und ganz meine Frau wirst.«

Ich streichelte seine Wange. »Wer weiß, was die Zukunft bringt? Sollen wir uns diese Freude nicht heute schon gönnen? Vielleicht sehen wir uns nie wieder!«

Er nahm meine Hand und drückte sie. »Sag so etwas nie wieder! Wir werden uns nie verlieren. Wir werden heiraten, Kinder haben und zusammen alt werden. Ich weiß das, Kleines, und du solltest es auch wissen. Versprich mir, dass du immer daran glauben wirst.«

Ich versprach es, zog ihn dichter an mich heran und wünschte von ganzem Herzen, dass diese Zukunft schon da wäre.

Zum Glück waren unsere Tage im Sternhaus gezählt. Die Stimmung war dort so gespannt, dass sich die Menschen vor lauter Verzweiflung jeden Moment die Köpfe einzuschlagen drohten. Es gab so viel Wut – und so viel Trauer. Ein altes Ehepaar musste sich jeden Tag gegen Diabetes spritzen, während die anderen bereits vor der Küche Schlange standen und ungeduldig zusahen. Eine Frau mit Brustkrebs ohne Aussicht auf Medikamente oder eine Operation trank eine Tasse hoch konzentrierten Tee nach der anderen, weil sie sich von der sirupartigen Flüssigkeit eine Linderung ihrer Schmerzen erhoffte. So schwach sie war, gab es doch niemanden, der ihr wenigstens das Teekochen abnahm.

Die Nahrungsmittel waren rationiert worden. Es gab weder Mehl noch Zucker. Selbst ein Stück Holz für den Ofen wurde zum Luxusgut. Manchmal musste man kilometerweit laufen, bevor man brauchbares Brennmaterial fand. Wenn man Glück hatte, waren im Keller eines abgerissenen Hauses ein paar Scheite liegen geblieben. Einfallsreichtum war gefragt. Geteilt wurde nicht, jeder war mit dem eigenen Kampf ums Überleben mehr als genug beschäftigt. Es war hässlich mit anzusehen, wie sich die Menschen benahmen, zumindest die meisten. Mutter war nicht so und es gab auch andere, sogar Nichtjuden, die Risiken eingingen, um zu helfen. Ich erlebte, wie verbunden manche Menschen über alle Grenzen hinweg einander sein konnten. Aufgrund dieser Erfahrung habe ich Jahre später für die Hadassah und andere Organisationen gearbeitet, die sich um die Benachteiligten dieser Erde kümmern.

Nachdem wir die Schweizer Schutzpässe bekommen hatten, entdeckten wir, dass auch unser altes Wohnhaus unter der Protektion der Schweiz stand. Wie es der Zufall wollte, wurden wir gerade diesem Haus zugeteilt. Wir durften sogar in unsere alte Wohnung zurück, auch wenn wir sie mit dreißig anderen vertriebenen Juden teilen mussten.

Als wir eine Woche später endlich umziehen konnten, war von unseren Möbeln, Kleidern oder Haushaltswaren nichts mehr übrig. Wir schliefen in einem unserer früheren Schlafzimmer zu viert auf dem Boden, wie in dem anderen Sternhaus auch.

Den Raum teilten wir uns mit zehn weiteren Personen: einer Mutter mit ihren Kindern, einem alten Ehepaar und einer weiteren Mutter mit drei Kindern. Unsere alten Schränke waren ausgeräumt, sodass wir nur noch die Kleidung besaßen, die wir bei unserer Vertreibung mitgenommen hatten. Die Wohnung war so überfüllt, dass die Leute sogar in der Badewanne schliefen. Wenn wir uns waschen wollten, mussten wir sie bitten, aufzustehen. Das dauerte immer eine Weile, denn ihre Muskeln waren vom langen Liegen in unbequemer Position steif geworden. Sie konnten sich kaum noch bewegen. Trotzdem waren wir froh, dass wir überhaupt ein Bad hatten. An einigen Tagen stellten die Deutschen das Wasser ab. An heißes Wasser war sowieso nicht zu denken, da es keine Kohle mehr gab, um die Öfen zu heizen. Doch auch ein kaltes Bad nach ewigem Warten war das höchste der Gefühle.

Die Trostlosigkeit und stumpfsinnige Plackerei dieser Tage kann man jemandem, der das nicht erlebt hat, nur schwer vermitteln. Jeden Morgen stand Mutter um sechs Uhr auf, um sich für Brot und Milch anzustellen. Die Milch war so verdünnt, dass sie in einem durchsichtigen Blau schimmerte. Nach vier Stunden Anstehen kam sie um zehn nach Hause und machte uns ein schnelles Frühstück aus warmer Milch und Brot, während die anderen hinter uns in der Küchenschlange bereits ungeduldig auf die Uhr sahen.

Die Alliierten hatten inzwischen begonnen, Ungarn zu bombardieren, auch wenn Budapest bisher verschont geblieben war. Trotzdem gingen mindestens einmal am Tag die Sirenen, und wir mussten bis zur Entwarnung in den Keller.

Mutter arbeitete noch immer als Köchin für ein älteres jüdisches Paar, das nicht mehr selbst kochen konnte, dessen Speisekammer aber gefüllt war. Mutter kümmerte sich um die Zubereitung und sie teilten dafür das Essen mit uns.

Wenn es sich machen ließ, verdrückte ich mich mit Rose und den anderen Jugendlichen auf den leeren Dachboden und genoss den hervorragenden Blick auf die früher einmal so schöne Stadt. Wenn Richie konnte, kam er dazu, und wir malten uns die gemeinsame Zukunft aus.

Manchmal überfielen uns auch tollkühne Gedanken, zum Beispiel Molotowcocktails auf die deutschen Panzer im Hof zu werfen.

»Wir könnten wenigsten symbolisch ein paar zerstören«, schlug einer der Jungs vor.

»Irgendwas sollten wir auf jeden Fall machen«, pflichtete Violet ihm bei. Die Entbehrungen hatten sie ruhelos und unglücklich gemacht.

»Wenn wir das versuchen, werden sie uns und alle anderen Hausbewohner töten.« Ich hätte nie gedacht, dass ich mal wie meine Mutter reden würde.

Die andern sahen mich an, als wollten sie mich vom Dach stoßen, aber dann dachten sie darüber nach und nickten schließlich. Ihnen war klar, dass ich Recht hatte. Es war nur ein Gedankenspiel gewesen, der Wunsch, den Nazis das Unglück, in das sie uns gestürzt hatten, heimzuzahlen. Aber natürlich konnten wir nichts machen, zumindest nicht offen. Insgeheim konnte man den Untergrund unterstützen, so wie Richie und einige andere es taten.

Kapitel 8

»Gestern haben sie meinen Vater getötet.«

Wir saßen im Treppenhaus. Richie redete und weinte gleichzeitig.

Seit der Verhängung der Sperrstunde hatten wir verabredet, uns jeden Tag um zwei Uhr nachmittags zu treffen. Als Richie am Vortag nicht aufgetaucht war, hatte ich das sichere Gefühl, dass etwas passiert sein musste.

Als er am nächsten Tag auch nicht erschien, drehte ich den Pullover auf links, damit man den Judenstern nicht sah, und machte mich auf den Weg zu seinem Haus, obwohl ich dadurch nicht vor der Sperrstunde zurück sein konnte. Als ich Richies Gesicht sah, wusste ich, dass etwas Schreckliches passiert war. Er war so bleich, dass seine Haut fast durchscheinend wirkte, und seine blauen Augen lagen tief in ihren Höhlen.

»Komm mit«, sagte er tonlos. Wir verließen die Wohnung und kauerten uns ins Treppenhaus. Ich hielt seine Hand so fest, dass mir die Finger schmerzten.

»Vater sah gerade die Druckfahnen durch«, berichtete Richie, »und der Regen peitschte gegen die Scheiben, hat seine Sekretärin erzählt. Sie tippte gerade einen Brief, als die Tür aufgestoßen wurde und mehrere Soldaten hereinstürmten. Sie befahlen ihr, den Chef zu holen. Vater kam heraus.«

Richie atmete tief durch. Als er weitersprach, zitterte seine Stimme.

»Du musst es nicht erzählen, wenn du nicht möchtest«, sagte ich sanft.

Richie schüttelte den Kopf. »Doch, das muss ich. Das bin ich Vater schuldig.« Er presste meine Hand noch fester. »Die SS stand da, in ihren auffälligen Uniformen, Gewehre im Anschlag. Der deutsche Offizier trat einen Schritt vor. Er hatte einen Pfeilkreuzler als Übersetzer an seiner Seite.

Er eröffnete Vater, dass er seine politischen Lügen nicht länger veröffentlichen dürfe. Du kennst Vater und seine Ehrenhaftigkeit. Er antwortete, dass Die Stimme des Volkes keine politische, sondern eine ganz normale Tageszeitung sei.« Die Tränen liefen Richie nun in Strömen über die Wangen. Er wischte sie nicht einmal ab, sondern sah starr geradeaus, als hätte er die Szenerie wieder genau vor Augen.

»Die Sekretärin sagte, dass die Antwort den SS-Offizier erboste. Er erklärte Vater, dass die SS bestimme, was veröffentlicht werde und was nicht. Vater sah den Offizier erstaunt an und sagte: Das ist meine Zeitung. Ohne ein Wort hob der Offizier das Gewehr und erschoss ihn.«

Richie bebte am ganzen Körper. »Sie haben ihn erschossen, als wäre er ein Nichts, ein Insekt! Die Sekretärin berichtete, sie seien alle so geschockt gewesen, dass keiner sich zu rühren gewagt habe. Sie hätten nur dagestanden und gebetet, dass sie nicht auch noch erschossen würden. Die Nazis und die Pfeilkreuzler zerstörten das gesamte Arbeitsmaterial, auch die Druckpresse, dann gingen sie.«

Ich wusste nicht, was ich tun oder sagen sollte. Herr Kovacs war immer freundlich gewesen und ich in seinem Haus immer willkommen. Richie verehrte ihn. Herr Kovacs war ein Familienmensch gewesen, der sein Leben ganz auf seine Frau und seinen Sohn ausgerichtet hatte. Jetzt war dieser gute und ehrbare Mann tot, ausgelöscht, als hätte sein Leben keine Bedeutung gehabt.

Ich zog Richies Kopf an meine Brust und ließ ihn weinen wie ein Kind. Und irgendwie waren wir ja auch noch Kinder. Kinder, die mit Gräueltaten konfrontiert wurden, die sie nie hätten sehen sollen.

»Ich liebe dich, ich liebe dich, mein Liebster«, flüsterte ich wieder und wieder. »Es tut mir so leid, so leid, so leid …«

Einige Zeit später hatte er sich wieder unter Kontrolle. Auch ich hatte angefangen zu weinen, wegen ihm, wegen seines Vaters, seiner armen Mutter, wegen mir und wegen uns allen. »Was wirst du jetzt tun?«, fragte ich.

Richie streichelte mir abwesend das Gesicht. Ich erschrak. Sein Blick war nicht mehr kindlich, sondern der eines Mannes, eines ernsten, entschlossenen, verhärmten und wütenden Mannes. Der Tag, an dem sie seinen Vater töteten, hatte seine Kindheit unwiderruflich beendet. Doch er lächelte mich an. »Ich werde mich natürlich um Mutter kümmern. Vater hätte es so gewollt und sie braucht mich jetzt mehr als je zuvor.« Dann runzelte er die Stirn. »Ich werde mehr für den Widerstand arbeiten. Wir müssen diese Leute schlagen, bevor sie uns und alles, was wir lieben, zerstört haben.«

Plötzlich überkam mich die Angst, die unsägliche Angst, dass es keine gemeinsame Zukunft für uns geben würde, keine Hochzeit im Hotel Royale, keine Flitterwochen in Venedig, keine Reise nach Paris, kein gemeinsames Leben bei seiner Mutter, bis er in ein paar Jahren mit dem Studium fertig war, keine eigene

Wohnung und keine eigene Familie. Unser schöner Traum löste sich vor meinen Augen auf. Schreckliche Gefühle brachen plötzlich über mich herein – Angst, Wut, Trauer. Richie muss es mir angesehen haben und zog mich an sich. »Keine Angst, Kis Pofa. Nichts und niemand – weder dieser dreckige Krieg noch die verfluchten Nazis – wird je zwischen uns stehen. Wir sind füreinander bestimmt, und nichts wird daran etwas ändern.«

Ich klammerte mich an ihn und hoffte, dass er Recht hatte. Aber ich war nicht blind. Unsere Lage war schrecklich und würde sich garantiert noch deutlich verschlechtern. Die Deutschen und ihre ungarischen Verbündeten, die Pfeilkreuzler, hatten mit der Vernichtung der ungarischen Juden erst begonnen. Die Frage war: Würden wir lang genug durchhalten, um die Niederlage der Nazis noch zu erleben?

Mitten in der Nacht wachte ich vom Heulen der Alarmsirenen auf, sprang auf, zog mir einen Pullover über und half Mutter, meine Geschwister in den Schutzkeller zu bringen. Es war Mitte April und die Luftangriffe hatten Budapest erreicht. Die Bomber der Alliierten kamen jetzt täglich, oft auch nachts, erhellten den schwarzen Himmel und ließen ihre tödliche Last über dem gesamten Stadtgebiet fallen. Alle Ungarn lebten in der Gefahr, von den Bomben getötet zu werden, aber nur die Juden wurden gezwungen, nach den Angriffen den Schutt von den Straßen zu räumen. Alte Männer, Frauen und Kinder mussten Trümmer und zerstückelte Leichen forttragen.

Zuerst weigerte ich mich. Mutter nahm mich jedoch bei der Hand, wühlte in unseren wenigen Habseligkeiten und gab mir ein Paar Handschuhe. »Zieh die an und komm mit. Rose, du auch. Larry, du bleibst hier. Kleine Kinder müssen nicht mit.«

Schließlich folgten wir Mutter, die auch diese Arbeit ruhig und methodisch anging. Mit derselben Energie, die sie für alles, was sie tat, aufbrachte, räumte sie den Schutt Ziegel für Ziegel, Stein für Stein beiseite. Die rauen Mauersteine schnitten mir durch die dünnen Wollhandschuhe die Hände auf. Während ich mich durch den albtraumhaften Schauplatz des Grauens arbeitete, wagte ich kaum die Augen zu öffnen. Plötzlich schrie ich auf. Mutter legte mir die Hand über den Mund. »Bitte sei vorsichtig, Kleines«, zischte sie und beobachtete den wachhabenden Pfeilkreuzler, der sich mit dem Gewehr im Anschlag zu uns umwandte.

»Mama, da ist ein Arm, nur ein Arm, kein Kopf, kein Körper, nur ein Arm, und ich …«

Mutter packte mich bei den Schultern und sah mir fest in die Augen. »Hör mir zu, Kleines! Wir müssen tun, was sie sagen, und dürfen kein Aufsehen erregen, sonst erschießen sie uns. Hast du das verstanden?«

Ich nickte, ohne einen Ton herauszubringen. Das Hirn weigerte sich, das zu verarbeiten, was meine Augen gesehen hatten – einen abgetrennten Arm. Mutter beugte sich über mich, nahm den Arm und legte ihn vorsichtig zu den übrigen Trümmern in die Schubkarre. Wir haben nie wieder darüber gesprochen. Ich schäme mich fast einzugestehen, dass mich nach den ersten Tagen so gut wie nichts mehr schockieren konnte. Ich werde nie vergessen, wie ich die Leiche eines erschossenen Kindes entdeckte, die auf einer Schubkarre in der Sonne verfaulte. Niemand wagte, sie zu begraben. Aber das war einige Monate später und das tägliche Grauen hatte sich in einem derartigen Ausmaß gesteigert, dass wir menschlicher Regungen kaum noch fähig waren.

Bis Juni waren sämtliche Juden in die Wohnviertel umquartiert worden, die fortan als Gettos galten. Eines der größten lag in der Altstadt, in der Nähe der prächtigen Dohany-Synagoge, in der wir so oft den Sabbat und andere religiöse Feste gefeiert hatten. Nur die Juden in den Schutzhäusern der Schweiz, Schwedens und des Vatikans durften bleiben, wo sie waren. Die Synagoge war geplündert und verwüstet worden und diente nun als Materiallager.

Die Lebensmittelzuteilung wurde mit jedem Tag geringer. Die halbe Zeit stellten die Deutschen das Wasser ab. Wenn es einmal lief, nahm Mutter schnell den Eimer und stellte sich in die Schlange.

Als wir eines Tages zusammen in der Schlange standen, ging die Frau vor uns plötzlich weg. Eine Stunde später kam sie zurück und wollte sich wieder an ihren alten Platz stellen.

»Warum sind Sie dann weggegangen?«, fragte Mutter.

Da fing die Frau an zu zetern und ging auf Mutter los. Mutter schob sie zurück und bat sie aufzuhören.

Noch ehe wir's uns recht versahen, war der Wärter bei uns und schlug Mutter mit dem Gewehrkolben. Die Wucht des Schlags ließ sie zusammensacken.

»Warum schlagen Sie sie?«, rief ich weinend. »Sie hat doch nichts getan.«

Mutter tastete nach meiner Hand und drückte fest zu. Ich sollte den Mund halten.

»Deine dreckige Judenmutter hat die Schlange in Unordnung gebracht. Willst du dich vielleicht beschweren?«

Ich schluckte. Vor Wut und Ekel wäre ich am liebsten auf ihn losgegangen, hätte ihm das Gesicht zerkratzt und ihm den Schlag zurückgegeben, den er meiner Mutter versetzt hatte, die keiner Fliege etwas zu Leide tun konnte. Aber Mutter kniff mich warnend. Ich wusste, dass ich ruhig bleiben und die Rachegelüste runterschlucken musste, schließlich hatte ich die Verantwortung für Mutter, Larry und Rose. Dieses Pflichtgefühl hat mir wahrscheinlich das Leben gerettet. Wäre es nur um mich gegangen, hätte ich keine Rücksicht genommen.

Inzwischen wurde die Stadt pausenlos bombardiert. An Nachtruhe war nicht mehr zu denken. Angestrengt lauschten wir auf unserem provisorischen Lager in dem überfüllten Raum auf das Einsetzen der Sirenen und das Heulen der Bomben.

Kartoffeln wurden zum Hauptlebensmittel. Mutter hatte ihre Kochkunst nicht vergessen und zauberte unzählige Mahlzeiten rund um die Kartoffel: als Suppe, zusammen mit Zwiebeln als Eintopf oder mit rohem Ei verrührt. Fleisch wurde zur seltenen Delikatesse, obwohl Mutter noch Schmuck hatte, den sie versetzen konnte.

Später erfuhren wir, dass die Alliierten die Bombardements verstärkt hatten, um den Krieg schneller beenden und die ungarischen Juden retten zu können. Aber offensichtlich unterschätzten sie die Entschlossenheit der Nazis und Pfeilkreuzler. Diese hatten einen Auftrag und zu unserem Unglück bestand er darin, so viele wie möglich von uns zu vernichten. Leider waren sie erfolgreich.

Sobald sie Juden in einem Viertel zusammengetrieben hatten, schlossen sie dort alle Lebensmittelläden und Fleischergeschäfte, sodass es keine Nahrung mehr gab. Die wenigen Stunden, die man am Tag hinaus durfte, reichten gerade aus, um in den Nachbarvierteln nach Essbarem zu suchen. Da Juden nicht mehr arbeiten durften, hatten die meisten aber sowieso kein Geld, um Nahrungsmittel zu kaufen – es sein denn, sie besaßen noch Wertsachen zum Versetzen.

In dieser Beziehung hatten wir, wie gesagt, Glück. Und wir hatten Richie. Die Kovacs' hatten einiges an Wertsachen beiseite schaffen können, die sie nach und nach versetzten. Nicht nur, dass ihre ehemaligen nichtjüdischen Arbeiter sich ihnen gegenüber sehr loyal verhielten und ihnen Essen brachten, auch die Verwandten, die auf ihrem Hof mit den riesigen Weinbergen lebten, versorgten sie mit Nahrungsmitteln. Regelmäßig schmuggelten Richies Cousins frisches Brot, Obst, Gemüse und sogar Eier, die kaum noch zu bekommen waren, in die Stadt. Wenn Richie uns besuchte, brachte er stets etwas von diesen Köstlichkeiten mit. Einmal hatte er nur ein Ei dabei, das wir uns zu viert teilten. Dank seiner Unterstützung kamen wir über die Runden.

Außerdem hatten wir Herrn Kormendy, unseren persönlichen Schutzengel. Er war ein freundlicher älterer Herr Anfang sechzig mit welligem grauem Haar und dunkelbraunen Augen hinter dicken Brillengläsern. Er war sehr wohlhabend und besaß ein Bekleidungsgeschäft mit zugehöriger Fabrik. Als die Deutschen einmarschierten, zwangen sie ihn, seine Produktion auf Uniformen umzustellen. Viele Juden konnte er retten, indem er ihnen Arbeit gab. Auch Mutter und mir bot er eine Stellung an, aber da Larry und Rose noch zu klein waren, um bei ihm arbeiten zu können, lehnten wir ab.

Herrn Kormendy hatten wir bereits viele Jahre zuvor bei einem Einkaufsbummel durch die Innenstadt kennen gelernt. Vater hielt nach einem Herrenmodengeschäft Ausschau. Als wir Herrn Kormendys Laden betraten, wurden wir freundlich begrüßt und meine Eltern kamen gleich mit ihm ins Gespräch. Vater hatte seitdem gelegentlich dort eingekauft, und wir besuchten Herrn Kormendy hin und wieder und erkundigten uns nach seiner Familie.

Er wurde zum Freund der Familie, doch hätten wir im Traum nicht damit gerechnet, dass er uns später so großzügig half. Irgendwie hatte er von unseren Schwierigkeiten erfahren und wusste, dass wir wieder in unserer alten Wohnung wohnten. Eines Tages stand er einfach mit einer Tasche Lebensmittel in der Tür. Seitdem klingelte er regelmäßig ein-, zweimal die Woche bei uns und verschwand, sobald er hörte, dass wir da waren. Wenn wir die Tür öffneten, stand immer eine Tüte Lebensmittel davor – Brot (ein seltener Genuss, denn Mehl gab es nicht mehr), Obst (ein paar Äpfel zum Beispiel), Paprika und manchmal sogar Würstchen. Mutter wollte sie sofort verschenken, da sie nicht koscher waren, aber ich hielt sie davon ab.

»Die esse ich«, sagte ich. Ich verspeiste sie zusammen mit Larry und Rose oder nahm sie mit zum Burghügel, um sie mit Richie zu teilen.

Damals war es Nichtjuden streng verboten, Juden in irgendeiner Form zu helfen. Hätte man Herrn Kormendy erwischt, wäre er wahrscheinlich erschossen worden. Aber davon ließ er sich nicht abschrecken.

Die Welt war aus den Fugen geraten, jede Regelmäßigkeit aufgehoben. Es gab keine Schule mehr, kein normales Einkaufen. Die Synagogen waren geschlossen, Thorarollen und andere religiöse Kunstwerke gestohlen oder zerstört. Jeder Tag war ein ständiger Kampf ums nackte Überleben. Bei einer Gelegenheit stiegen mein Bruder und ich vor der Sperrstunde auf einen der vielen Hügel von Buda und schauten auf die Donau hinunter. Plötzlich heulten die Sirenen und wir suchten panisch nach einer Schutzunterkunft vor dem Luftangriff. Den Luftschutzkeller konnten wir nicht mehr erreichen, dafür waren wir zu weit entfernt. Also warfen wir uns unter einen Busch und schon bald fielen die Bomben. Nach wenigen Minuten prasselte zudem schwarzer Regen auf uns nieder, der an den Kleidern kleben blieb. Ich strich mit dem Finger darüber, probierte und musste spucken. »Das ist Öl«, erklärte ich Larry. »Sie müssen eine Raffinerie getroffen haben.«

Als endlich Entwarnung gegeben wurde, kam es uns vor, als hätten wir Stunden dort ausharren müssen, dabei kann es sich um kaum mehr als zwanzig Minuten gehandelt haben.

Unser Haus wurde jeden Tag durchsucht. Die Pfeilkreuzler stürmten herein und hielten nach gesuchten Personen oder Leuten ohne Papiere Ausschau. Ab Juli wurde es noch makabrer und grausamer. Von der Wohnung aus beobachteten wir, dass Deutsche oder Pfeilkreuzler mehrmals in der Woche zwischen fünfzig und hundert Juden anderthalb Blocks weiter an die Donau führten. Wenn wir die Hälse aus dem Fenster reckten – was Mutter uns bald aus Furcht vor Strafmaßnahmen streng verbot –, konnten wir sie dort stehen sehen. Minutenlang war es totenstill, dann hörten wir das Stakkato des Maschinengewehrfeuers. Es schnürte uns die Kehle zu. Anschließend ließen sie die Leichen einfach in die Donau fallen. An manchen Tagen war der Fluss rot vor Blut.

An anderen Tagen standen Juden in endlosen Reihen am Bahnhof. Die Leute flüsterten etwas von

»Zwangsumsiedlung, wie bei den polnischen Juden«. Wir hofften, dass der Reichsverweser es nicht zulassen würde, dass sie uns alle mitnahmen, aber es wurde jeden Tag schlimmer.

Und doch, trotz all dieser tragischen Ereignisse war ich zugleich ein verliebter Teenager. Trotz Tod, Angst, Grauen und Erniedrigung lebte ich nur noch für eines – meine Zeit mit Richie. Um mir diese Zeit zu erkämpfen, war mir jedes Mittel recht. Manchmal benahm ich mich dabei so verschlagen und rücksichtslos, dass Mutter unglaublich böse wurde. Sie gab sich dennoch Mühe, mich zu verstehen, und wenn ich heute zurückblicke, erkenne ich, dass sie mir größte Freiheiten ließ, um Richie zu sehen. Sie wusste, wie ungewiss unsere Zukunft war und dass dies vielleicht die einzige Liebe war, die ich je erleben würde, da wir am nächsten Tag bereits tot sein konnten. Andererseits hielt sie es oft für viel zu gefährlich hinauszugehen und ich tat es trotzdem. Ich musste immer vor der Sperrstunde zurück sein und kam doch oft zu spät, viel zu spät. Nicht absichtlich – manchmal vergaß ich einfach die Zeit. Aber Mutter war dann außer sich vor Sorge um mich und das machte sie wütend.

Im Spätsommer 1944 versuchten Richie und ich, uns so oft wie möglich zu sehen. Immer öfter gingen wir das Risiko ein, die Sperrstunde zu überziehen. Und das Risiko war nicht gering: Ich konnte festgenommen, verprügelt oder vergewaltigt werden und Richie war ein junger, kräftiger Mann, den man sofort in ein Arbeitslager gesteckt hätte, wenn man ihn auf der Straße erwischte. Mutter wusste das und fürchtete sich zu Tode. Manchmal war sie geradezu hysterisch, wenn ich mich verspätete.

Eines Nachts hätten sich ihre schlimmsten Befürchtungen beinahe bewahrheitet. Ich hatte mich tagsüber zu Richie geschlichen und wir beschlossen, zum Bootshaus zu gehen, obwohl der Weg sehr weit und das Risiko, geschnappt zu werden, sehr hoch war. Aber die Sommerhitze lockte uns. Wir sehnten uns nach unserem Boot und den friedlichen Stunden, die wir früher auf dem Fluss verbracht hatten.

Die Mittagssonne schien hell über dem blaugrünen Wasser, als wir das Bootshaus erreichten. Der Tag war herrlich. Für einen Moment vergaßen wir alle Sorgen und fühlten uns so unbekümmert, wie es sich für junge Menschen gehörte. Ich war knapp fünfzehn, Richie siebzehn. Wir rannten zum Schuppen, holten das Boot heraus und schoben es ins Wasser. Ich zog das mausgraue Kleid aus und schlüpfte in Violets Badeanzug, den ich wunderbarerweise hatte retten und vor Mutter verbergen können.

Wir ruderten stramm flussaufwärts. Die frische Brise über dem Wasser kühlte unsere von der Sonne erhitzten Gesichter. Als wir vom Rudern genug hatten, ließen wir das Boot stromabwärts treiben, kuschelten uns auf dem Boden zusammen und träumten von einer Zeit, in der wir wieder frei sein würden.

»Sag mir noch mal, wie sehr du mich liebst, Kleines.« Richie ließ die Hand ins Wasser hängen und spritzte mir ein paar Tropfen ins Gesicht.

»Ich liebe dich so sehr, dass es in Ewigkeiten nicht enden wird«, beteuerte ich ihm und spritzte zurück.

Er stürzte sich auf mich und gab mir einen langen, innigen Kuss. Während wir ineinander versanken, schob er mir sanft das Oberteil von den Schultern und küsste meine Brüste, bis ich glaubte, vor Verlangen zu sterben.

Ich bat ihn inständig, mit mir zu schlafen, aber er wollte nicht.

»Vertau mir, Kis Pofa, bald werden wir für immer zusammen sein, und dann kommt der richtige Moment.«

Der Nachmittag verstrich und wir küssten und streichelten uns, als gäbe es keine Sorgen in dieser maroden Welt.

Die Dämmerung brach bereits an, als wir uns auf den langen Heimweg machten. Täglich geschahen so viele grausame Dinge, dass wir nie wussten, wann – oder ob – wir uns das nächste Mal sehen würden. Jedesmal, wenn wir uns trafen, dankten wir zuerst Gott, dass er uns abermals einen gemeinsamen Tag geschenkt hatte. Tief ins Gespräch versunken nahmen wir die Bahn. Ich stieg an meiner Haltestelle aus.

Inzwischen war es dunkel und schon sehr spät. Die Straßen waren wie ausgestorben und mit einem Mal wurde mir bewusst, wie angreifbar ich war, ein jüdisches Mädchen nachts allein, den Pullover auf links gedreht, damit man den verhassten gelben Stern nicht sah. Ich glaubte, hinter mir Schritte zu hören, und beschleunigte meinen Gang. Hätte ich nur auf Mutter gehört! Ich musste noch einige Straßen weiter. Panisch schaute ich mich nach einem sicheren Ort um und als ob meine Gebete erhört worden wären, entdeckte ich, dass in der Apotheke an der Ecke noch Licht brannte. Der Apotheker war ein guter, warmherziger Mann und uns, obwohl Nichtjude, wohlgesonnen. Es war so spät, dass er den Laden jeden Moment schließen musste. Vielleicht würde er mich nach Hause bringen.

Als ich eintrat, stand Herr Ferenc gerade hinter der hohen Theke und stellte ein Rezept zusammen. Er hob den Kopf, wobei ihm die Brille von der Nase rutschte. Sein Gesicht war freundlich.

»Betty, was machst du so spät noch hier?« Er klang besorgt.

»Oh, Herr Ferenc, ich war unterwegs und habe die Zeit vergessen. Als ich die Straße entlang ging, hörte ich Schritte hinter mir. Da bekam ich Angst und wusste nicht, was ich machen soll. Dann sah ich, dass bei Ihnen noch Licht brennt und dachte, Sie könnten mich vielleicht nach Haus bringen.«

Er schüttelte den Kopf, versuchte streng auszusehen und nicht zu lachen, aber es gelang ihm schlecht. »Na schön, diesmal drücke ich ein Auge zu, aber nur wenn du mir versprichst, nie mehr so lange wegzubleiben.«

Im selben Augenblick ertönte die Türglocke. Ich drehte mich um und wäre fast tot umgefallen: Ein großer, blonder, gut aussehender Nazisoldat stand in der Tür.

»Guten Abend, Herr Ferenc«, sagte er und lächelte mich an.

Ich lächelte zurück und versuchte, unbefangen zu wirken.

»Guten Abend, Herr Offizier«, antwortete Herr Ferenc. Er versuchte, ruhig zu bleiben, verschüttete aber etwas Pulver, das er gerade in eine Dose füllte. »Wie geht es Ihnen?«

»Nicht besonders gut, um ehrlich zu sein«, sagte der Offizier und rieb sich die Kehle. »Ich brauche Hustenpastillen, die Erkältung will nicht weggehen.«

Herr Ferenc rannte fast um die Theke herum. »Da habe ich genau das Richtige für Sie«, sagte er und gab dem Soldaten ein Medikament. »Mit den besten Empfehlungen.«

Der Offizier lächelte. »Wie nett«, sagte er, machte aber keine Anstalten, zu gehen. »Und wer ist unsere hübsche Freundin hier?«

Ich stellte mich vor, nannte aber den Namen unseres früheren, nichtjüdischen Hausverwalters, und vermied krampfhaft, auf meinen Pullover hinunterzusehen.

»Ich bin Leutnant Schmidt, stets zu Diensten, mein Fräulein«, sagte er mit einem strahlenden Lächeln. »Darf ich fragen, was Sie um diese Zeit noch auf der Straße machen?«

Bevor ich antworten konnte, sagte Herr Ferenc: »Ihre Mutter ist krank und hat sie geschickt, um Aspirin zu holen.«

Ich nickte und lächelte tapfer.

»Wohnen Sie weit von hier?«, fragte er.

Wenn mir jetzt die Stimme versagte, würde er Verdacht schöpfen. Er war es offenbar gewohnt, dass die Mädchen sich ihm an den Hals warfen. »Nicht sehr weit«, antwortete ich so ruhig und deutlich wie möglich.

»Erlauben Sie mir, dass ich Sie nach Haus begleite.« Er deutete eine Verbeugung an. »Für Sie ist es so spät allein nicht sicher auf der Straße.«

Herr Ferenc eilte herbei. »Genau das wollte ich auch gerade tun. Betty und ich haben denselben Weg.«

Leutnant Schmidt lächelte, aber seine blauen Augen blitzten frostig. »Nicht im Traum fiele mir ein, diese Verantwortung einem Zivilisten zu überlassen. Als Soldat ist es meine Pflicht, für die Sicherheit der Bürger von Budapest zu sorgen«, sagte er entschlossen. »Ich betrachte es als Ehrensache, Sie nach Hause zu begleiten.«

Mir blieb nichts anderes übrig, als seine ausgestreckte Hand zu ergreifen und zu beten, dass ich diese Situation heil überstehen würde.

Ich plapperte die ganze Zeit drauflos, lächelte den Leutnant freundlich an und hoffte, dass er mich nicht bis zur Tür bringen würde. Wenn er bemerkte, dass ich in einem Sternhaus wohnte, war es mit meiner Tarnung als Nichtjüdin vorbei.

Vor dem Fußweg zum Haus sagte ich ihm gute Nacht. Er zögerte für einen Moment, bevor er meinen Arm losließ. Ich hielt den Atem an, aber er drückte mir nur die Hand. »Ich warte, bis Sie sicher im Haus sind«, sagte er.

Ich trommelte gegen die Tür, da sie nach der Sperrstunde abgeschlossen wurde. Zu jener Zeit hatten wir einen jüdischen Verwalter, der den Eingang überwachte. Er öffnete, zerrte mich unsanft hinein und sperrte hinter mir ab.

»Bist du wahnsinnig?«, schrie er mich an und schubste mich so fest gegen die Wand, dass mir einen Moment die Sinne schwanden. »Du bringst uns alle in Gefahr, wenn du nach der Sperrstunde draußen bist und dazu noch mit einem deutschen Offizier hier aufkreuzt! Du solltest dich was schämen! Deine Mutter ist seit Stunden nur noch ein Nervenbündel und fürchtet, dass du nie wieder zurückkommst!«

Mir standen die Tränen in den Augen, aber der Mann hatte keinen Funken Mitleid für mich. »Mach das noch einmal und ich zeige dich höchstpersönlich bei den Nazis an!«, sagte er und verschwand in seiner Wohnung.

Ich erklomm die Treppen zu unserer Wohnung mit dem Gefühl unendlicher Erleichterung. Trotz aller Gefahr hatte ich überlebt und dafür dankte ich Gott.

Kapitel 9

Ich hatte geahnt, dass unser Glück nicht von Dauer sein konnte. In den vergangenen Monaten war die Lage ständig schlimmer geworden. Die Deutschen trieben ihre Bemühungen voran, die ungarischen Juden zu eliminieren. Der Reichsverweser schien immer weniger gewillt oder in der Lage, den Nazis und Pfeilkreuzlern Einhalt zu gebieten.

Eines Tages standen Larry und ich in der Haustür, als plötzlich ein Mann mit einer Schachtel unterm Arm auf uns zurannte. Ihm folgten einige Soldaten mit gezogenen Pistolen. »Stehen bleiben!«, riefen sie, aber der Mann gehorchte nicht, sein Gesicht eine verzerrte Maske aus panischer Angst und Verzweiflung. Der erste Soldat war bereits nah genug, um einen Schuss abzugeben, ihm folgten noch zwei weitere. Der Mann brach kurz vor unseren Füßen zusammen. Ich schob Larry aus dem Sichtfeld der Soldaten in den Flur zurück.

»Dreckiger Judendieb«, fluchte einer der Soldaten, beugte sich über den Körper, drehte ihn auf den Rücken, und überzeugte sich, dass der Mann tot war.

»Ha, wieder ein stehlender, verlogener Jude weniger. Wenn wir den Rest doch auch so einfach abknallen könnten«, sagte ein anderer Soldat lachend.

Ich versteckte mich schaudernd hinter dem Türrahmen. Die Soldaten zuckten mit den Schultern, steckten die Waffen weg und entfernten sich. Mein Bruder versuchte sich währenddessen loszureißen. »Lass mich los!«

Ich griff fester zu. »Bist du verrückt? Wenn du auf die Straße läufst, kommen die Soldaten zurück und erschießen dich auch!«

Larry zuckte die Achseln und vermehrte seine Anstrengung, sich loszureißen. »Aber die Schachtel, die der Mann dabei hatte! Die liegt da im Rinnstein! Ich hol sie. Es muss was Wertvolles drin sein, wenn die Soldaten ihn deshalb gejagt haben.«

Ich sah Larry traurig an. Mein kleiner Bruder, zehn Jahre alt und vom Erlebten schon so abgehärtet, dass er nur an die Schachtel des Toten dachte … Aber ich wusste, dass er recht hatte. Wir besaßen praktisch nichts mehr. Gleichgültig, was in der Schachtel war, wir konnten es gebrauchen. »Na gut«, sagte ich. »Du darfst die Schachtel holen, aber erst, wenn die Soldaten um die Ecke sind.«

Larry wartete ungeduldig und tauchte sofort unter meinem Griff weg, als die Soldaten nicht mehr zu sehen waren. Hätte er einen Moment länger gewartet, wäre es zu spät gewesen, denn auch andere hatten den Vorfall beobachtet und wollten sich die Beute holen. Aber Larry reagierte am schnellsten, klemmte sich die Schachtel unter den Arm und rannte in Windeseile zurück in den Hausflur. Als wir im Treppenhaus in Sicherheit waren, schauten wir uns den Inhalt genauer an. In der Kiste lagen ordentlich übereinander gestapelte weiße Seifenstücke. Meine Hände fingen an zu zittern. Der Mann war für ein paar Stück Seife erschossen worden! Und niemand hatte eingegriffen. Alle hatten weggesehen.

»Die können wir gebrauchen«, sagte Larry und untersuchte die schön geformten Quader genauer.

»Ein paar können wir gegen Essen tauschen und die andern behalten wir selbst.«

Ich schwieg. Er war erst zehn. Sollte er sich ruhig über die Seife freuen.

Inmitten dieses ganzen Irrsinns blieb Mutter stets unser ruhender Pol. Unbeirrt führte sie über den Rabbi ihre karitative Tätigkeit weiter. Zusammen mit seiner Frau half sie insgeheim Juden, die zu alt oder zu krank waren, um sich selbst zu versorgen, obwohl solches Engagement immer gefährlicher wurde.

Und sie hielt weiterhin am traditionellen Freitagabendessen fest. Regelmäßig hob sie ein paar Kartoffeln (was sonst) und Zwiebeln auf, manchmal auch eine Paprika, und machte daraus einen Schmortopf. Oft kam Richie freitags zu uns und brachte ein heiß ersehntes Stück Brot mit, manchmal sogar Eier oder ein paar knackige Äpfel.

Nach dem Essen spielte er mit mir und meinen Geschwistern Schach. Er war ein sehr guter Schachspieler. Keiner von uns konnte ihn schlagen. Als wir wieder einmal vor dem Spielbrett saßen, erzählte er mir die Geschichte von einem armen Mann, der dem König von Ägypten das Schachspielen beibrachte. Zum Dank wollte ihm der König einen Sack Gold schenken.

Doch der arme Mann lehnte ab. »Ich möchte kein Gold«, erklärte er dem König. »Gebt mir nur für das erste Feld ein Korn Reis, für das zweite zwei Körner, für das dritte vier und so weiter, bis zum letzten Feld immer doppelt so viele Körner.« Noch ehe das letzte Feld gefüllt war, waren die Reisvorräte ganz Ägyptens erschöpft. »Und die Moral von der Geschichte«, sagte Richie, »wenn du Geld sparen willst, nimm jeden Betrag einzeln und sieh zu, dass er Zinsen einträgt.« Richie war für uns ein Fenster zur Welt. Er war intelligent, gebildet und besuchte bereits die Universität, als die Deutschen dem ein Ende gesetzt hatten. Wir konnten so viel von ihm lernen!

Jeden Tag gab es Luftangriffe, manchmal dröhnten die Motoren der schweren Bombenflugzeuge den ganzen Tag über unseren Köpfen. Aber sosehr wir ihre tödliche Last fürchteten und die Aufräumarbeiten nach jedem Abwurf hassten, so sehr sehnten wir sie herbei, da mit jeder Bombe die Niederlage der Deutschen einen Schritt näher rückte. Die Frage war nur: Würde der Sieg der Alliierten noch rechtzeitig kommen, um uns zu retten?

Unterdessen gingen Mutters Schmuckreserven, die unsere Ernährung sicherten, langsam zur Neige. Sie bestand darauf, dass wir Kartoffelschalen aßen, weil sie gelesen hatte, dass sie Kalzium enthielten. Es schmeckte grauenhaft, aber wir gehorchten. Eines Tages schaute sie aus dem Fenster und studierte die Beschriftung der großen Säcke, mit denen das Donauufer befestigt wurde. Plötzlich huschte ein Lächeln über ihr Gesicht. »Ich bin gleich zurück«, sagte sie und verschwand. Als sie eine halbe Stunde später wiederkam, hatte sie einen der schweren Säcke auf dem Rücken.

»Was um Himmels willen treibst du da, Mutter?«, fragte ich.

»Lies mal, was da steht!«, sagte sie triumphierend.

Auf dem Sack stand in schwarzer Druckschrift: HIRSE.

»Wir haben wieder was zu essen!« Mutter war ganz aufgeregt. »Ich koche einen Brei daraus oder nehme es zum Backen. Sieh mal, wie viel in diesem Sack drin ist! Genug, um mit allen hier zu teilen. Und am Fluss liegen noch mehr davon.«

Ich nickte und wusste nicht, ob ich lachen oder weinen sollte. Wieder einmal hatte Mutter unser Überleben für eine gewisse Zeit gesichert.

Leider konnte uns jedoch nichts vor der Gewalt und dem Chaos um uns herum schützen. Weiterhin wurde unser Haus jeden Tag durchsucht. Unermüdlich durchkämmten die ungarischen Nazis die Häuser nach brauchbaren Zwangsarbeitern und Menschen ohne Papiere. Auch in unserem Block versteckten Bewohner Verwandte in ihrer Wohnung und hofften, ihnen so das Leben retten zu können. Doch jeder versteckte Mensch war eine Gefahr für das gesamte Haus. Sobald jemand gefunden wurde – und das passierte nicht selten –, wurde nicht nur der Gestellte inhaftiert oder erschossen, sondern auch die Menschen, die ihn versteckt hatten. Das Leben wurde von Tag zu Tag schwerer: ununterbrochene Luftangriffe, Nächte im Schutzkeller, Aufräumarbeiten in den Trümmern.

Einmal stürzte während einer Durchsuchung ein junger Mann in unsere Wohnung und flehte uns an, ihn zu verstecken. Ich erkannte in ihm einen ehemaligen Schulkameraden. Er tat mir unendlich Leid. Mir war klar, dass sie ihn erschießen würden, wenn man ihn fand. Aber auch ich hatte furchtbare Angst. Ich war gerade mit Larry und Rose allein im Zimmer, aber in der Wohnung befanden sich noch andere Menschen, die uns hätten verraten können. »Versteck dich im Kamin auf dem Dach«, flüsterte ich ihm dennoch ins Ohr. Dann trat ich einen Schritt zurück und sagte laut: »Hau sofort hier ab!« Er rannte hinauf aufs Dach und schaffte es, sich in den Kamin zu zwängen. Am Nachmittag, als ich auf dem Weg zu Richie war, fing er mich im Treppenhaus ab. »Danke, dass du mir geholfen hast«, sagte er und drückte mich kurz an sich.

»Schon gut«, antwortete ich und schaute mich ängstlich um, ob uns auch niemand beobachtete. »Heute Abend du musst hier weg sein. Es tut mir wirklich Leid, aber es ist zu gefährlich, für dich und für uns.«

Er schluckte schwer. »Ich weiß. Seit Wochen laufe ich durch die Gegend und verstecke mich. Zwischenzeitlich arbeite ich für den Widerstand. Vielleicht ist jetzt ja die richtige Zeit für Ferien auf dem Land.« Zum Abschied versuchte er ein Lächeln und huschte durch die Hintertür hinaus. Ich atmete auf und betete für seine Sicherheit. Dann lief ich so schnell ich konnte zum Burghügel. Mehr als je zuvor sehnte ich mich nach der Wärme und Geborgenheit, die ich nur in Richies Armen finden konnte.

An einem Tag Mitte September dröhnte der Schritt schwerer Stiefel durchs Treppenhaus. Diesmal wollten die Pfeilkreuzler das Haus nicht nur durchsuchen.

»Alle raus auf den Hof!«, bellte der Anführer, zog mit seinem zusammengewürfelten, selbstgefälligen Haufen im Schlepptau von Stockwerk zu Stockwerk und hämmerte gegen die Wohnungstüren. Uns gefror das Blut in den Adern. »Nehmt eure Kissenbezüge«, flüsterte Mutter. Sie behielt die Nerven, aber die Furcht stand ihr ins Gesicht geschrieben.

Seit wir zum ersten Mal in ein Sternhaus verlegt worden waren, hielten wir das Nötigste immer in einen Kissenbezug gepackt bereit, damit wir bei einer erneuten Räumung wenigstens gewappnet waren. Wir nahmen also jeder unseren Kissensack und gingen auf den Hof. Die Pfeilkreuzler warteten ungeduldig mit geschultertem Gewehr, bis sich alle versammelt hatten. Dann sagte der Anführer: »Alle mit Schweizer Schutzpässen in einer Reihe auf die rechte

Seite stellen.« Wir gehorchten. »Alle mit Schutzpässen des Vatikans in einer Reihe auf die linke Seite stellen.«

Auch die Vatikanschützlinge gehorchten. »Der Rest zurück in die Wohnungen.« Der Anführer musterte die beiden Gruppen eine Weile. »Schön. Alle mit Schweizer Pässen und Vatikanpässen mir nach.«

Sie eskortierten uns zwei Straßen weiter in eine Grünanlage. Für September war der Morgen ungewöhnlich warm. In dem hübschen, kleinen Park am breiten Donauboulevard wimmelte es von Juden, die man aus ihren Häusern geholt hatte. Rund um die Grünanlage lehnten die Anwohner in den Fenstern ihrer Luxuswohnungen und sahen schweigend zu. Mutter hielt uns an den Händen und wiederholte unaufhörlich: »Bleibt zusammen! Bleibt zusammen! Wir kommen hier heil heraus, wenn wir nur zusammenbleiben.«

In ihrem Kissensack bewahrte sie ein paar Stück trockenes Brot auf. Sonst gab es nichts, keine Lebensmittel, kein Wasser. Die Sonne brannte unbarmherzig auf uns hinab und wir standen stundenlang da, hatten nichts zu essen, keine Toiletten. Es war schrecklich. Dann hörten wir plötzlich den Marschtritt der Soldaten. Aus den Augenwinkeln sahen wir, dass eine lange Reihe Juden von den Pfeilkreuzlern zum Donauufer geführt wurde. In der Gewissheit, was geschehen würde, krampfte Mutters Körper sich zusammen. Wir hörten die Schüsse aus den Maschinengewehren und das dumpfe Platschen, als die Körper ins Wasser fielen. Mutter zitterte, biss die Lippen aufeinander und presste meine Hand so fest, als könnte sie uns dadurch vor der Erschießung retten.

»Ich kann nicht mehr stehen, Mama«, jammerte

Larry. Mutter gab mir ihren Kissensack und nahm ihn auf den Arm.

»Es wird alles gut, mein Kleiner«, flüsterte sie beruhigend. Mein Bruder war sehr klein und zart für sein Alter. Mit seinen zehn Jahren litt er unter der Unterernährung durch die Lebensmittelrationierung. Er sah nicht älter aus als sieben und sein Durchhaltevermögen war sehr gering. Da auch Rose häufig krank war, war ich diejenige, die stark sein musste, um Mutter und den Geschwistern zu helfen. Genau wie Papa gesagt hatte.

Gegen fünf befahlen uns die Wachposten schließlich loszumarschieren. Wir waren erschöpft und hungrig, aber wir hatten keine Wahl. Zu Hunderten stolperten wir mit gesenkten Köpfen, die Kissensäcke an die Brust gedrückt, durch die Straßen von Budapest. Die Einwohner sahen zu, sagten nichts, taten nichts. Vereinzelt hallten Rufe durch die Stille. »Jetzt bekommt ihr endlich, was ihr verdient, dreckige Juden!« oder »Tod den Juden!«

Zum Glück wurden wir vom Fluss weg geführt, weg von den Salven der Maschinengewehre und dem sicheren Tod.

Der Weg schien kein Ende zu nehmen. Mutter musste Larry die halbe Strecke tragen. Nach einem langen Marsch erreichten wir endlich unser Ziel, Síp Utca 12, eine ehemalige jüdische Schule, die jetzt mitten im Getto lag. Gerüchten zufolge war sie Eichmanns Hauptquartier. Der Anblick im Innenhof war ein einziger Albtraum: Überall lagen kranke und sterbende Menschen. Manche waren bereits tot, andere kauerten in Gruppen zusammen. Man zwängte uns in einen Warteraum im zweiten Stock, der so überfüllt war, dass man nur stehen konnte.

Mutter wünschte, mit jemandem über unsere Schutzpässe zu sprechen, aber an diesem Abend war offenbar niemand bereit dazu – sie müsse bis zum nächsten Morgen warten, hieß es. Für die auf engstem Raum zusammengepferchte Menschenmenge gab es eine einzige Toilette, die man nur erreichen konnte, wenn man noch genügend Kraft hatte, sich durch das Gedränge zu quetschen. Es war stickig und wir waren müde, hungrig und verängstigt. Was hatten sie mit uns vor?

In der Nacht fielen wieder Bomben. Eine traf das Dach unseres Gebäudes und einige unserer Leidensgenossen erlitten kleinere Verletzungen. Bei einer weitere Explosion ganz in der Nähe wurden einige Menschen getötet, viele verletzt. Es wurden Freiwillige gesucht, die helfen sollten. Ich meldete mich. Ich wollte lieber etwas tun, als nur zu warten. Doch in jener Nacht fand ich heraus, dass ich mich für den Arztberuf nicht eignete. Es gab kein Licht im Getto, jeder Kerzenstummel wurde wie ein Schatz gehütet, und unter diesen Bedingungen sollten wir uns um Verletzte kümmern. Da war so viel Blut und sosehr ich mich bemühte, tapfer und stark zu sein, ich konnte den Anblick der Verletzten nicht ertragen. Mein ganzer Körper wehrte sich dagegen, ich wurde regelrecht krank und musste zurück in den Warteraum.

Zwei Tage brauchte Mutter, um jemanden zu finden, der sich die Schutzpässe ansah und uns erlaubte, in unser »geschütztes« Haus zurückzukehren. Wieder hatten wir auf dem langen Weg etwas von unserer Habe verloren. Mit jeder neuen Wendung des Schicksals wurde unsere Versorgungslage schlechter. Das Wenige, was uns blieb, bekam plötzlich einen unschätzbaren Wert.

Richie war verrückt vor Sorge um uns gewesen. Als wir zurückkamen, tigerte er rastlos vor unserem Haus auf und ab. Ich konnte mich nur noch schluchzend in seine Arme stürzen. Es war mir egal, dass es hellichter Tag war, dass wir mitten auf der Straße standen und Mutter uns zusah. Er presste mich so fest an sich, dass ich kaum noch atmen konnte. »Kleines, Kleines, ich dachte, du wärst verloren. Dass sie dich mitgenommen haben … Keiner konnte mir etwas sagen. Ich danke Gott, dass du da bist, dass es dir gut geht.«

Irgendwie brachte ich ein Lächeln zustande. »Schon vergessen, dass mir nichts passieren kann? Was wäre sonst aus unseren Flitterwochen in Venedig geworden?«

Die Tränen standen ihm in den Augen. Er bekam keinen Ton heraus und konnte mich nur an sich drücken.

In der Wohnung erzählten wir ihm, was geschehen war. Wir überlegten, ob es einen Weg gab, sich in Zukunft bei derartigen Vorfällen gegenseitig zu verständigen, mussten aber einsehen, dass dies nicht möglich war. Solange wir beide in Freiheit waren, konnten wir wie bisher Nachrichten in einem Mauerspalt auf dem Burghügel hinterlegen. Geriet einer von uns in Gefangenschaft, war die Kommunikation unwiderruflich unterbrochen. Diese Einsicht deprimierte uns mehr als alles andere.

Mutters Gottvertrauen blieb unerschütterlich. Selbst nach Vaters Verschwinden und dem Verlust unseres Heims, trotz täglicher Bombenangriffe und akutem Mangel an Lebensmitteln war Mutter felsenfest davon überzeugt, dass Gott weiterhin in seinem Himmel saß. Ich war mir da nicht so sicher. Meine Freunde und meine Familie fanden sich plötzlich, ohne dass sie daran Schuld waren, mitten in einem Albtraum wieder, in dem ein Badezimmer Luxus war und das Überleben an einem seidenen Faden hing. Wir hatten etwas Besseres verdient und ich verstand nicht, wie Gott uns, seinem auserwählten Volk, so etwas antun konnte. Doch bei diesem Thema gab es für Mutter keine Diskussionen. Uns Sterblichen stand es nicht an, Gottes Willen in Frage zu stellen.

Violet teilte meine Zweifel. Sie war ein lebendiges, schönes und leidenschaftliches Mädchen, das es genoss, wenn die Männer ihm nachliefen. Das Flirten war für Violet und ihre ebenso hübschen Geschwister die Quelle ihrer Lebensfreude. Ihre Eltern hatten genug Geld beiseite geschafft, um sich selbst im Sternhaus noch mit Lebensmitteln versorgen zu können. Violet wünschte sich nichts mehr, als dass der Krieg bald zu Ende war und sie endlich an der Wahl zur Miss Ungarn teilnehmen konnte.

Mutter mochte Violet, befürchtete aber, dass sie einen schlechten Einfluss auf mich habe. Violet selbst war nach wie vor auf Richie und mich wütend, weil sie sich durch unsere immer enger werdende Beziehung ausgeschlossen fühlte. Das tat mir zwar leid, aber andererseits wollte ich sie bei meinen Zusammenkünften mit Richie auch nicht dabeihaben. Zu Beginn des Herbstes hatte Violet selbst einen Verehrer, und zwar einen von der Sorte, den man seiner Mutter besser verschwieg. Ihr Freund war Untergrundaktivist, ehemaliger Lehrer und verheiratet, wenn auch, wie er behauptete, unglücklich. Er war also ein »alter Mann« von dreißig Jahren. Violet beteuerte, dass sie ihn über alles liebe, und wenn man das Strahlen und die Zufriedenheit in ihren Augen sah, sobald sie mit ihm zusammen war, musste man ihr einfach glauben.

Zwei Wochen später hallten wieder einmal die schweren Stiefel der bewaffneten Schlägertrupps durch das Treppenhaus.

»Alle raus, sofort!«, schrien die Pfeilkreuzler und schlugen dazu auf eine Glocke. Sie zogen von Stockwerk zu Stockwerk und veranstalteten einen Höllenlärm. Mutter und ich sahen uns an. Ihre Lippen bewegten sich im stillen Gebet und sie bedeutete mir, die Kissenbezüge zu holen. Rose fing beinahe an zu weinen, aber Mutter ließ es nicht zu. Larry sah unendlich verloren aus, wie so oft in diesen Tagen.

Wir traten in den Flur hinaus. Nebenan hämmerten die Pfeilkreuzler gegen eine Tür und verlangten, dass alle sofort herauskamen. Ein junger Mann, der Sohn der ehemaligen Wohnungseigentümer, die bisher bleiben durften, kam heraus und flehte die Soldaten an, seine Eltern zu verschonen. Ohne zu zögern und ohne ein Wort zu sagen, hielt der Pfeilkreuzler ihm die Pistole ins Gesicht und drückte ab. Das Gesicht des Jungen war sofort ein einziger Brei aus Blut und Gewebe. Als seine Eltern wenige Minuten später herauskamen, schritten sie über ihn hinweg, ohne in diesem Menschen, der kein Gesicht mehr hatte, ihren Sohn zu erkennen.

Wieder wurden wir in den St.-István-Park geführt, mussten dort zusammen mit Hunderten anderer Juden endlose Stunden herumstehen und durften uns auch noch glücklich schätzen, dass uns nicht mehr passierte. Die weniger »Glücklichen« wurden zum Fluss gebracht und endeten als blutiges Treibgut auf der gleichmütig dahinfließenden Donau. Wie konnte ein Fluss derart viele Leichen in sich aufnehmen, und so viel Blut? Wieder schallten die fürchterlichen Geräusche des Massenmords zu uns herüber. Mutter nahm unsere Hände. »Ihr werdet sehen, es wird alles gut«, wiederholte sie unaufhörlich.

Später führte man uns in dasselbe Getto wie beim letzten Mal. Dort hatte sich die Lage inzwischen deutlich verschlimmert. Die Bombenschäden waren verheerend und die Gebäude waren von Kugeleinschlägen zersiebt. Das ganze Getto ähnelte einem riesigen Schießstand und die Juden waren die Zielscheiben. Vor der ehrwürdigen Dohany-Synagoge hatte man die Leichen der Juden wie Müllsäcke gestapelt. Andere wurden gezwungen, im Hof der Synagoge Massengräber auszuheben, die Leichen hineinzuwerfen und ungelöschten Kalk darüber zu schütten, um Platz für die nächsten Toten zu schaffen. Konnte die Hölle diese Schrecken noch überbieten?

Den ganzen Weg zu Eichmanns Hauptquartier war Mutter bemüht, uns zu trösten. Doch als wir wieder einmal den mit Toten und Sterbenden überfüllten Innenhof passierten und in den Warteraum gelangten, konnten Mutters Worte mich nicht mehr beruhigen. Sie war wirklich der beste Mensch, den ich kannte, aber wie sollte uns das mitten in dieser Hölle noch retten können?

Zwei Tage mussten wir im Leichengeruch und dem Gestöhne der Dahinsiechenden ausharren. Wie hatte aus einem so schönen Gebäude, das einmal dem Unterricht in den Grundsätzen des Glaubens gewidmet gewesen war, dieser bleiche Ort des Grauens werden können? Die ganze Zeit über, während ich die Muskeln anspannte, um mich zur Toilette vorzukämpfen, hatte ich die Antwort auf diese Frage deutlich vor Augen: Die Nazis – deutsche und ungarische – hatten ihre Vorstellung von der Hölle verwirklicht und wir mussten darin leben.

Die Toilette befand sich am Ende des Gangs und war offenbar seit Wochen nicht gereinigt worden. Das Waschbecken war total verdreckt und die Toilette eine einzige Sauerei. Ich schloss die Augen. Solange wir hier waren, hatte ich keine Wahl. In unserer Wohnung hatten wir wenigstens ein sauberes Badezimmer, auch wenn wir meistens davor Schlange stehen mussten. Ich benutzte die verdreckte, stinkende Toilette. Als ich mir die Hände mit einem kleinen Stück Seife waschen wollte, stellte ich fest, dass das Wasser abgestellt war. Kein Wunder, dass das Klo verstopft war! Ich weigerte mich, weiter darüber nachzudenken, und stellte mir stattdessen vor, wie ich mit Richie den Fluss hinuntertrieb, und die leichte Brise über der Donau mir sanft durchs Haar fuhr. Dabei zwängte ich mich durch das dicht gedrängte menschliche Leid zurück, das den gesamten Raum ausfüllte.

Es stellte sich heraus, dass wir eine weitere Nacht bleiben mussten, bevor uns die Schutzpässe die Rückkehr in unsere Wohnung ermöglichten. Zum Glück war das Wasser bei unserer Ankunft nicht abgesperrt, sodass wir uns ausgiebig waschen konnten. Da es seit den Luftangriffen keine Kohlenlieferungen mehr gab, war das Wasser eiskalt. An jenem Tag kümmerte mich das jedoch wenig. Ich nahm ein abgewetztes Handtuch und eins der Seifenstücke, für die der Mann erschossen worden war, und ging ins Bad. Höflich bat ich die drei Männer, die dort wohnten, mich für eine Weile allein zu lassen. Dann legte ich alle Kleider ab, auch die Unterwäsche, die Mutter uns nur einmal in der Woche wechseln ließ, seit das Waschen so kompliziert geworden war. Mit dem Ende des Handtuchs rieb ich meinen Körper mit Wasser und Seife ein und schrubbte mich gründlich, um den ganzen Dreck, Gestank und Kot, den Tod und die Furcht wieder los zu werden, der sich an diesem grauenhaften Ort an mir festgesetzt hatte. Ich kniete mich neben die Wanne und wusch mir das Haar mit dem kalten Wasser, seifte es zweimal ein und spülte es kräftig aus. Inzwischen klopfte schon jemand gegen die Tür. »Das hier ist kein Hotel, Fräulein«, rief Herr Karpinsky, ein grantiger, alter Herr. »Andere wollen auch ins Bad.«

Hastig trocknete ich mich ab, wickelte mir das feuchte Handtuch um den Kopf, schlüpfte in frische Unterwäsche, einen ausgebleichten blauen Rock mit Blumenmuster und eine weiß bestickte Bluse. Ich kam mir vor wie eine Landstreicherin, aber wenigstens war ich sauber. Jetzt brauchte ich mir nur noch auf dem sonnigen Dach das Haar zu kämmen, dann war ich bereit für mein Rendezvous mit Richie. Wir sehr ich mich nach seinen Armen sehnte! Wie oft würden wir wohl noch getrennt werden, und wie oft wieder zusammenfinden? Und was, wenn einer von uns einmal nicht mehr zurückkam? Ich schauderte und verdrängte den Gedanken daran. Mit aller Kraft wollte ich daran glauben, dass wir – ich, meine Familie, Richie und seine Mutter – überleben und einmal ein normales Leben führen konnten.

Kapitel 10

Im Oktober wurde Horthy als Reichsverweser abgelöst und unter Hausarrest gestellt. Seinen Platz nahm der Pfeilkreuzlerführer und radikale Nazi Szálasi ein. Damit waren dem Terror und der Willkür dieser unseligen Organisation endgültig Tür und Tor geöffnet und wir ihr hilflos ausgeliefert. Unzählige Male wurden wir aus der Wohnung in den Hof getrieben, während die Schergen sich nach Belieben an unserer spärlichen Habe vergriffen. Wir konnten nichts dagegen sagen, geschweige denn etwas tun. Unsere Freunde christlichen Glaubens wie Herr Kormendy waren entsetzt darüber, wie wir von ungarischen Bürgern behandelt wurden, aber auch sie waren machtlos, offen dagegen anzugehen. Wenn sie es versucht hätten, wären sie verhaftet und genauso behandelt worden wie die Juden, denen sie zu helfen versuchten.

Täglich wurden Juden in Züge verfrachtet und es gab zahlreiche Gerüchte. Manche behaupteten, dass man sie als Zwangsarbeiter in deutsche Fabriken brachte. Aber warum nahm man dann auch Frauen und Kinder mit? Keiner wusste etwas Genaues und alle hatten Angst vor der möglichen Antwort.

An manchen Tagen fiel es mir schwer, noch einen Funken Hoffnung zu bewahren. Selbst Mutter ließen die immer beunruhigenderen Nachrichten verstummen. Es verging kaum ein Tag, ohne von der Räumung eines Sternhauses und der Verschleppung seiner Bewohner zu hören. Unterdessen schlossen sich immer mehr Menschen den Untergrundorganisationen an. Auch ich wollte um jeden Preis dabei sein, so wie Richie, aber Mutter verbot es mir. Manchmal überbrachte ich für Richie Botschaften und ließ ihn sogar meinen kleinen Bruder als Kurier einsetzen. Mutter hätte einen Wutanfall bekommen, wenn sie davon gewusst hätte.

Die Alliierten flogen weiter täglich Luftangriffe, und wir mussten dann den Schutt wegräumen. Die Arbeit war schwer und furchtbar. Wir beseitigten die Trümmer, zerrten Leichen unter Glasscherben hervor, sodass wir uns die Hände aufrissen, und alles auf Schubkarren verladen. Jederzeit waren wir darauf gefasst, jemanden unter den Steinbrocken zu finden, den wir kannten und liebten. Bisher hatten wir in der Beziehung Glück gehabt. Mutter und ich kümmerten uns um die großen Trümmerstücke. Rose ließen wir die Karre schieben, aber selbst das war eigentlich schon zu schwer für sie. Larry sammelte kleinere Steine auf. Aufgrund seines Alters war er zwar von dieser abscheulichen Arbeit befreit, aber Mutter hatte ihn lieber bei sich. Ihr schien es sicherer, wenn wir alle beisammenblieben und sie uns immer im Auge hatte.

Gleichgültig, zu welcher Tages- oder Nachtzeit die Angriffe geflogen wurden – sofort danach begannen wir mit den Aufräumarbeiten. Anschließend konnten wir uns kaum noch in die Wohnung schleppen und waren so geschafft, dass wir in dreckigen Kleidern und ungewaschen ins Bett fielen und auf der Stelle einschliefen. Wir hatten nicht einmal mehr die Kraft, uns vorher wenigstens die zerschundenen Hände zu säubern. Die Deutschen wollten, dass wir wie Tiere dahinvegetierten, und jeden Tag kamen wir diesem Zustand näher.

Das Gefühl der Hilflosigkeit machte mich wahnsinnig, aber was hätte ich tun sollen? Es gab kaum etwas zu essen und wenn wir nicht bald Hilfe bekamen, würden wir verhungern. Ein Mann aus unserem Haus war bereits an Hunger gestorben. Wie lange würden wir noch durchhalten? Im Getto war es sogar noch schlimmer. Dort mussten die Menschen auf der Suche nach Essbarem kilometerweit in andere Viertel laufen und gleichzeitig darauf achten, dass sie vor der Sperrstunde zurück waren. Zwischen vier Uhr nachmittags und zehn Uhr morgens durfte sich kein Jude auf der Straße blicken lassen.

Ich hatte nachts Angst einzuschlafen und schlief selbst dann unruhig, wenn ich völlig erschöpft war. Nur die Liebe zu Richie hielt mich aufrecht. Wie chaotisch und furchtbar die Verhältnisse auch waren, nichts konnte uns davon abhalten, uns jeden Tag zu treffen.

Die Kälte setzte ein, es regnete viel, und der Hunger wurde immer schlimmer. Richie und ich sahen uns weiterhin jeden Tag. Sein Blick war ernst geworden, nur selten funkelten seine Augen noch so fröhlich wie früher. Er engagierte sich stark im Untergrund. Seine Aufgabe war es, Waffen in der Stadt zu verteilen und bei Sprengstoffanschlägen auf Bahngleise zu helfen, die den Deutschen den Nachschub abschneiden sollten.

Obwohl die Ablösung des Reichsverwesers Horthy durch Szálasi eine neue Orgie der Gewalt gegen Juden entfesselt hatte und im Getto bereits Hunderte von Menschen getötet worden waren, waren wir wie durch ein Wunder bisher verschont geblieben. Selbst Richie, der als kräftiger, junger Mann besonders gefährdet war, zur Zwangsarbeit herangezogen oder erschossen zu werden, war es bisher gelungen, zu überleben, und er konnte sich zudem noch relativ frei bewegen. Aber er war immer auf der Hut und trug außerdem falsche Papiere bei sich, in denen sein Alter aus Sicherheitsgründen mit sechzehn angegeben war. Wir hofften, dass der Tag der Befreiung nicht mehr fern war, und die Befreier Briten oder Amerikaner waren und nicht die gefürchteten Russen. Wir hatten Angst, dass die Russen da weitermachen würden, wo die Deutschen aufgehört hatten.

Der Winter kam schnell und unaufhaltsam näher. Mitte Oktober wurde es richtig kalt, mit frostigen Tagen und Eisregen. Aber weder die Kälte noch die Angst vor den Pfeilkreuzlern konnte mir die Freude nehmen, mich mit Richie zu treffen.

»Wir müssen unsere Würde bewahren, Kis Pofa, egal was kommt«, sagte Richie einmal. Wir hockten in unserer privaten Mauernische auf dem Burghügel. Er hatte seinen Mantel auf dem Boden ausgebreitet, damit wir nicht frieren mussten, doch es blies ein strenger Wind, und Frost lag in der Luft.

Ich schüttelte den Kopf. »Du hörst dich an wie meine Mutter. Immer ermahnt sie mich, den Kopf hochzuhalten, ihnen zu zeigen, dass wir nicht aufgeben, dass wir uns nicht unterkriegen lassen, wie sehr sie uns auch quälen.« Ich warf einem herbeihoppelnden Eichhörnchen eine Eichel zu. »Aber ich kann nicht mehr! Am liebsten würde ich aufgeben.«

»Nein«, sagte Richie streng, nahm mein Gesicht in seine Hände und zwang mich, ihn anzusehen. »Halt dich an ihre Regeln, damit sie keinen Vorwand haben, auf dich loszugehen oder dich zu erschießen! Versteh doch, Kleines, du bist mein ein und alles. Du musst überleben!« Er ergriff meine kalten Finger und streichelte sie mit seinen warmen, schlanken Händen. »Wir sind jung und werden das System nach unseren Regeln bekämpfen und das bedeutet, dass wir ihnen nicht offen entgegentreten. Im Moment haben sie die Gewehre und die Munition, aber sie werden den Krieg verlieren, und wir wissen das.« Für einen Augenblick schien er noch mehr sagen zu wollen, entschied sich aber dagegen. »Versprich mir nur, dass du kein unnötiges Risiko eingehst.«

Ich nickte und sah ihn an. Es lag so viel Liebe in seinem Blick, in diesem strengen, entschlossenen Gesicht eines Märchenhelden! Aber dies war kein Märchen. Richie hatte sich von mir abgewandt und bearbeitete die Burgmauer, wollte mich aber nicht sehen lassen, was er da tat.

»Lass mich sehen, Richie!« Ich versuchte, ihm über die Schulter zu schauen.

»Erst, wenn es fertig ist, Kis Pofa. Du musst etwas Geduld haben. Hast du mir nicht ein paar Delikatessen mitgebracht? War die fabelhafte Köchin von gestern wieder fleißig?«

Ich wurde rot, als ich an meinen armseligen Versuch dachte, ein ungarisches Letscho zu zaubern. Natürlich fehlte es an sämtlichen Zutaten und vom Kochen hatte ich keine Ahnung, aber Richie hatte höflicherweise alles aufgegessen. Heute wollte ich ihm jedoch wirklich eine Freude machen. Ich hatte ein hartgekochtes Ei mit einer Zwiebel zu einer Art Eiersalat vermischt und damit das Brot vom Vortag bestrichen.

»Du bekommst das Brot nur, wenn du mich gucken lässt«, feilschte ich.

»Du bist eine hartherzige Frau, Kis Pofa.« Aber er ließ nicht mit sich handeln. Erst ein paar Minuten später trat er zur Seite und nahm meine Hand. »Da, schau!«

An dem Platz, an dem wir so viele gemeinsame Stunden verbracht und uns über unsere Zukunft unterhalten hatten, prangte nun ein sorgfältig gemeißeltes Herz in der Mauer, in das er »Richie und Kleines auf ewig« geritzt hatte.

Tränen liefen mir die Wangen hinunter. Sanft wischte Richie sie ab. »Da siehst du's, unsere Liebe wird ewig dauern«, flüsterte er mir zärtlich ins Ohr.

Ich ließ meine Finger über das Herz und die Inschrift gleiten. Bitte, lieber Gott, betete ich, mach, dass es wahr wird!

Die Alarmsirenen zerschnitten die kalte Nachmittagsluft, ließen unser friedliches Glück und unsere Hoffnung mit einem einzigen schrillen Ton zerplatzen. Wir sprangen auf. Jeden Moment war Sperrstunde und bei Alarm wurde es noch gefährlicher als sonst. Wie leicht hätte eine der Bomben die Brücken zwischen Buda und Pest treffen können und wir hätten festgesessen, ohne eine Möglichkeit, rechtzeitig nach Hause zurückzukehren! Richie gab mir einen letzten verzweifelten Kuss. »Ich liebe dich, Kleines!«

»Und ich liebe dich, von ganzem Herzen«, sagte ich, legte mir die Hand aufs Herz und schenkte ihm mein schönstes Lächeln, bevor ich den Hügel zur Brücke hinunterrannte. Auch er lief los, aber zur anderen Brücke, die weiter nördlich von Buda nach Pest führte. Ein letztes Mal drehte ich mich um. Er musste es gespürt haben und drehte sich ebenfalls um. Wir winkten uns zu. Die hinter ihm stehende untergehende Sonne hüllte ihn in einen mystischen Strahlenkranz, der ihn wie einen Filmstar oder eine antike Gottheit aussehen ließ. »Bis morgen«, rief ich und spurtete zur Brücke.

Plötzlich merkte ich, dass eine große Menschenmenge den Burghügel hinunterströmte. Ich war nicht die einzige, die nach ein bisschen Zweisamkeit und Liebe gesucht hatte. Jetzt rannten wir um unser Leben. Die Flugzeuge der Alliierten flogen so tief über unseren Köpfen, dass wir die tödliche Fracht herabfallen sehen konnten. Wir drängten uns auf die Brücke. Das ständige Heulen und Detonieren der Bomben hatte eine Panik ausgelöst. Jeder rempelte rücksichtslos seinen Nebenmann, um als erster das andere Ende zu erreichen. Doch so plötzlich, wie das Bombardement begonnen hatte, war es auch wieder vorbei, und es wurde Entwarnung gegeben. Ich rannte trotzdem weiter, denn oft blieb es nicht bei einer Angriffswelle, und bis zu unserem Sternhaus waren es noch etliche Straßen.

Der kalte Wind peitschte mir ins Gesicht und die Lungen schmerzten, während ich am Fluss entlanglief. Doch sosehr ich mich auch fürchtete, wärmte mich doch der Gedanke, wie innig Richie und ich uns liebten. Er bedeutete mir alles und ich flehte zum Himmel, dass er den Angriff heil überstanden hatte, dass er genauso in Sicherheit war wie ich.

Unser Haus war inzwischen in Sichtweite. Aber irgendetwas stimmte nicht. Warum standen Mutter und die übrigen Bewohner draußen? Einen Augenblick lang war ich unschlüssig, ob ich abwarten oder hinlaufen sollte. Als ich jedoch die panische Angst in Mutters Gesicht sah, wusste ich, dass sie mich brauchte. Was konnte sie, die selbst angesichts unbeschreiblicher Ereignisse stets die Ruhe bewahrte, derart verängstigt haben?

»Oh, Gott sei Dank«, rief Mutter und schloss mich in ihre Arme. »Wo warst du? Du bist zu spät und dann der Luftalarm … Ich hatte solche Angst um dich.«

Ich löste mich aus ihrer Umarmung. Ich hasste es, wenn sie so redete. Natürlich trug ich Verantwortung, aber ich brauchte auch meine Freiheit. »Ich bin wieder hier, das allein zählt. Und die Deutschen wissen nicht einmal, dass ich fort war.«

Das Haus war von deutschen Soldaten und einer ganzen Horde Pfeilkreuzler umstellt, aber mit einem Mal war mir das egal. Ich hatte genug davon. Waren Richie und ich nicht dafür bestimmt, zu überleben? Millionenmal hatte er es mir versichert. »Mach dir nicht immer solche Sorgen«, schimpfte ich.

Das war zu viel für Mutter. Obwohl es sonst nicht ihre Art war, schrie sie mich an: »Was ist los mit dir? Verstehst du überhaupt, was hier vorgeht? Wir müssen wieder das Haus räumen und diesmal fuchteln sie mit ihren Gewehren, als wenn sie es ernst meinten!«

»Ist mir egal!«, schrie ich zurück und für einen Augenblick meinte ich es auch so. Es zerriss mir einfach das Herz. In der einen Sekunde ging ich ganz in meiner Liebe auf, in der nächsten befahl mir irgendjemand, meinen Kissensack zu packen und ins Ungewisse zu marschieren. Überall herrschte Verwirrung, Hunderte von Menschen strömten aus den Gebäuden, alles schrie und heulte. Mutter zerrte mich nach oben, um so viel in die Kissenbezüge zu packen, wie wir beide tragen konnten. Die Koffer hatten wir längst verloren und sie wären auch viel zu schwer gewesen. Meine Geschwister waren zu schwach, um große Lasten zu tragen. Rose bekam einen leichten Bezug mit Lebensmitteln und Besteck und Larry trug wie immer seinen kleinen Kissenbezug.

Ich sah zu, wie Mutter unsere Sachen verstaute. Mit jedem Mal schrumpfte unsere Habe. Inzwischen war es nur noch so wenig, dass die Entscheidung, was wir mitnehmen sollten, leicht fiel. Im letzten Moment legte sich Mutter noch die dicke Wolldecke um die Schultern, die uns vieren bisher als Matratze und Oberbett gedient hatte. Dann führte sie uns hinunter, die Arme immer auf unseren Schultern, als könnte uns dieser zarte Schutzwall vor dem Bösen bewahren, das uns längst in seinen Fängen hatte.

Draußen hatte ein leichter Regen eingesetzt. Selbst den Himmel rührte unsere Lage zu kalten Tränen, während mir das Weinen wie ein fester Klumpen in der Kehle steckte, der mich zu ersticken drohte. Vom Hof aus hörten wir, wie die Schergen im Haus ihrer Mordlust nachgingen. Manche Bewohner waren zu alt oder zu krank, um herauszukommen, manche Mütter zu schwach, weil sie gerade ein Kind geboren hatten. Die Soldaten erschossen sie in ihren Wohnungen. Für die Nazis waren sie Störfaktoren, die einem reibungslosen Ablauf im Wege standen. Ich hatte das Gefühl, jede einzelne Kugel der Maschinengewehrgarben im eigenen Körper zu spüren. Mutters Lippen bewegten sich lautlos. Sie betete. Ich versuchte, es ihr gleichzutun, aber unser Elend machte mich so wütend, und ich hatte einen solchen Hass, dass diese Mörder frei herumliefen und Unschuldige abschlachteten, dass ich den Namen Gottes nicht über die Lippen brachte. Ich verfluchte ihn für all das. Wie gern wäre ich älter gewesen und ein Mann, um mich diesen Schlächtern in den Weg stellen zu können! Aber ich war nur ein junges Mädchen, das verzweifelt darum kämpfte, ihr Leben und das ihrer Familie zu retten.

Die Pfeilkreuzler führten uns auf die Straße und dann an der Donau entlang zum St.-István-Park. Wieder einmal standen wir dort bis zum Einbruch der Dunkelheit im Regen und wussten nicht, was aus uns werden würde. Wir mussten uns in eine Reihe stellen. Mutter umklammerte uns so fest wie nie zuvor. Zum ersten Mal weinte ich vor aller Augen. Mutter nahm mich in den Arm. »Nicht weinen, Kleines«, sagte sie. »Wir sind zusammen und mehr können wir im Augenblick nicht erwarten. Aber Gott wird uns beistehen, du wirst sehen.«

Ich wagte nicht, ihr ins Gesicht sehen, denn ich hatte keine Kraft mehr zu glauben, dass Gott uns nur auf die Probe stellte und wir nur durchzuhalten hatten. Ich konnte nicht aufhören zu weinen. Mutter aber blieb stark und weigerte sich, der Verzweiflung nachzugeben.

Man hatte viele Juden aus der Nachbarschaft im Park zusammengetrieben, unter ihnen auch Violet und ihre Schwester Amy, die zu uns herüberkamen.

»Wo sind eure Eltern und euer Bruder?«, fragte ich sie. Mir klapperten die Zähne von der feuchten Kälte, die durch die Wolle des schäbigen Wintermantels drang. An den Füßen trug ich nur leichte Lederschuhe, die dicken Stiefel hatte ich in der Eile vergessen. Die Zehen schmerzten und ich hatte das Gefühl, sie würden abfrieren.

Violets Augen flackerten wild. »Sie waren einkaufen, oder wollten zumindest versuchen, etwas zu finden«, sagte sie. »Sie werden wahnsinnig, wenn sie uns nicht zu Hause antreffen! Ich muss irgendwie zurück und ihnen Bescheid sagen.«

Mutter lächelte sie aufmunternd an. »Früher oder

später werden sie uns alle wieder gehen lassen. Hab ein bisschen Geduld, Violet.«

Violet wurde etwas ruhiger, aber ich ließ mich nicht so einfach beschwichtigen. Ich hatte das Aufblitzen von Unsicherheit und Angst in Mutters Augen genau gesehen. Diesmal war es keineswegs sicher, dass wir zurückkehren würden. Ich spürte eine Angst in mir hochkriechen, wie ich sie noch nie zuvor erlebt hatte. Wie sollte Richie mich jetzt noch finden?

Erst als die Nacht sich über die Stadt senkte und die Temperaturen weiter fielen, führten sie uns bei der Árpádbrücke über die Donau nach Buda und dann sechs Kilometer weiter zu einer verlassenen Ziegelfabrik. Für fast drei Wochen wurde dieses verdreckte Loch nun zu unserem Gefängnis.

Kapitel 11

Selbst im Dunkeln war der Anblick der Ziegelfabrik entmutigend. Im nebligen Regenwetter wirkten die kahlen Gemäuer wie eine traurige Drohung. Der weitläufige Komplex von der Größe mehrerer Straßenzüge war umgeben von schlammigem, mit Terrakottaziegeln übersätem Brachland, das durch einen schmiedeeisernen Zaun von der Außenwelt getrennt war. Überall waren Ziegel gestapelt, dazwischen standen vereinzelt Brennöfen. Die Fabrik lag im Industriegebiet von Buda, direkt neben der belebten, stark befahrenen Út Bécsi. Die zweispurige Fernstraße nach Österreich führte durch eine Gegend mit vielen Geschäften und Wohnhäusern.

Es regnete wieder stärker. Der Boden um die Fabrik war ein einziges Schlammloch. Schockierender war jedoch, dass bereits Tausende von Juden dort zusammengetrieben worden waren, von denen die meisten sich in einem weit schlimmeren Zustand als wir befanden.

Während die Wachen uns hineindrängten, verschaffte sich Mutter in dem strömenden Regen rasch einen Überblick. Jeder noch so kleine Platz, der uns vor der Witterung schützen konnte, war besetzt. Mutter schob sich stoßend und drückend durch die Menge, um einen akzeptablen Ort für uns zu finden. Dabei hielt sie uns fest an den Händen, damit wir in dem Menschengedränge nicht verloren gingen. Violet und ihre Schwester schlossen sich uns an. Solange ihre

Eltern nicht da waren, fühlte Mutter sich für sie verantwortlich.

Der tiefe, stinkende Morast saugte sich an den Schuhen fest und schwappte über die Knöchel, als wollte er uns jeden Moment mit seinem riesigen, schleimigen Mund verschlingen. Die Luft war erfüllt vom Schreien und Stöhnen dahinsiechender, sterbender Menschen. Dieses Übermaß an menschlichem Leiden ließ einige Leute hysterisch werden. Sie kreischten und versuchten irgendwie zu entkommen, obwohl die Fabrikmauern viel zu hoch waren und die Wachen ihre Waffen hoben.

»Maul halten!«, brüllten sie.

Auch die Frau neben uns hörte nicht auf, zu schreien, riss sich an den Haaren, als hätte sie den Verstand verloren, und für den Augenblick hatte sie das wohl auch. Konnte ein Mensch, der noch einigermaßen bei Verstand war, diesen Albtraum überhaupt ertragen? Ein Wächter schoss, und die Frau fiel mit dem Gesicht in den Schlamm. Danach wagten nur noch wenige, den Mund aufzumachen.

Stumm schob Mutter uns alle auf die Decke, die sie mitten auf dem verdreckten, schlammigen Boden ausgebreitet hatte.

Ich fühlte mich wie betäubt, zu müde und verängstigt, um einen klaren Gedanken zu fassen. Den einzigen Trost, der uns in dieser immer irrsinniger werdenden Welt geblieben war, spendete der ruhige Klang von Mutters Stimme. Ich sackte neben Rose und Larry zusammen. Mutter begutachtete verstohlen das unsägliche Elend um uns herum und holte etwas zu essen aus ihrem Kissenbezug.

»Esst langsam und kaut jeden Bissen gründlich«, ermahnte sie uns. »So wie es aussieht, müssen wir, solange wir hier sind, von den wenigen Vorräten leben, die wir dabeihaben.« Wir teilten das harte Brot und die kleinen Käsestücke mit Violet und Amy. Jeden Bissen genossen wir wie die feinste Delikatesse. Aus den Augenwinkeln sah ich, wie die anderen uns beobachteten und ihre Münder bewegten, als hielten auch sie etwas zu essen in ihren leeren Händen. Würden wir uns in ein paar Tagen, wenn Mutters sorgfältig verpackte Vorräte aufgebraucht waren, genauso benehmen? Zum ersten Mal hatte ich das Gefühl, dass ich diesen furchtbaren Krieg nicht überleben würde.

Nach der spärlichen Mahlzeit ließ Mutter uns ungeachtet des Jammerns und Wehklagens um uns herum die Abendgebete sprechen. Ich bewegte die Lippen, war aber nicht mit dem Herzen bei der Sache. Ein Gott, der uns hierher gebracht hatte, überstieg meine Vorstellungskraft.

Jemand rief nach seinem Hausmädchen, weil er Tee wollte. Ich schaute ungläubig hinüber. Kaum vorstellbar, dass man an diesen Ort seine Hausangestellten mitnehmen durfte! Es war ein zerbrechlicher, alter Mann, der offenbar im Sterben lag und delirierte. Mühsam erhob sich eine ältere Frau in einem durchnässten, schäbigen Mantel aus dem Schlamm. Langsam ging sie zu dem Mann hinüber, hockte sich neben ihn, hob mit der einen Hand seinen Kopf vorsichtig aus dem Schlamm, hielt ihm mit der anderen eine Blechtasse an die Lippen und flößte ihm eine warme Flüssigkeit ein.

»Gott segne Sie«, murmelte er, und ich hätte schwören können, dass seine Augen für einen Moment klar waren und er genau erkannte, dass sich selbst unter diesen Bedingungen ein Mensch aus reiner Freundlichkeit seiner erbarmt hatte. Das Verhalten der Frau beschämte mich. Ich schloss die Augen und wiederholte meine Gebete, diesmal inbrünstiger. Es tat gut, zu erleben, dass nicht alle Güte und Barmherzigkeit aus der Welt verschwunden waren. Schreckliches hatte ich zur Genüge gesehen.

Mutter sang uns mit demselben Gutenachtlied in den Schlaf wie damals, als wir noch klein waren. Es schien mir unvorstellbar, hier einschlafen, geschweige denn überleben zu können. Selbst der Gang zu den vollkommen verdreckten Latrinen war so anstrengend, dass die meisten ihr Geschäft dort verrichteten, wo sie gerade waren, und dann bei strömendem Regen in dem Gemisch aus Schlamm und eigenem Kot sitzen blieben. Aber je länger Mutter sang, desto schwerer wurden mir die Augenlider. Als ich sie das nächste Mal öffnete, war es Morgen.

Seit Jahrhunderten streiten Philosophen darüber, was stärker ist, der Körper oder der Geist. Ich bin durch die Hölle gegangen und habe keine Antwort auf diese Frage gefunden. Ich weiß nur, dass unter den abscheulichsten Bedingungen und zu Zeiten, in denen ich mich am liebsten zum Sterben hingelegt hätte, es einzig Mutters Wille war, der uns am Leben erhielt.

Mutter ließ es nicht zu, dass wir aufgaben. Am Morgen mussten wir aufstehen und unsere steifen, schmerzenden Muskeln bewegen, um bei Kräften zu bleiben. Unbarmherzig rationierte sie die Lebensmittel. Traurigerweise mussten wir all unsere Habe und die Vorräte ständig gegen noch verzweifeltere Nachbarn verteidigen.

Die Tage verstrichen, wir saßen noch immer im Schlamm, und der Regen schien kein Ende nehmen zu wollen. Täglich wurden mehr Menschen auf das bereits überfüllte Gelände gebracht. Aber es starben auch jeden Tag mehr Leute an Hunger, Auszehrung, Krankheit oder einfach, weil sie ihren Lebenswillen verloren hatten. Die Wachen warfen die Leichen auf einen großen Haufen. Nach einigen Tagen mussten einige von uns die sterblichen Überreste in eine riesige Grube schleppen und mit ungelöschtem Kalk bestreuen, damit sie sich auflösten. Jeden Morgen stellte ich mir dieselbe Frage: Wie lang würde dieser Irrsinn so weitergehen?

Auch die Luftangriffe wurden unvermindert geflogen. Manchmal betete ich, dass die Bomben die Fabrik treffen sollten. In gewisser Weise hätte das Leiden dann wenigstens ein Ende gehabt. Noch nie in meinem Leben war ich so verdreckt gewesen. Ohne den spärlichen Schutz der Wolldecke hätten wir uns wie die Schweine im Schlamm gesuhlt. Wie sehr es uns jungen Mädchen, Rose, Violet, Amy und mir, gegen den Strich ging, derart erniedrigt zu werden! Immer hatten wir viel Wert auf unsere äußere Erscheinung gelegt. Jetzt klebte uns der Schlamm im Gesicht, hatte die Hände mit einer Kruste überzogen und sich unter den Fingernägeln eingenistet. Das Haar hing in verklumpten Strähnen herab und die Kleider waren eine modderige Masse aus zerrissenem, besudeltem Stoff.

Das einzige Nahrungsmittel, das die Wachen verteilten, war eine von Insassen angerührte, dünne »Suppe«. Es gab zwei Schalen am Tag und dazu manchmal vertrocknete Brotkruste. Das ergab ungefähr dreihundert Kalorien am Tag, zu wenig, um auf Dauer zu überleben. Viele Menschen starben.

Zum Glück hatte ich eine Aufgabe, der ich täglich nachging und die mich vor der völligen Verzweiflung bewahrte. Seit unserer Ankunft kämpfte ich mich immer wieder durch die inzwischen auf etwa fünftausend Menschen angewachsene Menge und suchte nach Richie. Ohne Erfolg. Ich fragte alle möglichen Leute, vor allem junge Männer und Frauen. »Seid ihr vom achten Bezirk?«

Aber alle verneinten, niemand hatte Richie gesehen.

Die Tage waren nicht nur schrecklich, sondern auch eintönig und langweilig. Steine waren unser einziges Spielzeug. Mutter versuchte uns einigermaßen sauber zu halten und wenigstens die Unterwäsche zu waschen, aber man konnte sie nirgends zum Trocknen aufhängen. Außerdem durften wir unsere Sachen nicht eine Minute aus den Augen lassen, damit sie nicht gestohlen wurden. Einige Leute hatte man direkt von der Straße weg verhaftet, sodass sie nichts außer dem bei sich hatten, was sie am Leib trugen. Sie waren so verzweifelt, dass ihnen jede Beute recht war. Sicher, wir waren alle Juden und hätten uns gegenseitig helfen sollen, aber in einer aussichtslosen Lage wie dieser dachten die meisten nur an sich selbst. Mutter jedoch zeigte uns nicht nur, dass man stark sein musste, um zu überleben, sondern auch, dass man helfen sollte, wenn man konnte. Vielen Kranken und Sterbenden haben wir die Hand gehalten und für ihre Seelen gebetet, obwohl ich insgeheim glaubte, dass Gott sie längst vergessen hatte.

Aus den Tagen wurde eine Woche, dann zwei, und wir steckten immer noch knietief in dieser gottverlassenen Ziegelfabrik im eigenen Dreck. Selbst Mutter glaubte nicht mehr daran, dass wir in unsere alte Wohnung zurückkehren würden. Je länger wir festgehalten wurden, desto mehr versank ich in eine Endzeitstimmung. Nie würde ich Budapest wiedersehen, nie mein Leben zurückbekommen und, was noch schlimmer war, nie wieder mit Richie zusammen sein. Nicht mal mit Mutter konnte ich über meine Liebe zu ihm sprechen. Sie wusste, dass wir es ernst meinten, hatte mir aber immer geraten, mich auch mit anderen Jungen zu verabreden, bevor ich eine solche Lebensentscheidung traf. Ich war noch keine sechzehn. In unserer Situation verließ sie sich auf mich zwar wie auf eine Erwachsene, aber in vielerlei Hinsicht hielt sie mich noch für ein Kind. Wahrscheinlich war ich das auch, obwohl der Krieg es nicht gestattete und die Besatzung auch die letzten Paradiese der Kindheit zerstört hatte. Mutters Zukunftspläne für mich stimmten mit meinen nicht überein. Sie hätte gern gesehen, dass ich nach dem Krieg das Gymnasium beendet hätte und auf die Universität gegangen wäre. Aber ich wollte einzig und allein Richies Frau werden.

Doch ich saß im Matsch und es sah so aus, als würde weder der eine noch der andere Traum in Erfüllung gehen. Wahrscheinlicher war, dass wir wie so viele andere in dieser Ziegelfabrik krepierten. Die Deutschen gerieten langsam selbst in Panik, da die Alliierten sie an allen Fronten zurückdrängten, sie vom Nachschub abgeschnitten waren und die Zentralgewalt unter dem fanatischen »Führer« immer mehr im Chaos versank. Die leichteste Lösung für das ungarische »Judenproblem« wäre gewesen, wenn wir hier alle auf der Stelle verreckt wären.

Es gab Tage, an denen ich bereit dazu war. Aber Mutter ließ es nicht zu. Jeden Morgen stand sie auf, rüttelte uns wach und überzeugte uns davon, dass wir zu überleben hatten. »Wir werden ihnen beweisen, dass wir uns nicht unterkriegen lassen, egal, was sie uns antun. Sie können unseren Willen nicht brechen, solange wir es ihnen nicht gestatten«, wiederholte sie unermüdlich, während sich unsere Mägen in Hungerkrämpfen wanden und ständig knurrend wenigstens so viel Nahrung forderten, dass die Lebensfunktionen aufrecht erhalten werden konnten. In der zweiten Woche ging uns der mitgebrachte Proviant aus und wir waren auf Gedeih und Verderb von der dünnen Brühe und dem trockenen Brot abhängig, das es manchmal dazu gab.

Nachts weinten Violet und Amy nach ihren Eltern und ihrem Bruder, fragten sich, was aus ihnen geworden war, und ob sie sie jemals wiedersehen würden. Ich weinte um Richie, um meinen verschollenen Vater und um meine Familie, die vor meinen Augen zugrunde ging. All die Tränen hüllte Mutter jeden Abend in ihr Wiegenlied – ihr tägliches Versprechen, dass alles wieder gut werden würde, dass sie stark bleiben würde und Gott uns beschützte. Mein Verstand glaubte ihr längst nicht mehr, doch das Herz weigerte sich, aufzugeben. Der trostreiche Klang von Mutters Stimme ließ mich auf der Decke, der letzten Erinnerung an das Heim, das wir einmal besessen hatten, einschlafen.

Ein Tag war so grau wie der andere, aber Mutter bestand darauf, dass wir einen Kalender führten. Die dritte Woche in der Ziegelfabrik war angebrochen, und der Oktober in den November übergegangen. Hinter den hohen Toren, auf der Út Bécsi ging, so seltsam es anmutete, das Leben seinen gewohnten Gang. Die letzten Blätter hatten sich von den Ästen gelöst, Autos und Lastwagen fuhren vorbei und die braven ungarischen Bürger gingen ihren Geschäften nach. Irgendwie gelang es ihnen, die Qualen ihrer Mitbürger zu ignorieren, obwohl das Elend durch den Zaun deutlich zu sehen war.

In manchen Nächten träumte ich, dass man mich rettete. Meistens kamen Richie und seine Freunde aus der Widerstandsbewegung, töteten die Wachen, rissen die Einfriedung nieder, sodass wir fliehen und uns auf dem Land oder in Budapest verstecken konnten. Manchmal tauchte Vater in tschechischer Armeeuniform und Begleitung seiner alten »Freunde« auf, lächelte mir zu und sagte: »Hast du etwa daran gezweifelt, dass ich komme und mich um euch kümmere?« Ich drückte ihn fest an mich, bis Rose kam, mich zur Seite schob und sich in den Schutz seiner Arme stürzte. Mutters tränennasse Augen strahlten ihn an und ihre Hände berührten sich in grenzenloser Liebe und Sehnsucht. Dann lachte Vater, setzte sich Larry auf die Schultern und sagte: »Folgt mir. Ich habe einen Plan.«

Aber natürlich waren das nur Träume. Niemand kam, um uns zu retten. Es gab nicht mal den Versuch dazu. Wenn wir überleben wollten, mussten wir uns selbst helfen, zumindest war das meine Meinung. Für Mutter lag alles in Gottes Hand. Rückblickend muss ich gestehen, dass ihr dieser Glaube eine Gelassenheit und Stärke gab, die selbst in den hoffnungslosesten Momenten für uns alle reichte.

Jeden Tag hörte ich bei meiner verzweifelten Suche nach Richie das Getöse heranrollender Panzer. Die Alliierten mussten bald da sein. In der dritten Woche verlor selbst der Gedanke an eine Befreiung durch die gefürchteten Russen jeglichen Schrecken. Alles war besser, als in diesem Schlammloch zu verrecken. Aber zu sehen war von den Panzern nichts. Auch die Bomben fielen nicht nah genug, um uns entweder zu befreien oder durch den Tod zu erlösen.

Das Einzige, was sich änderte, war unsere körperliche Verfassung und das Wetter. Beides verschlechterte sich. Wir waren schwächer als je zuvor, so ausgemergelt, dass wir nur noch aus Haut und Knochen bestanden. Unsere Augen waren eingefallen, und der Schmutz hatte sich derart auf der Haut festgesetzt, dass wir uns kaum ansehen mochten. Wir hatten Läuse und kratzten uns ständig. Wir schämten uns unendlich. Unsere Peiniger hatten uns zu einem schmutzigen Häufchen Elend gemacht.

Konnte es noch schlimmer kommen? Drei Wochen dauerte unsere Gefangenschaft schon, und mir war sofort bewusst, als diese Frage in meinem Hirn Gestalt annahm, dass ich sie nicht laut stellen durfte. Nicht einmal leise, aus Furcht, die Götter würden mir beweisen wollen, das wir den Becher noch längst nicht zur Neige geleert hatten. Und als hätte ich es beschworen, stand uns an jenem Morgen, kaum hatte es zu dämmern begonnen, die nächste Prüfung bevor. Eine Prüfung, die die Zahl der fünftausend Leidensgenossen deutlich dezimierte.

Kapitel 12

»Aufstehen! Fertig zum Abmarsch!«, brüllten die rings um die Menschenmenge postierten Wachen in ihre Megaphone. Wir waren an diesem frühen, kalten Novembermorgen noch nicht ganz wach. Über Nacht hatte es Frost gegeben. Der schlammige Untergrund war zu einer harten Masse gefroren. Ich hatte Magenkrämpfe. Wohin würden sie uns bringen und wie sollten wir dorthin kommen? Lastwagen waren nicht zu sehen und einen Bahnhof gab es hier nicht. Immerhin würden wir endlich die Ziegelfabrik verlassen. Mutter schob uns bereits sanft durch das Eisentor.

Mit steifen Beinen folgte ich Mutter, die sich die Decke umgewickelt und Larry auf die Schultern gesetzt hatte. Rose klammerte sich verzweifelt an meine Hand. Ihre andere Hand hatte Violet ergriffen, die wiederum Amy festhielt. Wo nahm Mutter nur die Kraft her, Larry und die schwere Decke tragen zu können? Diese zierliche Person hatte die stolze Haltung einer Königin.

Wie gewöhnlich mussten wir uns sputen, um mit ihr Schritt zu halten. Doch wie immer hatte sie genau richtig reagiert. Die Alten, die kleinen Kinder, die Kranken und Sterbenden, die sich nicht erheben konnten, wurden einfach auf dem modrigen Boden der verlassenen Fabrik erschossen. Ihr Blut färbte die Ziegelscherben noch röter. Die Soldaten verrichteten ihr mörderisches Handwerk mit unbeteiligtem Gleichmut. Ein paar Juden weniger, um die sie sich auf der bevorstehenden Reise kümmern mussten. Als die Maschinengewehrsalven herüberschallten, geriet ich aus dem Tritt, aber Mutter verstärkte ihren Griff und zog mich vorwärts. »Da ist nichts zu machen«, zischte sie, fast ohne die Lippen zu bewegen, den Blick starr geradeaus gerichtet. »Wir haben mit uns selbst genug zu tun.«

Die Tränen flossen mir die Wangen hinunter, aber ich drückte die Schultern durch. Jemand musste doch diese armen Seelen beweinen, deren einzige »Sünde« es war, als Juden geboren worden zu sein. Und ich weinte, ohne jedoch stehen zu bleiben.

Schließlich standen wir alle auf der Straße nach Wien, ein uferloses Meer menschlichen Leidens. Fünftausend Menschen, wie Schlachtvieh zusammengetrieben. Der Treck war so lang, dass man weder Anfang noch Ende erkennen konnte. Wir suchten uns einen Platz irgendwo in der Mitte des Zuges. Mutter hielt es dort für sicherer. Je weniger wir auffielen, desto geringer war die Gefahr, für irgendetwas bestraft zu werden.

Es herrschte große Verwirrung. Die Wachen befahlen, Reihen über die gesamte Straßenbreite zu bilden. Alles schob und drängte, Frauen weinten, Babys schrien. Es war die Hölle.

Sosehr ich mich auch bemühte, äußerlich ruhig zu bleiben, mein Inneres war ein einziger Angstschrei. Wenn wir erst auf dem Weg nach Österreich waren, würden wir nie nach Budapest zurückkehren, zumindest nicht vor Kriegsende, und vielleicht nicht einmal dann. In jeder einzelnen Faser meines Körpers breitete sich das Gefühl aus, dass dieser aberwitzige Wintermarsch quer durch Ungarn unser Ende war. Ich wagte nicht, mit Mutter darüber zu sprechen. Sie hätte über diese Schicksalsergebenheit nur geschimpft. Mit Rose konnte ich nicht darüber reden, weil sie es Mutter und Larry erzählt hätte, und Larry war zu jung für solche unheilvollen Gedanken.

Also vertraute ich Violet meine Befürchtungen an, während wir im Regen auf das Signal zum Aufbruch warteten. Sie war ebenso verängstigt und verzweifelt wie ich, aber sie nahm meine Hand und sagte: »Lass uns das Beste daraus machen, Kleines.«

Der erste Tag war noch schlimmer, als ich befürchtet hatte. Zweiunddreißig Kilometer mussten wir durch strömenden Regen und Graupelschauer marschieren und hatten nur eine kleine Portion Suppe im Magen. Niemand von denen, die am Wegesrand etwas ausruhen wollten, fand die Kraft sich wieder zu erheben. Die Soldaten erschossen diese Menschen und ließen ihre Leichen wie Straßenabfall liegen.

Nach etwa vier Stunden bemerkte ich, wie sich eine hochschwangere Frau vor Schmerz krümmte. Da ich in unserer Behausung während der Besatzung mehr als eine Geburt miterlebt hatte, wusste ich sofort Bescheid. Bei dieser Frau war es bald soweit. Bestimmt würden die Soldaten – ihre ungarischen Mitbürger – ihr eine Pause gönnen, damit sie ihr Kind zur Welt bringen konnte. Aber niemand schien von ihrem Zustand Notiz zu nehmen und Mutter machte mir durch einen Händedruck klar, dass ich mich ebenfalls heraushalten sollte. »Zieh keine Aufmerksamkeit auf uns, Kleines«, flüsterte sie. Mir war klar, dass sie recht hatte. Widerwillig schwieg ich.

Ein, zwei Kilometer später brach die junge Frau auf der Straße zusammen. Ihr Körper wand sich in Geburtswehen. Das Baby kam wie von selbst auf die Welt, ein kleines Wunder inmitten dieser Hoffnungslosigkeit. Doch noch während sich ein Gefühl der Freude in mir ausbreitete, ratterten Maschinengewehre. Die junge Mutter und ihr Baby wurden im Kugelhagel zerfetzt. Für einen Moment war ich starr vor Entsetzen. Dann begann ich zu würgen, ohne mich jedoch übergeben zu können. Mutter zog an meiner Hand. Ich spürte, wie sie zitterte. Tränen liefen ihr übers Gesicht und ihre Lippen bewegten sich in einem stummen Gebet. Ich hatte nicht das Bedürfnis, es ihr gleichzutun. Offensichtlich hatte Gott wieder einmal sein auserwähltes Volk vergessen. Angesichts des Grauens konnte ich nur Verbitterung empfinden.

Die Bécsi utca war die wichtigste Verbindung zwischen Ungarn und Österreich. Sie führt durch Dörfer und Städte, an Häusern, Gehöften, Geschäften, Fabriken, Büros und sogar Weingütern vorbei. Den ganzen Tag über marschierte unser zerlumpter, von Siechtum und Tod gezeichneter, dreckstarrender Zug an Geschäftsinhabern, Händlern, Bauern und Dorfbewohnern vorbei, die sich zu beiden Seiten der Straße versammelt hatten und uns beobachteten. Manche schauten entsetzt und mitleidvoll drein, andere verhöhnten uns. Die übrigen stierten uns völlig ausdruckslos an, als ob sie unser Leid verdrängen könnten, indem sie keine Emotionen zeigten. Für uns war dies die schlimmste Strafe und Erniedrigung: die eigenen Landsleute tatenlos danebenstehen zu sehen, während wir aus unserem Land vertrieben wurden. Wir waren halb tot vor Hunger, schwer gezeichnet und verängstigt, aber niemand krümmte einen Finger, um uns zu helfen.

Am Ende des ersten endlosen, eisigen Tages tat mir jeder Knochen im Leib weh. Die Soldaten erlaubten uns Feuer zu machen. Mutter schickte Violet, Amy und mich los. »Geht Holz suchen, wir können ein bisschen Wärme gebrauchen.«

Kaum in der Lage, uns noch auf den Beinen zu halten, suchten wir zwischen den Baumreihen am Straßenrand nach Ästen oder anderem brennbarem Material. Die Kälte setzte unseren schmerzenden Händen unerbittlich zu, aber wir fanden genügend Holz, um das Feuer zumindest so lange in Gang zu halten, bis unsere tägliche Suppenration warm war. Der dünne Haferschleim war die letzte Strafe von vielen an diesem Tag.

In der Nacht konnte ich nicht einschlafen. Es war zu kalt, zu feucht, und ich war so übermüdet, dass ich mich nicht entspannen konnte. Violet ging es ähnlich. Also unterhielten wir uns leise.

»Warum tun sie uns das an, Kleines?«, fragte sie. »Wir haben niemandem etwas getan, nichts verbrochen. Diese Deutschen schieben alles auf die Juden, dabei ist nichts davon wahr.«

Ich nickte. »Ich weiß, Violet. Das Leben könnte uns ruhig etwas freundlicher gesonnen sein. Wir haben es nicht verdient, auf diesem verfluchten Marsch zu krepieren.«

Wir achteten darauf, möglichst leise zu sein, um die anderen nicht zu wecken, aber Mutter hatte alles mitangehört.

»Versuch gar nicht erst, die Probleme der ganzen Welt lösen zu wollen, Kleines«, sagte sie ruhig. »Komm zu mir, damit ich dich zudecken und wärmen kann. Und jetzt schlaf, mein Kind.«

Schweigend rutschte ich zu ihr hin und auch Violet kauerte sich mit unter die kleine Decke. Wir klammerten uns aneinander. »Morgen ist ein neuer Tag. Vielleicht lassen sie uns ja nach Hause gehen.« Ich wusste, dass dies nur ein Traum war, dass es nie geschehen würde, aber ich musste es sagen, brauchte diese Hoffnung, auch wenn sie enttäuscht werden würde.

Violet schenkte mir ihr bezauberndes Lächeln und schloss die Augen. In inniger Umarmung schliefen wir ein. Für wenige Stunden durften wir uns sicher fühlen.

Am nächsten Morgen wurden wir vor Tagesanbruch geweckt.

»Anstellen zum Frühstück! Abmarsch in zwanzig Minuten«, bellten die Wachen.

Langsam rappelte ich mich hoch. Die Knochen schmerzten, ich konnte mich kaum bewegen.

»Streckt eure Glieder, alle miteinander, so wie ich!« Mutter reckte und streckte sich. »Danach fühlt ihr euch gleich ein bisschen besser.«

Mutter war und blieb ein Phänomen. Wo nahm diese vierzigjährige Frau nur ihre Kraft her? Wie konnte sie angesichts des Elends mehr Energie aufbringen als wir jungen Mädchen? Ihr Mann war verschollen, für ihre Familie in Zeteny, von der sie seit Monaten nichts gehört hatte, musste sie das Schlimmste befürchten, sie wurde mit ihren Kindern zu diesem Marsch durch Ungarn gezwungen – und sorgte ganz pragmatisch dafür, dass wir Gymnastik machten.

Wir gehorchten und sie hatte recht. Die Muskeln wurden geschmeidiger. Wenn ich mich so umsah, ging es uns im Vergleich zu anderen, für die an Aufstehen nicht mehr zu denken war, relativ gut. Auch Mutter war dies nicht entgangen und für einen Augenblick huschte ein gequälter Ausdruck über ihr Gesicht. Sie fasste einen alten Mann unter den Achseln und zog ihn mit aller Kraft auf die Beine. Er schwankte, aber er stand. »Sie schaffen es«, beschwor Mutter ihn sanft. Er lächelte und nickte. »Danke«, sagte er.

Ich half einer alten Frau. Auch sie war wackelig auf den Beinen, hielt sich aber aufrecht. Als ich weiterging, warf sie mir eine Kusshand zu.

Zum Frühstück gab es Suppe mit Rübenstücken und einen Kanten Brot. Mutter sammelte das Brot ein, damit wir nicht alles auf einmal aßen. Wir brauchten Reserven, wenn der Hunger später wiederkam.

»Mutter hebt unser Brot für später auf«, sagte ich zu Violet. »Soll sie eures auch aufbewahren?«

Violet schüttelte den Kopf. »Ich passe selbst auf mein Brot auf, aber deine Mutter hat Recht. Ich hebe mir auch etwas auf.«

Ich grinste. Ich kannte Violet. Beherrschung war nicht ihre Stärke. Ihr Leben lang hatte sie immer bekommen, was sie wollte, und sie verlor viel zu schnell die Geduld. »Bist du sicher, dass du das schaffst?«

Sie wurde wütend. »Mußt du immer alles besser wissen, Kleines? Du traust mir wohl gar nichts zu?«

Ruhig und vernünftig, wie ich es von Mutter gelernt hatte, versuchte ich sie zu überzeugen. »Es ist ja nicht schlimm, dass du am liebsten alles auf einmal essen würdest, aber denk mal daran, wie du dich in ein paar Stunden fühlen wirst, wenn du nichts mehr zu essen hast.«

Violet ließ mich mit einem Lächeln abblitzen. Ich bemerkte sehr wohl, dass sie das ganze Brot auf einmal aß, und sich dann schuldbewusst umsah, ob ich es wohl mitbekommen hatte. Um Streit zu vermeiden, tat ich, als hätte ich nichts gesehen. Amy und sie waren schon nervös und verängstigt genug. Schließlich waren sie inmitten dieser Brutalität ganz auf sich gestellt. Ohne Mutter wäre ich mir auch ziemlich verloren vorgekommen. Die beiden wussten nicht einmal, ob ihre Eltern noch wohlauf im Getto oder ebenfalls verschleppt worden waren. Ich lächelte versöhnlich und reichte ihr meine Hand.

Wir hakten uns ein und quasselten den ganzen Weg über wie zwei normale junge Mädchen. Wenigstens hatte es aufgehört zu regnen. Andererseits war es so kalt geworden, dass mit Schnee zu rechnen war. Der Himmel verdunkelte sich schon und von der Sonne war nichts zu sehen. Seufzend versuchte ich, mit dem strammen Tempo der Soldaten Schritt zu halten. Wir gingen so schnell, dass unsere Wächter in Schichten auf den Begleitfahrzeugen Erholungspausen einlegten. Uns war das natürlich nicht vergönnt.

Violet und ich redeten über Jungs. Ich erzählte, wie sehr ich Richie vermisste, und Violet gestand, dass sie sich nach ihrem verheirateten Lehrer sehnte. Auch Amys Freund war führend am Widerstand beteiligt und beide hofften, dass ihre Geliebten sie irgendwie retten würden.

»Ich kann einfach nicht glauben, was hier mit uns passiert«, sagte Amy, die angefangen hatte zu humpeln. Ihre Schuhe fielen langsam auseinander, genau wie meine.

Ringsum jammerten die Leute, dass sie nicht mehr weiterkönnten. Wir ermutigten sie, durchzuhalten.

»Morgen wird es bestimmt besser werden!« Das war natürlich gelogen, aber wir hofften, dass diese Lüge ihnen half, einen Tag länger durchzustehen. Viele mobilisierten letzte Kraftreserven und marschierten weiter. Einige brachen zusammen. Sie wurden auf der Stelle erschossen.

Inzwischen hatte ich begonnen, mir um Violet Sorgen zu machen. Seit einiger Zeit flirtete sie mit den Männern am Straßenrand, als sei sie nur auf einem Wandertag.

»Lass das lieber, Violet! Wenn es jemand merkt, bekommst du Ärger.«

Sie zuckte nur die Achseln.

Als sie abermals einem jungen Mann am Straßenrand zuzwinkerte, versuchte ich es noch einmal. »Hör auf damit, Violet!«

»Du bist nur eifersüchtig«, fauchte sie zurück.

Ich war perplex. »Du weißt, dass ich Richie liebe. Warum sollte ich also mit anderen flirten, und dann noch mit Jungen, die unserem Leid tatenlos zusehen?«

Violet schüttelte den Kopf und lächelte weiterhin jedem hübschen Jungen am Wegesrand zu. Ob sie sich erhoffte, dass einer von ihnen sie retten würde? Ich hielt das für verrückt, aber wenn ihr diese Illusion half, den Marsch zu überstehen, warum nicht? Außerdem hatte ich keine Energie mehr, mit ihr zu streiten.

Am zweiten Tag erbarmte sich einer der Wachposten der schwangeren Frauen in unserer Gruppe und ließ sie ein paar Kilometer auf dem Lastwagen mitfahren. Wie erleichtert sie waren, eine Zeitlang nicht gehen zu müssen! Aber diese Erleichterung war nicht von Dauer. Ein anderer Posten verlangte zu wissen, was diese dreckigen Juden auf dem Wagen zu suchen hätten, statt wie die anderen zu marschieren.

Der Soldat, der sich hatte erweichen lassen, murmelte: »Sie sind schwanger. Einen so langen Fußmarsch verkraften sie nicht.«

»Tatsächlich?« Der andere Wachposten grinste hämisch. »Den Wagen anhalten und raus mit ihnen!«, befahl er seinem barmherzigen Kollegen.

»Keine Angst, meine Damen, gleich brauchen Sie sich um nichts mehr Sorgen zu machen.« Sie mussten sich in einer Reihe an den Straßenrand stellen. Dann nahm er das Maschinengewehr und erschoss sie. Mutter strauchelte, fing sich aber rechtzeitig, bevor Larry von ihrer Schulter zu Boden fiel, und wir gingen weiter, als sei nichts geschehen. Wie gewohnt standen die Leute an der Straße dabei und rührten keinen Finger. Was hätten sie auch tun sollen? Immerhin hatten einige aus unserem Treck die Gelegenheit genutzt, in der Zuschauermenge unterzutauchen und anschließend zu flüchten. Manchmal rief jedoch einer der Mitmarschierer oder einer unserer Leidensgenossen nach der Wache und die Fliehenden wurden erschossen.

Wie gern wäre ich davongelaufen! Aber ich konnte Mutter und meine Geschwister nicht allein lassen. Also ging ich weiter.

Am zweiten Tag gönnten sie uns mehrere Pausen.

»Nicht hinsetzen«, warnte Mutter uns. »Ihr kommt dann nicht mehr hoch.« Stattdessen mussten wir Dehnübungen machen.

Selbst durchnässt und verdreckt war Violet noch eine auffallend hübsche Frau. Kein Wunder, dass einer der Soldaten in ungarischer Naziuniform mit Pfeilkreuzemblem ein Auge auf sie geworfen hatte.

Schon am ersten Tag war mir aufgefallen, dass er Violet anstarrte. Ich behielt es aber für mich. Am zweiten Tag waren seine Avancen nicht mehr zu übersehen.

»Der Junge da hat ein Auge auf dich geworfen«, flüsterte ich Violet zu.

»Na und? Er wird es nicht wagen, mich anzusprechen. Erkennst du ihn nicht? Das ist der häßliche István Menosz, der uns damals in der Schule immer nachgelaufen ist.«

Ich erinnerte mich. Ein harter Bursche aus einem Armenviertel, absolut nicht standesgemäß für Violet. Aber was hatte das noch für eine Bedeutung, seitdem die ganze Welt aus den Fugen geraten war? »Halt dich fern von ihm. Der macht nur Ärger.«

Violet nickte, aber am Abend erzählte sie, dass er sie in einer der Marschpausen angesprochen habe.

»Was hat er denn gesagt?«

Sie lächelte, als heckte sie etwas aus, aber ich hatte keine Ahnung, was es sein konnte. »Och, nichts Besonderes«, antwortete sie. »Aber er riet mir, mich in den Pausen nicht hinzusetzen, weil das den sicheren Tod bedeuten kann. Versprich mir also bitte, dass du dich nie hinsetzt, Kleines, gleichgültig, wie müde du bist!«

»Versprochen, aber versprich du mir dafür, dass du die Finger von dem Nazi lässt.«

Sie antwortete nicht und ich machte mir Sorgen. Violet war eigensinnig. Wahrscheinlich hatte sie sich in den Kopf gesetzt, dass sie besser behandelt würde, wenn sie freundlich zu diesem Kerl war. Aber ich kannte diese Sorte Mensch. Das war kein Judenfreund, gleichgültig, was er Violet versprochen haben mochte. Heimlich bat ich Amy, mit ihrer Schwester zu reden.

Am nächsten Nachmittag kam sie zu mir und schüttelte den Kopf. »Violet will nicht hören«, sagte Amy und schob sich das nasse Haar aus dem Gesicht. Ihre Zähne klapperten. Der Wind war kalt und es regnete. Wir hatten den Marktplatz eines kleinen Städtchens erreicht, auf dem wir das Nachtlager aufschlagen sollten. Die Suppe sah aus wie das Spülwasser, das man den Schweinen vorsetzte, aber wir waren so hungrig, dass wir in der Schlange ungeduldig nach vorn drängelten.

»Was hat Violet gesagt?«, fragte ich, während ich mir die Blechschüssel füllen ließ.

»Sie hat den verrückten Plan, mit ihm zu schlafen – das will er übrigens von ihr –, damit er uns dafür in der Menge untertauchen und verschwinden lässt.«

Ich verschluckte mich fast. »Das ist doch Irrsinn! Warum sollte sie ihm vertrauen?«

Amy seufzte. »Hab ich ihr auch gesagt, aber sie will um jeden Preis hier weg. Sie sagt, dass sie stirbt, wenn sie noch länger marschieren muss.«

»Sie wird sterben, wenn sie diesem István vertraut!«

»Du weißt ja, wie Violet ist, wenn sie sich einmal etwas in den Kopf gesetzt hat.«

Ich aß die Suppe auf und zog dann Mutter ins Vertrauen.

»Das darf sie nicht tun!«

»Ich weiß, Mama, aber sie will weder auf mich noch auf Amy hören. Vielleicht hört sie ja auf dich.«

Mutter nickte, ging zu Violet und Amy und redete ruhig und ernst auf Violet ein. Violet schüttelte den Kopf. Zehn Minuten später war Mutter zurück. »Sie will sich nichts sagen lassen. Sie glaubt, dieser Mann würde etwas für sie tun. Und um ihre Freiheit zu bekommen, ist sie zu allem bereit. Ich habe ihr gesagt, dass der Mann böse ist, und sie die Sache ihr Leben lang bereuen wird, aber sie will das nicht einsehen.«

Auch ich versuchte es noch einmal, doch Violet legte nur den Arm um meine Schulter und riet mir, mich nicht weiter aufzuregen. »Wirst schon sehen, dass es sich für mich lohnt.«

Als es diesmal Zeit zum Schlafen war, legten sich Amy und Violet etwas abseits von uns hin. Mutter schüttelte den Kopf, rollte sich mit uns gemeinsam in die Wolldecke und stimmte ihr Schlaflied an.

Am nächsten Morgen regnete es so heftig, dass ein Weitergehen unmöglich erschien. Zum Frühstück gab es trockenes Brot und etwas, das sich Kaffee nannte und nach Spülwasser schmeckte. Meine Schuhe hatten sich fast vollständig aufgelöst und ich versuchte verzweifelt, die Reste mit Schnüren zusammenzuhalten. Die Füße waren längst wund gescheuert.

Meine Beine fühlten sich schwer und müde an, aber ich wollte Mutter nicht merken lassen, wie elend mir zumute war. Ich summte einen Rhythmus vor mich hin, nach dem ich meine Füße bewegte, wie damals, als ich noch mit Richie zusammen in der Tanzgruppe war. Es schien ewig her zu sein. Wieder einmal dachte ich, dass inzwischen doch das Höchstmaß an Grausamkeit, mit der man uns Juden behandelte, erreicht sein müsste, nur um später zu erfahren, dass dies lediglich ein Vorgeschmack auf das war, was uns noch erwartete.

Für das kalte Wetter waren wir nicht passend angezogen. Obwohl sämtliche Gliedmaßen schmerzten, versuchte ich an die Ferien zu denken und an das Chanukka, das wir vor dem Einmarsch der Deutschen gefeiert hatten. Im Wohnzimmer wurden die Chanukka-Kerzen entzündet und im Kamin wurde ein helles, warmes Feuer entfacht. Jeder bekam ein Geschenk und Mutter sang mit uns die Chanukka-Lieder. Dann spielten wir mit dem Trenderl, einem kleinen, aus Blei gegossenen Kreisel. Wie schön unser großer, grüner, holländischer Keramikofen war, den wir anzündeten, sobald es kalt wurde! Warum konnte ich jetzt nicht dort sein, oder noch besser, zusammen mit Richie im kleinen Bootshaus, wo er mich in seinen Armen wärmen würde? Wohin waren die sorglosen Tage auf der Donau verschwunden, an denen Richie und ich frei waren und nur an unsere Liebe dachten?

Wenn ich an die Zeit dachte, die auf immer verloren war, bildete sich ein dicker Kloß in meiner Kehle. Nun gab es nur noch diesen Marsch und das unsägliche Leiden all der anderen unglücklichen Juden um mich herum. Ich hätte heulen können, als ich Mutter mit meinem Bruder auf den Schultern sah. Ich hatte meine Schwester an die Hand genommen, wie damals, als wir samstags immer unseren Familienspaziergang machten, aber dieser Marsch war alles andere als ein Spaziergang. Was uns am Ende dieser Reise erwartete, wusste niemand. Es gab keine Zeitung, kein Radio, und wir wagten es nicht, die Dorfbewohner am Wegesrand nach dem Kriegsgeschehen zu fragen.

Noch immer hatte ich die Hoffnung nicht aufgegeben, dass die an der Straße gaffenden Ungarn uns wenigstens ein bisschen helfen würden – uns Lebensmittel zustecken oder etwas Wasser geben. Doch sie taten nichts, sie sagten nichts. Sie schauten bloß zu, wie die jüdische Bevölkerung ausgerottet wurde, stumm wie der leise rieselnde Schnee, der uns langsam unter sich begrub.

Die Tage verstrichen, Tage, an denen wir zwölf Stunden marschierten, und kurze Nächte, in denen wir wegen des katastrophalen Wetters nur wenig Schlaf fanden. Jeden Tag wurden wir weniger. Einige brachen vor Erschöpfung zusammen, andere wurden erschossen, weil sie nicht schnell genug aufstanden oder zu langsam gingen. Manche Mütter hatten keine Kraft mehr weiterzugehen. Sie mussten die Kinder zurücklassen, wenn sie nicht selbst erschossen werden wollten. In gewisser Weise wurde eine Familie zur Belastung, weil man nur so schnell vorankam wie das langsamste Glied in der Kette. Wir hatten das Glück, dass Mutter mit Larry auf den Schultern unverdrossen weitermarschierte. Bisher hatten wir niemanden zurücklassen müssen.

Violet flirtete weiter mit István. Wenn ich sie darauf ansprach, drohte sie, weiter vorn zu laufen, damit sie meine Ermahnungen nicht länger mitanhören musste. Ich hatte den Eindruck, dass der Marsch sie verändert hatte, dass sie rücksichtsloser und trotziger geworden war. Das war nicht mehr die Violet, die ich kannte. So schroff hatte sie mich früher nie behandelt. Vielleicht lag es daran, dass sie sich vor allem Sorgen um ihre Eltern machte. Wenn der Marsch erst vorbei war, würde sie sicher wieder so sein wie früher.

Kapitel 13

Von Tag zu Tag wurde es kälter, aber nicht einmal der Schnee hatte unser Marschtempo verlangsamen können. Wir froren so sehr, dass es unmöglich schien, jemals wieder warm zu werden. Unerbittlich hüllte die Kälte uns ein, wenn wir auf dem gefrorenen Boden schliefen, schlug uns beißend entgegen, wenn wir durch Schneetreiben und Nebel stapften, und setzte sich in den Gliedern fest. Der Tod streckte seine frostige Hand nach uns aus und jeden Tag folgten ihm mehr. Oder sie wurden ermordet.

Wir waren alle erbärmlich ausgemergelt und viele verloren den Lebenswillen. Nur Mutter nicht. Sie hatte ihren Glauben, und ihr bedingungsloses Vertrauen auf Gott half ihr, alles zu ertragen. Sie glaubte, dass Gott schon wisse, warum er uns so leiden ließ. Gott war ihr letztes Refugium. Immer, wenn wir in Schwierigkeiten gerieten, vertraute sie auf Gottes Hilfe. Es half nichts, mit ihr darüber zu streiten. Sie glaubte daran, ich nicht. Mir fehlte die chassidische Erziehung, die sie von Großvater bekommen hatte, nach der Gottes Wille, so grausam er auch erscheinen mag, immer eine Art Lehre für den Menschen ist.

Aber nicht einmal der Gott meiner Mutter konnte Violet vor ihrer eigenen Unvernunft retten. Ständig ermutigte sie István, der unübersehbar hinter ihr her war.

»Tu's nicht«, bat Mutter sie wieder und wieder. »Wenn er ein so freundlicher Mensch wäre, der ein jüdisches Mädchen laufen lässt, hätte er sich nicht mit den Nazis eingelassen. Er sucht nur die kurzfristige Befriedigung.«

Violet lächelte und nickte, aber am nächsten Tag flirtete und redete sie erneut mit ihm.

»Wenn ich mit ihm schlafe, wird er Amy und mich laufen lassen«, sagte sie während der Morgengymnastik in der beißenden Kälte zu mir. »Wenn wir am Straßenrand untertauchen können, wird uns schon jemand weiterhelfen. Vielleicht können wir uns auch zu den Widerständlern oder den Alliierten durchschlagen, wer weiß? Alles ist besser, als sich tatenlos zur Schlachtbank führen zu lassen.«

Tränen stiegen mir in die Augen. »Und wenn du dich ihm hingibst und er dich nicht ziehen lässt?«, fragte ich. »Du hättest dein ganzes Leben lang darunter zu leiden.«

Violet schüttelte den Kopf. »Ich hätte wenigstens versucht, mir und meiner Schwester das Leben zu retten.«

Als wir später unsere dünne Suppe aßen, bemerkten wir, dass István sich Violet näherte und ihr ankündigte, dass er später noch einmal wiederkommen werde.

Ein letztes Mal versuchte Mutter, sie von ihrem Vorhaben abzubringen. »Tu das nicht, Violet! Überlege dir, was deine Eltern dazu sagen würden, und tu es nicht.«

Violet schaute Mutter unverwandt in die Augen. »Meine Eltern würden wollen, dass ich überlebe«, sagte sie.

Es war bereits dunkel. Mutter breitete die Decke für uns aus und sang das vertraute Wiegenlied. Ich schloss die Augen, aber ich konnte vor lauter Sorge um Violet nicht einschlafen. Nach einer Weile hörte ich ein Rascheln. István führte Violet die Straße hinunter zwischen die Bäume. Ich schauderte bei dem Gedanken, was dort passieren würde.

Am nächsten Morgen weckten uns die Soldaten wie immer vor Tagesanbruch. Während wir unsere kalten Muskeln streckten, sah ich, wie Violet zurück ins Lager geschlichen kam. Ich lief zu ihr, aber sie konnte mir nicht in die Augen sehen.

»Alles in Ordnung?«, fragte ich.

»Warum nicht?«, antwortete sie scharf, aber beim genaueren Hinsehen stellte ich fest, dass sie zitterte und ihre Unterlippe geschwollen war.

»War es so schlimm?«, fragte ich leise.

Sie nickte. »Es war brutal.« Sie klang, als würde sie jeden Moment zusammenbrechen. Dann riss sie sich zusammen. »Aber jetzt ist es vorbei und er hat versprochen, uns heute laufen zu lassen.«

Nach dem Aufbruch schaute Violet sich ständig nach István um, der ihr ein Zeichen geben wollte, aber er ließ sich den ganzen Tag über nicht blicken. Wut und Enttäuschung waren Violet deutlich anzumerken. Sie hatte sich und ihre Jungfräulichkeit einem Mann geopfert, der es nicht wert war, ihr die Stiefel zu lecken, und jetzt verdrückte er sich einfach. Als wir uns in jener Nacht vor dem Schlafengehen unterhielten, war sie außer sich.

»Halt dich von jetzt an fern von ihm«, riet ich ihr und zog sie fest an mich. »Was passiert ist, ist passiert.«

Auch am nächsten Morgen brachen wir auf, bevor es hell war. Ein weiterer bleicher, kalter Tag in der Hölle. Um die Mittagszeit schritt István die Reihen ab. Violet versuchte wie wild, seine Aufmerksamkeit zu erringen. Er ignorierte sie. Violet war maßlos zornig.

»Wann lässt du uns fliehen?«, fragte sie ihn laut.

»Halt's Maul, dreckige Jüdin, zurück ins Glied!«, herrschte er sie an.

Violet begann jedoch zu schreien. »Du hast mir versprochen, mich gehen zu lassen, wenn ich mit dir schlafe! Du hast es versprochen!« Sie rannte auf ihn zu und trommelte mit den Fäusten auf ihn ein.

István riss sich los, hob die Pistole, und als Violet erneut auf ihn los ging, schoss er ihr aus nächster Nähe ins Gesicht. Die nächste Kugel traf ihre Schwester, die sich verzweifelt hatte dazwischenwerfen wollen. Wir mussten hilflos zusehen, wie István Amy und Violet eiskalt tötete und in ihrer eigenen Blutlache am Straßenrand liegen ließ. Ich wollte zu ihnen, aber Mutter hielt mich fest. »Nein! Du kannst ihr nicht mehr helfen. Wir müssen weitergehen.«

Das war der schrecklichste Augenblick auf unserem langen Marsch. Meine beste Freundin lag auf der Straße nach Wien, abgeschlachtet wie ein Tier.

Als ich mich noch einmal umdrehte, sah ich Hunderte müder Füße über die Stelle schlurfen, an der meine Freundin erschossen worden war. Niemand hatte ein Wort gesagt. Niemand kämpfte mehr um ein Leben, auch ich nicht, und das schmerzte mich am meisten.

Als ich nachts auf der Decke lag und weinte, versuchte Mutter, mich zu trösten.

»Nach dem Krieg werden wir ihn ausfindig machen und Gerechtigkeit üben, Kleines, du wirst schon sehen. Gott wird uns beistehen.«

Aber in dieser Nacht gab es für mich keinen Gott. An einen Gott, der zuließ, dass zwei so wunderschöne, junge Mädchen wie Violet und Amy von unwürdigen Barbaren ausgelöscht wurden, konnte ich nicht glauben.

Zehn Tage später bewegten wir uns nur noch wie lebende Tote vorwärts. Einzig das Wissen zu erfrieren, wenn wir stehen blieben, trieb uns weiter. Vielleicht stand ja am Ende dieser Reise ins Ungewisse eine Unterkunft für uns bereit. Zumindest hofften wir das, da inzwischen der Winter unser größter Feind geworden war. Im Freien konnten wir nicht mehr lange überleben. Doch der Marsch ging unerbittlich weiter. Jeden Tag starben mehr Menschen.

Inzwischen waren auch unsere Freundin Frau Cohen und einige unserer Nachbarn am Ende ihrer Kräfte angelangt. Sie hatten sich in den Straßengraben gelegt und waren im Schlaf erschossen worden. Um sicher zu gehen, dass auch alle im Graben Zurückgebliebenen tot waren, feuerte eine zweite Gruppe von Soldaten noch einmal auf die leblosen Körper. Wir sahen zu, schwiegen und marschierten weiter.

Jede Nacht versuchte Mutter, die selbst zu Tode erschöpft und resigniert sein musste, uns zu trösten, indem sie Märchen für uns erfand. Am Schluss lebte immer jemand glücklich und zufrieden bis ans Ende seiner Tage. Wie weit unsere Wirklichkeit davon entfernt war! Wie immer betete sie mit uns und sang uns leise in den Schlaf. Meine Lippen bewegten sich automatisch. Mutter wollte, dass wir unsere Gebete so laut aufsagten, dass zumindest sie uns hören konnte.

Da wir kaum noch aßen und tranken, mussten wir uns auch kaum noch erleichtern. Dies hätte uns eigentlich recht sein müssen, da uns so die Erniedrigung und die Scham erspart blieben, unser Geschäft vor aller Augen am Straßenrand zu erledigen. Aber zu diesem Zeitpunkt hatten wir längst keine Kraft mehr, uns zu schämen oder erniedrigt zu fühlen. Uns interessierte nicht einmal mehr, was die Deutschen als Nächstes planten. Wir waren wandelnde Tote, die irgendwie einen Fuß vor den anderen setzten.

Wir waren der letzte Judentransport aus Ungarn und Adolf Eichmann, der Architekt von Hitlers »Endlösung«, führte ihn selbst an. Oft fuhr er in seinem Wagen vorbei und begutachtete unser Elend. Wir erkannten ihn sofort. Er war schon in Budapest kein Unbekannter gewesen, besonders nicht im Getto, in dem er in den vergangenen acht Monaten so viele Juden in den Tod geschickt hatte.

Im Westen waren die Nazis auf dem Rückzug und im Osten wurden sie von den Russen zurückgetrieben, aber hier, in diesem Teil von Ungarn, gab es das Reich noch. Also marschierten wir.

Ein Lastwagen aus der Schweiz mit Mitgliedern des Internationalen Roten Kreuzes fuhr vorbei und forderte Leute mit Schweizer Schutzpässen auf vorzutreten. Wir hatten unsere Papiere noch und Mutter rief: »Wir haben welche! Wir haben welche!«

»Was, glaubst du, wird passieren?«, fragte ich. »Ich weiß nicht, aber es kann nur besser werden.«

Ungarische Soldaten folgten dem Lastwagen vom Roten Kreuz und sammelten die gezückten Pässe ein, das heißt, sie rissen sie uns aus den Händen. Dann vernichteten sie sie vor unseren Augen. Als die freiwilligen Helfer zurückkamen, konnte niemand mehr Papiere vorweisen, sodass sie unverrichteter Dinge davonfuhren. Das war ein grausamer Augenblick für uns. Hätten wir die Pässe behalten dürfen, hätten die Schweizer uns wohl für den Rest des Krieges in Sicherheit gebracht. Daraus wurde nun nichts mehr.

In der Nacht weinten meine Geschwister und ich. Mutter weinte nicht. Stattdessen sang sie uns unser liebstes jiddisches Schlaflied. »Schluf, mein fejgele. Mach der zi dein ejgele. Schluf, mein tajer siß kind.« Der vertraute Klang der Worte lullte uns ein. »Schlaf mein Vögelchen, schließ die Augen. Schlaf mein liebes, gutes Kind.« Eine Weile später schliefen wir wirklich.

Wir Kinder weinten viel, während wir unterwegs waren, doch Mutter nur selten, zumindest nicht, wenn wir es sehen konnten. Wenn ich sie beim Weinen erwischte, gab sie jedesmal vor, dass ihr die Füße weh taten oder die Knochen schmerzten. Nie hätte sie zugegeben, dass sie wegen uns und unserer hoffnungslosen Lage weinte.

Damals dachte ich nicht darüber nach, welche Qual es für sie gewesen sein musste, uns so leiden zu sehen, ohne wirklich etwas dagegen tun zu können. Als Jahre später mein Enkel Derek an einem Hirntumor starb, und ich an seinem Bett weinte und Gott anflehte, ihn zu sich zu nehmen, damit er nicht noch mehr zu leiden habe, wusste ich, wie sie sich gefühlt haben musste. Wie sie darunter gelitten haben muss, die vielen anderen Kinder sterben zu sehen, und nicht zu wissen, ob nicht eins der ihren das Nächste sein würde, ohne dass sie etwas dagegen tun konnte!

Seit ungefähr drei Wochen waren wir unterwegs. Genau wussten wir es nicht mehr, da wir jedes Zeitgefühl verloren hatten. Wir hielten uns immer noch in der Mitte des Trecks, aber inzwischen waren so viele Menschen gestorben oder getötet worden, dass wir den gesamten Zug überblicken konnten. Wir waren so verdreckt, dass wir die Läuse auch durch tägliches Kämmen nicht mehr los wurden. Zu allem Überfluß hatten meine Schuhe endgültig ihren Dienst versagt. Erst verlor ich die Sohle, dann fiel der Rest auseinander. Mit Stofffetzen aus den Mülltonnen am Straßenrand umwickelte ich mir dir Füße notdürftig, aber das ging nicht lange gut. Einen Tag später hatte ich mir die Füße wund gescheuert und es bildete sich hässlicher Schorf auf der Sohle. Ich hatte panische Angst, dass die wunden Füße sich entzünden würden und ich nicht mehr gehen konnte.

Mutter zerriss ein Unterhemd und machte mir daraus einen Verband. Vergeblich. Wenn es nicht regnete oder schneite, ging ich einfach barfuß. Doch wegen der Kälte trug ich Erfrierungen davon, die sich schließlich entzündeten.

Nachdem ich so unter höllischen Qualen einige Tage durchgehalten hatte, sah ich eine tote Frau am Straßenrand liegen. Ich hatte nur Augen für ihre Schuhe. Was nützten ihr die Schuhe noch, dachte ich. Ich hingegen kann sie gut gebrauchen. Ich schaffte es jedoch nicht, der Frau die Schuhe von den steif gefrorenen Füßen zu ziehen, und musste schließlich unverrichteter Dinge weitergehen. Meine Fußsohlen brannten wie Feuer und ein Ende unseres Weges war nicht in Sicht. Lange würde ich nicht mehr durchhalten können, das spürte ich.

Am nächsten Tag war ich erkältet und hatte Fieber, sagte Mutter aber nichts davon. Ich wollte sie nicht beunruhigen. Natürlich bemerkte sie trotzdem, wie es um mich stand. Sie zwang mich, unsere letzte Aspirintablette zu nehmen und die grauenhafte Suppe bis auf den letzten Tropfen auszulöffeln, damit ich halbwegs bei Kräften blieb. In der Nacht wälzte ich mich in Fieberträumen und schwitzte so sehr, dass meine Kleider am nächsten Morgen völlig durchnässt waren. Mutter war so besorgt um mich, dass sie mir zusätzlich ihren eigenen Morgenkaffee einflößte, damit ich nicht zu sehr austrocknete.

In der nächsten Nacht war mir so elend, dass ich am liebsten gestorben wäre. Ich schloss die Augen und betete zu Gott, mich zu sich zu holen, da ich keinen Schritt mehr weiter könne. Aber Mutter legte meinen Kopf in ihren Schoß, strich mir übers Haar und betete um mein Leben. Ihre Gebete müssen wohl erhört worden sein, denn am anderen Morgen war das Fieber fort, und ich konnte weitergehen.

Einige Tage später erreichten wir schließlich die österreichische Grenze, wo uns die Deutschen in Züge verfrachteten, achtzig bis hundert Personen in einen Viehwaggon. Wie Sardinen stopfte man uns hinein, sodass kein bisschen Platz übrig war, geschweige denn Luft zum Atmen. Zum Glück war es nur eine kurze Fahrt. Als der Zug hielt, spähten wir durch ein winziges Loch in einer der Seitentüren. Die Landschaft war märchenhaft schön. »Gunskirchen« stand auf dem Bahnhofsschild. Damals wussten wir nichts Genaueres von Konzentrationslagern und schon gar nicht, dass eins davon sich in Gunskirchen befand. Wir hatten nur Augen für die Berge und Hügel rund um das nahe gelegene Linz – ein verschneites Wunderland mit gesund und wohlhabend aussehenden Österreichern, die neugierig um die Waggons spazierten und die halbtoten ungarischen Juden beäugten.

Anderthalb Tage mussten wir in unserem Gefängnis ausharren. Wieder starben Menschen. Die Deutschen befahlen uns, die Leichen hinauszuwerfen, die sie dann wie Müll abtransportierten.

Am frühen Abend des zweiten Tages brachte man uns vor die Tore des Lagers Gunskirchen. Man ließ uns so lange in der Kälte stehen, bis wir fast erfroren waren, bevor wir uns auf die umstehenden Baracken zu verteilen hatten. Mein einziger Gedanke war, dass wir endlich ein Dach über dem Kopf hatten, und die Kälte nicht mehr so schlimm sein würde.

Die Wachposten befahlen allen, sich ein freies Bett zu suchen. Zum Glück fanden wir für uns welche, die nahe beieinander standen. Dann wurden wir eingeschlossen. Es war die erste Nacht, seit man uns vor fast einem Monat aus unserem Haus vertrieben hatte, die wir wie Menschen in einem geschlossenen Gebäude verbrachten. Zumindest fanden wir in jener Nacht Schlaf.

Seit drei Tagen hatten wir nichts gegessen. Wir waren kurz davor, zu verhungern.

Am nächsten Morgen wurden wir um fünf Uhr zum Appell gerufen. Krank, hungernd und erschöpft standen wir in der Kälte und zitterten, während die Soldaten uns anbrüllten: »Wer ist Koch? Wer Elektriker? Wer hilft als Pfleger im Lazarett?«

Natürlich wollten die Deutschen so viele von den trostlosen Gestalten wie möglich an die Arbeit treiben. Keiner von meiner Familie meldete sich freiwillig. Ich war zu schwach, Rose zu labil und Larry zu jung. Mutter wollte uns nicht allein lassen, um für andere zu kochen. Zum Glück fanden sich genügend Freiwillige. Gunskirchen war ein Todeslager, aber immerhin hatten wir ein Dach über dem Kopf.

Das Fieber war wieder aufgeflackert und nachdem mir der Lagerarzt etwas Chinin gegeben hatte, durfte ich im Bett bleiben. Noch immer betete ich zu Gott, mich endlich von meinen Qualen zu erlösen, aber jedesmal, wenn ich alle Hoffnung fahren lassen wollte, musste ich an Richie denken und an seine Liebe zu mir. Ich durfte ihn nicht im Stich lassen. Also hielt ich durch.

Nach ein paar Tagen trieben uns die Nazis wie Vieh aus dem Lager und hofften, dass so viele wie möglich auf dem neuerlichen Marsch ins Ungewisse krepieren würden.

Unser Ziel war die malerische Kleinstadt Mauthausen. Schöne gewundene Alleen, Pensionen, Restaurants und hübsche, saubere Häuser prägten den Charakter dieses bezaubernden Städtchens. Auch wenn sich Spuren von gelegentlichen Bombenangriffen feststellen ließen, gab es keine größeren Schäden, so wie in Budapest. Der Ort wirkte nahezu unberührt vom Kriegsgeschehen.

Aber Mauthausen hatte ein schmutziges Geheimnis. Außerhalb der Stadt lag auf einem lang gestreckten Hügel das Konzentrationslager Mauthausen, der Ort unendlichen Leids für Juden, Zigeuner, abtrünnige Österreicher, rebellische Polen und Ungarn und andere »Feinde« des Reichs. Jahre später erfuhr ich, dass dort zwischen 1938 und 1945 mehr als 195 000 Menschen inhaftiert waren, von denen über 150 000 Männer, Frauen und Kinder umkamen. Entweder wurden sie getötet oder sie starben an Hunger, an den Folgen der unmenschlichen Arbeit in den Steinbrüchen von Mauthausen oder auf der berüchtigten »Todesstiege«. Damals war Mauthausen für mich jedoch nur das Ziel einer unerträglichen Wanderung.

Den schier endlos gewundenen, steilen Anstieg auf den Hügel werde ich nie vergessen. Mutters schmächtige, gepeinigte Gestalt, die Larry trug, schien jeden Moment zusammenzubrechen. Ich hatte panische

Angst um sie und um uns. So schwach, zerbrechlich und niedergeschlagen hatte ich sie noch nie gesehen. Die eisige Kälte des beißenden Dezemberwindes machte uns allen schwer zu schaffen. Wir waren dem Tode nahe.

Doch irgendwie erreichten wir den Kamm des Hügels. Was wir erblickten, war wenig erfreulich, aber das ist menschliches Leiden nie, und Mauthausen war ausschließlich zu diesem Zweck errichtet worden.

Kapitel 14

Unser Blick fiel als Erstes auf einen Steinbruch, in dem Menschen schwere Steinlasten, unter denen sie fast zusammenbrachen, eine steile Stiege hoch schleppten. Es müssen ungefähr zweihundert in den Fels geschlagene Stufen gewesen sein. Beaufsichtigt wurden die Arbeiten von Wachmännern, die ständig herumbrüllten, sofort einschritten, wenn ihnen jemand zu langsam war, und außerdem scharfe Schäferhunde an ihrer Seite hatten.

War es im Tal bei Gunskirchen schon kalt gewesen, so herrschten hier oben geradezu arktische Verhältnisse. Es gab keine Gelegenheit, sich vor dem eisigen Wind zu schützen. Er peitschte uns entgegen, stach in die Augen und zwang uns nahezu in die Knie.

Je höher wir kamen, desto fester umklammerte ich die Hand meiner Schwester. Wir konnten nicht mehr sagen, wer eigentlich wem half. Ich merkte nur, dass ich kurz davor war zusammenzubrechen und mich danach nie wieder erheben würde. Rose muss das gespürt haben. Unermüdlich murmelte sie mir Mut zu und bat mich auszuhalten. Wir marschierten in einer großen Gruppe, aber alle schienen verstummt zu sein. Wie auch nicht? Meine eigene Stimme war erstorben und den anderen wird es nicht besser gegangen sein. Die Deutschen töteten uns in kleinen Etappen.

Schließlich erreichten wir die Lichtung auf dem Hügel und ließen den Blick über die Aussicht schweifen, die teilweise von Bäumen verdeckt war. Mir fiel ein

Auf diesem Foto,
das ich in einem Album
meiner Tante fand,
bin ich sechs Monate alt.
(*Betty Schimmel*)

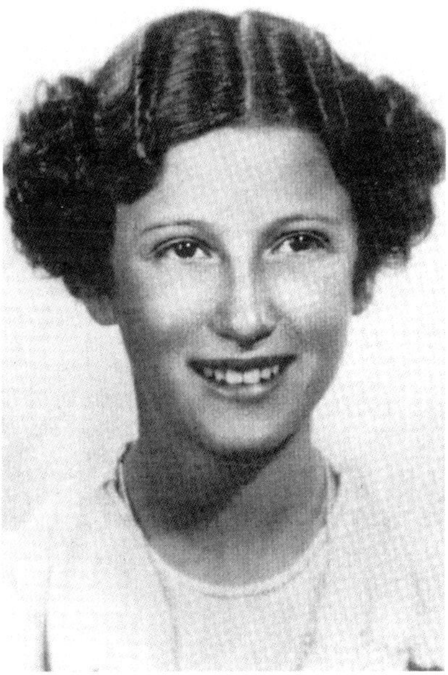

Dieses Foto wurde 1942 in Budapest gemacht. Mein Vater hatte mich mit zum Friseur genommen, weil ich meinen ersten »erwachsenen« Haarschnitt samt Dauerwelle bekommen sollte. Ich war über das Ergebnis entsetzt!
(Betty Schimmel)

Mein Vater Jacob Schwarz Markowitz, etwa 1936. Im Jahre 1938 floh er mit seiner Frau und den drei Kindern vor den Nazis. Unser Weg führte uns über zwei Orte in der Tschechoslowakei bis nach Budapest in Ungarn. *(Betty Schimmel)*

Meine geliebte Mutter Ethel Markowitz im Jahre 1924. *(Betty Schimmel)*

Meine Schwester Rose (links) und ich 1946 in Wetzlar. *(Betty Schimmel)*

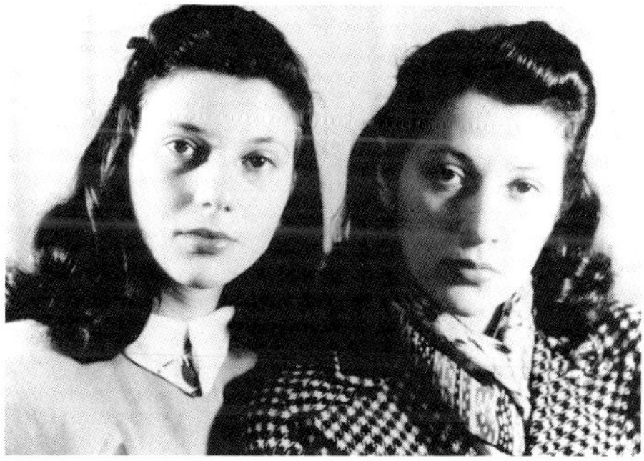

Ein Wahrzeichen von Budapest, die Fischer Bastei, liegt in Buda auf einem Hügel mit Blick auf die Donau. Als Kinder spielten meine Freunde und ich dort Verstecken. Später genossen Richie und ich von dort oben die wunderschöne Aussicht. *(Courtesy Hulton Getty/ Liaison Agency)*

Ein großartiger Blick über Buda und Pest, aufgenommen ungefähr 1917. Man sieht zwei der vielen Brücken, die sich über die Donau spannen.
(Courtesy Hulton Getty/ Liaison Agency)

Die Dohány Synagoge in Budapest.
(Betty Schimmel)

Meine Familie, kurz bevor wir 1949 in die Vereinigten Staaten auswanderten (von links nach rechts: Betty, Larry, Ethel und Rose). (*Betty Schimmel*)

Das Vertriebenenlager in Wetzlar, in dem wir von 1945 bis 1949 lebten. (*Betty Schimmel*)

Dieses Foto von Otto und mir wurde im März 1947 kurz vor unserer Hochzeit aufgenommen. Ein Freund von Otto hatte es zerrissen, weil er fand, dass ich Otto nicht gut behandelte. (*Betty Schimmel*)

Mein Erstgeborener Robert und ich im März 1950 in New York. (*Betty Schimmel*)

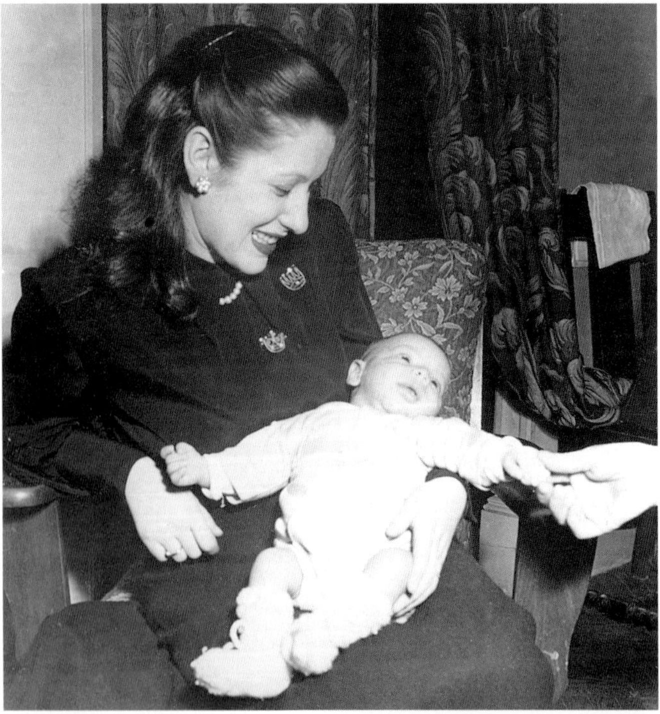

Otto und ich,
kurz nachdem wir
im August 1973
nach Arizona
umgezogen waren.
(*Betty Schimmel*)

Ich habe schon
immer leiden-
schaftlich gern
gekocht und
gebacken.
Dieses Bufett
habe ich 1984
für ein Dinner
in Scottsdale,
Arizona,
hergerichtet.
(*Betty
Schimmel*)

Die ganze Familie Schimmel anlässlich Jeffrey's Bar Mizwa im Juni 1970 (von links nach rechts: Bobby, Sandy, Jeffrey, Betty und Otto). (*Betty Schimmel*)

Meine Enkelkinder, Otto und ich am Strand von Monterey, Kalifornien. Dort feierten wir im April 1997 unseren fünfzigsten Hochzeitstag (v. l. n. r., oben: Jessica, Betty und Otto; unten: Aliyah, Sarah und Alexsandra). (*Betty Schimmel*)

Otto und ich auf einer Kreuzfahrt anlässlich unseres fünfzigsten Hochzeitstages im Jahre 1997. (*Betty Schimmel*)

Haus etwas unterhalb vom Lager auf. Ein hübsches, kleines Alpenhaus mit rauchendem Kamin. Was, wenn ich einfach hinunterliefe und an die Tür klopfte? Würde man mich hineinlassen? Mir zu essen geben? Ob sie Kinder hatten? Wohnten dort freundliche oder boshafte Menschen? Es war grausam, dass unser Leid nur einen Steinwurf von diesem friedlichen Idyll entfernt stattfand.

Plötzlich hörte ich Rose schluchzen.

»Was ist los, Rose?«, krächzte ich mühsam, fast unhörbar gegen den eisigen Wind, der meine rauen Lippen aufplatzen ließ.

Rose zitterte. »Siehst du das, Kleines? Da liegen übereinandergestapelte nackte Körper.«

Und dann sah ich es auch. An der rechten Seite des Hügels flatterten die Planen eines Zeltlagers im Wind. Zwischen den normalen Zelten und dem, wie sich später herausstellte, Krankenrevier stapelten sich die Leichen, die gerade in ihrer Nacktheit noch gräulicher wirkten. Selbst im Tod wurden die Menschen noch erniedrigt.

»Bestimmt werden wir auch so enden, Kleines«, murmelte Rose.

Ich sah, wie Mutter vor uns unter großen Mühen Larry den Hügel hochtrug, und antwortete Rose, wie es einer verantwortungsvollen großen Schwester entsprach. »Keine Angst, Schwesterchen, sie werden uns nicht töten. Solange wir noch gehen können und zusammmenbleiben, werden wir überleben.«

Rose umarmte mich und ich drückte sie so fest an mich, wie es meine schwache Konstitution erlaubte. Wenn ich meinen tröstenden Worten nur selbst hätte glauben können! Fünftausend waren wir gewesen, als wir von der Ziegelei losmarschiert waren, fünfhundert hatten es bis hierher geschafft und die meisten davon mehr tot als lebendig.

Die deutschen Soldaten trieben uns unbarmherzig an den Zelten und dem Steinbruch vorbei auf das Eingangstor in einer gewaltigen Steinmauer zu, die den ganzen Komplex wie eine Festung oder ein Gefängnis umgab. Danach zwangen sie uns – erschöpft, hungernd und frierend, wie wir waren – stundenlang in Reih und Glied auf dem dahinter liegenden, kopfsteingepflasterten Platz zu warten. Ich fühlte mich wieder hundeelend. Das Fieber war so gestiegen, dass ich mich kaum auf den Beinen halten konnte. Mutter stützte mich und drückte Larry an ihre Brust, um ihn vor dem beißenden Wind zu schützen, während Rose sich an ihren Arm klammerte.

Der Platz war zu beiden Seiten von Gebäuden begrenzt. Zur Linken befanden sich die Gefangenenbaracken. Zu welch unheimlichen Zwecken die Gebäude auf der rechten Seite dienten, erfuhren wir erst später.

Kurz bevor wir mit unseren Kräften restlos am Ende waren, wiesen sie uns eins der Zelte in der eisigen Kälte auf dem ungeschützten Hügel an. Die Zelte waren groß, aber nicht geräumig genug für die 200 Menschen, die dort leben mussten. Anstelle von Betten lagen strohgedeckte Holzpaletten auf dem Boden, aber viel zu wenige, als dass alle darauf Platz gefunden hätten. Zum Glück konnten Rose und ich uns eine dieser Unterlagen teilen. Mutter wurde als Köchin abkommandiert. Sobald sie uns untergebracht hatte, wurde sie in die Küche beordert. Auch Rose und Larry waren schrecklich schwach, aber wenigstens hatten sie kein Fieber. Trotzdem waren sie so ausgetrocknet, dass sie nicht einmal mehr Hunger hatten. Ich schaffte es kaum bis zu unserer Palette. Die Leute schimpften, dass bei ihnen jemand einquartiert wurde, der so krank war wie ich und womöglich noch alle anstecken würde.

Ich muss auf der Stelle in einen fiebrigen Schlaf gefallen sein, denn als Nächstes erinnere ich mich nur noch, dass Mutter mich wachrüttelte. Man hatte ihr mitgeteilt, dass ich ins Lazarettzelt gehen müsse. Ich weinte und wollte nicht weg von Mutter. Ich hatte panische Angst, dass man mich auch zu den nackten Leichen werfen würde. Auch Rose flehte Mutter an, mich nicht wegzubringen. Aber sie hatte keine Wahl. Sie tröstete mich, so gut es ging, und versprach, mich täglich zu besuchen. Man lud mich auf ein Fuhrwerk, das statt von Pferden von Menschen gezogen wurde und noch an etlichen anderen Zelten hielt, um weitere »Patienten« einzusammeln, bevor wir alle im Lazarettzelt abgeladen wurden. Die Bedingungen dort waren grauenhaft. Vier bis fünf Kranke teilten sich ein Bett. Starb einer von ihnen, lag die Leiche oft noch den halben Tag bei den anderen im Bett, ehe sie jemand zu den Toten auf den Leichenstapel schaffte.

Der Arzt war nicht besonders Vertrauen erweckend. Dr. Katz war ebenfalls Jude und hatte wahrscheinlich schon so viel Elend gesehen, dass er zu Gefühlen wie Mitleid längst nicht mehr fähig war. Kalt und emotionslos teilte er mir mit, dass ich Typhusfieber habe und am besten alles äße, was ich in die Finger bekäme, da andernfalls keine Hoffnung mehr für mich bestünde. Von seiner Seite aus könne er mir nur mit Chinin helfen, der einzigen Arznei, die es in diesem Lager gab.

An die nächsten zwei Wochen kann ich mich kaum

erinnern. Ich befand mich in einem dauerhaften Dämmerzustand, während das Typhusfieber in meinem Körper wütete. Mutter brachte mir jeden Tag etwas zu essen, das sie mir irgendwie einverleibte. Es muss schlimm gewesen sein. Nicht nur, dass ich kaum bei Bewusstsein war, ich konnte auch nur schlecht kauen, da mein Zahnfleisch ständig blutete. Aber durch solche Hindernisse ließ Mutter sich nicht abschrecken. Irgendwo hatte sie einmal gelesen, dass Seeleute auf langen Reisen oft Kartoffelschalen aßen, um sich vor Skorbut zu schützen. Und da sie vermutete, dass mein Zahnfleisch wegen Vitaminmangel blutete, fütterte sie mich also neben der abscheulichen Suppe mit Kartoffelschalen, die sie täglich aus der Küche schmuggelte. Manchmal hatte sie auch hartes Brot dabei und brachte es fertig, dass ich es kaute und schluckte. Wieder einmal weigerte Mutter sich, mich sterben zu lassen.

»Wenn du aufgibst, was soll dann aus uns werden?«, fragte sie mich – als ob das genügte, mich einen weiteren Tag am Leben zu erhalten.

In den ersten zwei Wochen im Fieberwahn weinte ich viel, musste oft an Richie denken und fragte mich, ob er wohl noch am Leben war. Um seinetwillen wollte ich gesund werden. Jedesmal, wenn ich den Kampf gegen den Typhus zu verlieren drohte, dachte ich an ihn. Dann träumte ich, wie Richie und ich in Budapest am Donauufer entlang spazierten und über unsere gemeinsame Zukunft sprachen. Ich spürte den Kuss seiner weichen, zärtlichen Lippen, seine tröstende Umarmung. Im Traum fühlte ich mich wohl und die Frau neben mir erzählte später, dass ich mit einer verträumten, zärtlichen Stimme gesprochen hätte, statt in Albträumen zu schreien wie sonst.

Ich schlief so viel ich konnte und betete um die schönen Träume. Es war gar nicht so leicht, mich daraus zu wecken. Die Leute mussten mich ordentlich schütteln. Was konnte mir die Realität im Vergleich zu den Erinnerungen an Richie schon bieten?

Zu guter Letzt begann ich mich besser zu fühlen. Das Fieber sank, ich konnte mich aufsetzen und zum ersten Mal meine Umgebung richtig wahrnehmen – ein zweifelhaftes Vergnügen. Natürlich schlief es sich auf den Matratzen besser als auf dem Fußboden, aber sie waren verdreckt und voller Läuse.

Beim ersten Versuch aufzustehen drehte sich alles vor meinen Augen. Als dann mein Blick auf das Elend, Leid und qualvolle Sterben der anderen Kranken fiel, musste ich mich wieder setzen. Ringsum gab es nur delirierende, bis aufs Skelett abgemagerte Körper mit ausdruckslosen, leeren Gesichtern.

Etwa sechs Wochen nach meiner Einlieferung ins Lazarett kam Mutter mit der freudigen Nachricht, dass sie endlich wisse, welcher Tag gerade sei. Uns war jedes Zeitgefühl abhanden gekommen, sodass wir nur eine vage Vorstellung hatten, in welchem Monat wir uns befanden. Doch jetzt wusste Mutter, dass es der 27. Februar war, zwei Tage vor meinem sechzehnten Geburtstag.

»Wie lange habe ich auf der Krankenstation gelegen?«, fragte ich, während mir die Tränen übers Gesicht liefen.

Sie schob mir das verschwitzte Haar aus der Stirn. »Etwa sechs Wochen, mein Liebling.«

Ich erschrak. Mir kam die Zeit, in der ich zwischen Leben und Tod geschwebt hatte, wie eine Ewigkeit vor. Aber jetzt spürte ich eine neue Entschlossenheit weiterzuleben.

»Wann kann ich zurück in euer Zelt?«, fragte ich Mutter.

Am nächsten Tag entließ mich Dr. Katz ohne jegliche Gefühlsregung.

Meinen Geburtstag feierten wir in aller Stille, und mir wurde bewusst, wie dankbar ich sein konnte: Inmitten all des Leidens und Sterbens waren Mutter, Rose, Larry und ich noch am Leben und mir ging es von Tag zu Tag besser. Wenn ich nun noch Richie wiederfände ...

Ich weiß nicht, was ich während meiner Genesung ohne Rose gemacht hätte. Sie wich nicht von meiner Seite, brachte mich zur Toilette, wenn ich selbst zu schwach war, saß an meinem Bett, redete mit mir und fütterte mich, wenn es nötig war. Tag für Tag spürte ich, wie ich neue Kraft schöpfte. Inzwischen konnte ich allein zur Toilette gehen und wagte bald immer längere Wege.

Im Zelt herrschte großes Misstrauen untereinander. Trotz der Körperwärme von zweihundert eng zusammengepferchten Seelen froren wir. Unterschiedlichste Nationen waren vertreten – Tschechen, Polen, Ungarn – und jeder war sich selbst der Nächste. Neidisch achtete man darauf, dass keiner mehr Suppe oder ein größeres Stück Brot bekam als man selbst. Dass ich wieder bei meiner Familie war, machte die Dinge um einiges leichter. Ich musste nicht allein warten, bis Mutter aus der Küche zurückkam, sondern hatte Rose und Larry um mich. Auch dass in unserem Zelt nur Frauen und Kinder zugelassen waren, machte meine Situation deutlich besser, als sie in dem schrecklichen Lazarett gewesen war.

Sobald ich mich einigermaßen erholt hatte, waren Larry, Rose und ich für Sauberkeit im Zelt verantwortlich. Aber vor allem sollten wir gut aufeinander aufpassen, da Mutter von früh bis spät in der Küche arbeitete.

Zum ersten Mal hatte ich die Gelegenheit, das Lager genauer anzusehen. Ich lief zwischen den Zelten hindurch und schaute durch den Stacheldrahtzaun zu den Holzbaracken und übrigen Gebäuden hinter der großen Steinmauer hinüber. Langsam schlenderte ich an den anderen Gefangenen vorbei, denn noch hatte ich die Hoffnung, etwas über Richie in Erfahrung zu bringen, nicht aufgegeben. Es war, als hätte ich den letzten Kreis der Hölle erreicht, und ich entdeckte vieles, das ich lieber nicht gesehen hätte.

Der Tod hat einen eigenen Geruch – eine Mischung aus Moder und Verwesung, Schrecken und Verzweiflung, und einem Beigeschmack von Asche. Ich werde diesen Geruch nie vergessen, er klebte in Mauthausen an allem – an den Wänden, den Kleidern, den Haaren, den Baracken, der Luft. Erst später erfuhren wir, warum die Luft so schwer war und so stark nach Asche roch. Vielleicht war es eine Gnade, dass uns dieser Geruch damals nicht in Panik versetzte, sondern »nur« Entsetzen hervorrief.

Orte des Todes haben auch ein Gewicht. Die Atmosphäre ist stickig und drückend vom Flügelschlag der Seelen all derer, die auf grausame und qualvolle Weise umgekommen sind. Mauthausen besaß diese Schwere, die einen erdrückte, sobald man sie sich bewusst machte. Aber Mutter erlaubte nicht, dass wir uns dieser Verzweiflung hingaben. Schließlich lebten wir noch, schärfte sie uns unermüdlich ein, auch wenn Larry immer schwächer wurde. Gott würde uns beistehen wie bisher.

Trotzdem schämte Mutter sich nicht, ihm dabei zur

Hand zu gehen. Jeden Tag entwendete sie für uns Lebensmittel aus der Küche. Wenn man sie erwischt hätte, wäre sie dafür hingerichtet worden. Aber sie war vorsichtig. Wer achtete schon auf Kartoffelschalen? Für uns war das Kalzium darin jedoch lebenswichtig. Dasselbe galt für vertrocknetes Brot. Sie schmuggelte die Nahrungsmittel hinaus und wir verzehrten sie heimlich im Freien, geschützt vor den neugierigen Blicken der Mitgefangenen und der strengen Wachtrupps mit ihren scharfen Schäferhunden. Wieder ein Geheimnis mehr, von denen wir seit unserer jüngsten Kindheit so viele vor der ganzen Welt zu bewahren hatten.

Wir starrten vor Dreck, trugen nur Lumpen am Leib und waren verlaust. Die Hoffnung, dass die Läuse im Zelt absterben würden, hatte sich zerschlagen. Im Gegenteil, die Körperausdünstungen in dem überfüllten Zelt schienen ihrer Vermehrung äußerst zuträglich zu sein. Mutter versuchte, uns einigermaßen sauber zu halten, obwohl wir keine Möglichkeit hatten, uns zu waschen. Jeden Abend bürstete sie uns das Haar und suchte uns nach Läusen ab, obwohl ihr im Grunde jede Bewegung zu viel zu sein schien.

Ich glaube, Mutter war froh, dass Rose und ich so schmutzig und ausgemergelt waren, weil wir dadurch viel jünger aussahen. Mädchen, die älter waren – oder aussahen –, wurden von den Wachposten vergewaltigt. Mutter sprach nie mit uns darüber, aber wir wussten, wie viel Mühe sie sich gab, dass wir wie Kinder und nicht wie Frauen wirkten. Die Natur unterstützte sie dabei. Ob es an der katastrophalen Ernährung lag, an Mitteln, die dem Essen zugesetzt wurden, oder einfach an der Erschöpfung – keine von uns bekam ihre Periode, solange wir in Mauthausen waren.

Es gab Gerüchte, die mir nicht unwahrscheinlich vorkommen, dass die Nazis irgendwelche Mittel ins Essen mischten, die den Sexualtrieb abtöteten, damit die Männer zahmer wurden und weniger an Widerstand oder Flucht dachten. Den Frauen sollen sie angeblich etwas ins Essen gemischt haben, weil sie mit Monatsblutungen nichts zu tun haben wollten.

Die Tage vergingen in einer Mischung aus Monotonie und Entsetzen, die wohl nur Kriegsgefangene und Überlebende von Konzentrationslagern wirklich nachvollziehen können. Regelmäßig suchte ich weiter nach Richie, ohne auch nur wenigstens einen entfernten Bekannten von ihm zu treffen. Manchmal schauten wir den Männern zu, die sich im Steinbruch zu Tode schufteten. Die 186 Stufen, die den Steinbruch hinaufführten, wurden »Todesstiege« genannt. Die Aufseher machten sich einen Spaß daraus, den Mann, der gerade oben angekommen war, hinunterzustoßen und den Dominoeffekt zu beobachten, da er im Sturz die Nachfolgenden mit sich in den Tod riss. Für die Nazis war das nicht nur eine angenehme Unterhaltung, sondern auch eine willkommene Gelegenheit, die Zahl der Juden und anderer unerwünschter Personen zu dezimieren, darunter Polen, Griechen, Russen, Jugoslawen, Spanier, Franzosen, Italiener, Zigeuner, österreichische Dissidenten und sogar über Deutschland abgeschossene amerikanische Piloten. An einem einzigen Tag starben vierhundert gerade eingelieferte holländische Juden, als die Nazis den ersten von ihnen oben auf der Todesstiege hinabstießen und er alle Nachfolgenden mit in den Tod riss. Fast alle Gebäude des Lagers wurden von den Insassen erbaut, unter solch unwürdigen Bedingungen und unter größten Qualen. Unzählige zahlten dafür mit ihrem Leben.

Die Schäferhunde bekamen wenig zu fressen und wurden unablässig scharf gemacht. Versuchte jemand zu fliehen, hetzte man ihm die Hunde hinterher, die ihn dann unter dem Gelächter der Wachmannschaft zerfleischten. Rose hatte einmal beobachtet, wie ein Küchenjunge, der nicht ganz richtig im Kopf war, Opfer einer solchen Hatz wurde. Als er zu fliehen versuchte, fielen die Hunde für alle gut sichtbar mitten auf dem Platz über ihn her.

Auch im Zelt gab es jeden Tag Tote. Bevor der Tod gemeldet wurde, durchsuchte man den Verstorbenen nach Essen oder brauchbaren Kleidungsstücken. In den wenigen Augenblicken, in denen wir genügend Energie hatten, über das reine Überleben hinaus nachzudenken, ekelten wir uns vor uns selbst. Doch sobald Menschen auf ihre bloße Existenz reduziert werden, gewinnen die niederen Instinkte die Oberhand.

Sobald die Wachposten informiert waren, wurden die nackten Körper mit einem Karren abgeholt und zu einem der überall im Lager angelegten Berge verwesender Leichen gebracht.

Wenn gerade nichts Schreckliches geschah, kämpften wir mit der Langeweile. Mutter sang mit uns, ermunterte uns zu Geschicklichkeitsspielen mit kleinen Steinen oder erzählte Geschichten, um uns von unserer elenden Lage abzulenken.

Andere hatten weniger Glück. Viele von denen, die unter unmenschlichen Bedingungen im Steinbruch arbeiteten, hielten es irgendwann nicht mehr aus und sprangen freiwillig in den Tod, um ihren Qualen ein Ende zu setzen. Andere riskierten, bei der Flucht über den Elektrozaun zur Unkenntlichkeit zu verkohlen. Man hörte, wie sie sich im Zaun verfingen. Gleichzeitig begannen die Lichter im Lager zu flackern, und alle wussten, dass wieder jemand in dieser Verzweiflungstat den letzten Ausweg gesehen hatte. Die Lagerinsassen mussten den Körper entfernen und auf einen der Leichenberge schaffen. Mutter hatte mich eindringlich gewarnt, nicht in die Nähe des Zauns zu gehen, aber auf meiner Suche nach Richie gelangte ich doch ab und zu dorthin. Bei einer dieser Gelegenheiten johlten die Naziaufseher plötzlich los. »Lauf, Jude! Schneller, du dreckiger, schmieriger Jude!« Ein Mann rannte an mir vorbei direkt in den Zaun, schrie auf, als der Strom durch seinen Körper fuhr, und erstarrte in konvulsivischen Zuckungen. Alles ging sekundenschnell. Ein schlaffes Bündel war alles, was von dem menschlichen Körper übrig blieb. Und genauso wurde er behandelt. Frauen aus der Arbeitskolonne mussten die Überreste des Mannes zu den anderen Leichen schaffen. Selbst dann noch grölten und schrien die Nazischergen: »Schneller, ihr dreckigen Juden!« Manchmal glaubte ich, selbst schreien zu müssen, wenn mir ihre Worte entgegenschallten, aber ich beherrschte mich natürlich. Jeder Schrei wäre der letzte Protest gewesen, den ich auf dieser Welt geäußert hätte. Also blieb ich äußerlich ruhig, aber innerlich schrie ich, so laut ich konnte.

In Mauthausen lernten wir den Klang von Musik zu fürchten, da die Nazis zu den Exekutionen ein makaberes Ritual eingeführt hatten. Vor dem offenen Wagen mit den Todeskandidaten marschierte eine kleine Kapelle. Die Verurteilten wurden nach ihrem liebsten klassischen Stück gefragt, das dann zu ihrer Erschießung gespielt wurde. Einige waren so tapfer, dass sie den ganzen Weg zu ihrer Hinrichtung sangen. Vielleicht kündigte die Musik ihren Einzug in den Himmel an. Ich wünschte es ihnen.

Ein Tag verlief wie der andere. Den Anfang machte der Morgenappell bei Tagesanbruch, zu dem wir uns in einer Reihe aufstellen und »anwesend« brüllen mussten. Wer nicht erschien, wurde gesucht und getötet. Selbst als meine Schwester Typhus hatte und sich kaum auf den Beinen halten konnte, zwang Mutter sie, am Appell teilzunehmen.

Jeden Abend, wenn wir erschöpft auf unser Schlaflager fielen, bat Mutter Gott um ein Wunder. Pflichtschuldig stimmten wir in ihre Gebete ein, aber die Hoffnung, dass sie erhört wurden, hatten wir längst aufgegeben.

Andere waren optimistischer. Eine Gruppe von Frauen begann im Lager Stoffreste zu sammeln, um daraus eine Decke mit dem Muster der amerikanischen Flagge zu nähen. Mir schienen die Sterne und Streifen der Decke und das Land, das sie repräsentierten, so weit weg zu sein wie der Mond.

»Die Amerikaner werden bald hier sein, du wirst schon sehen«, versicherte mir eine der Frauen, der ich bei der Arbeit zusah. »Es heißt, dass es nicht mehr lange dauern kann.«

Ich nickte höflich, hielt sie im Grunde aber für verrückt. Die Frauen hielten ihr Werk gut versteckt, denn wenn die Wachen ihre subversive Tätigkeit entdeckt hätten, hätten sie kurzen Prozess mit ihnen gemacht.

Irgendwo draußen, hinter dem bedrohlichen Stacheldrahtzaun, kündigte sich der Frühling an. Innerhalb des Lagers jedoch herrschte der tödliche Winter der Verzweiflung.

Kapitel 15

Mein ganzer Körper schmerzte, als ich nach einer weiteren Nacht auf der spärlich mit Stroh gedeckten Palette langsam erwachte. Ich hatte wieder Fieber und konnte mich kaum bewegen. Auch wenn der Frühling begonnen hatte, waren die Nächte in den ungeheizten Zelten noch so frostig, dass die Knochen vor Kälte steif wurden. Während sich meine Augen an das Tageslicht gewöhnten, schreckte ich plötzlich hoch. Irgendetwas stimmte nicht. Zum einen war es hell im Zelt, viel zu hell dafür, dass wir sonst jeden Tag schon vor Morgengrauen geweckt wurden. Dazu die Stille. Kein Aufseher, der »Mach schneller, dreckiger Jude« schrie. Kein Gebell von bissigen Hunden. Nicht einmal die Arbeitsgeräusche vom Steinbruch waren zu hören. Alles war still.

Rose und Larry schliefen noch. Ihre ausgezehrten Körper glichen eher Skeletten als Kindern aus Fleisch und Blut. Da es keinen Spiegel gab, wusste ich nicht, wie ich selbst aussah, aber vermutlich auch nicht viel besser. Mutter sprach zusammen mit den anderen Frauen auf der anderen Zeltseite leise ihre Gebete.

Ich erhob mich mühsam und schleppte mich zu ihnen. »Was ist passiert?«, fragte ich ängstlich und befürchtete das Schlimmste.

»Wir wissen es nicht genau, Kleines, aber da drüben liegt eine deutsche Uniform auf dem Boden.«

»Was kann das bedeuten? Sollte einer von uns die Kraft gefunden haben, einen Deutschen zu töten und ihm die Uniform zu rauben?« Noch während ich die Frage stellte, wurde mir bewusst, wie unsinnig sie war. Wenn es ein Jude gewesen wäre, hätte er die Uniform angezogen und versucht zu fliehen. Er hätte sie nicht auf dem Boden liegen lassen.

Ich war zu krank, um mich draußen umzusehen. Aber die anderen Frauen wollten einen Erkundungsgang unternehmen. Im selben Augenblick hörten wir die Schreie. Es dauerte eine Weile, bis ich erkannte, dass sie sich von denen unterschieden, die wir in den vergangenen Monaten hatten hören müssen. Es waren keine Schmerzensschreie, es waren Jubelrufe!

Eine der Frauen kam mit einem strahlenden Lächeln auf dem ausgemergelten, faltigen Gesicht ins Zelt zurück. »Die Amerikaner sind da!«, rief sie. »Sie sind gekommen, um uns zu retten. Die Deutschen sind weg, geflohen. Wir sind frei, wir sind frei!«

Larry, Rose und ich kämpften mit den Tränen, versuchten zu verstehen, was man uns da erzählte. Mutter nahm mich in ihre Arme. »Habe ich dir nicht gesagt, dass wir dieses Grauen überleben werden?«

Ich schloss die Augen. Ich dankte Gott und fragte mich gleichzeitig, was jetzt mit uns geschehen würde.

Durch die Zeltplane beobachteten wir, wie die Amerikaner ins Lager kamen. Sie sahen so jung und gesund aus – und so entsetzt, als sie die Berge von nackten Leichen entdeckten und die wandelnden Skelette, die ihnen zur Begrüßung entgegenwankten! Tränen flossen ihnen übers Gesicht und ich war froh, dass sie um uns alle weinten, um die Überlebenden und um die vielen Tausend, die es nicht geschafft hatten.

Die Frauen aus unserem Zelt überreichten ihnen stolz die Flagge. Der Offizier, der sie entgegennahm, umarmte die Überbringerin vorsichtig, als fürchtete er, dass sie unter seinen Händen zerbrechen würde – eine Furcht, die angesichts ihres Zustands nicht ganz unberechtigt war.

Die Amerikaner ordneten an, dass wir so lange in den Baracken bleiben sollten, bis sie das Lager nach eventuell noch anwesenden SS-Offizieren durchsucht hätten. Tatsächlich hatten sich einige von ihnen im nahe gelegenen Wald versteckt. Mit erhobenen Händen und gesenkten Köpfen wurden sie von den Amerikanern zurück ins Lager geführt. Die Soldaten konfrontierten sie mit den Insassen, den Menschen, die sie so viele Jahre lang gequält und misshandelt hatten.

Es war eine überwiegend stille Gegenüberstellung. Wahrscheinlich fürchteten die meisten, dass diese schrecklichen, verhassten Männer sich irgendwie befreien könnten und sich dann an allen rächen würden, die angesichts ihrer Niederlage gejubelt hatten. Immerhin brachten einige Leidensgenossen genug physische und psychische Kraft auf, um ihnen ins Gesicht zu spucken. Manche wollten sich auch auf sie stürzen und ihre Peiniger auf der Stelle zur Rechenschaft ziehen. Aber die Amerikaner gingen dazwischen und führten die deutschen Soldaten ab.

Bis zum Nachmittag war das ganze Gelände durchkämmt und da keine Deutschen mehr gefunden wurden, durften wir uns frei bewegen, allerdings nur innerhalb des Lagers. Die Amerikaner erklärten uns, dass sie alle Überlebenden mit genauen Personenangaben erfassen wollten, um möglichst viele Familien, die durch dieses unfassbare Leid getrennt worden waren, zusammenführen zu können. Mein erster Gedanke galt Richie, der zweite Vater. Würde ich sie jetzt, nachdem dieser Albtraum ein Ende hatte, endlich wiedersehen?

In der Zwischenzeit kümmerten sich die Amerikaner um unsere Versorgung. Sie verteilten Schokoriegel, Essensrationen, schickten ihre Ärzte durchs Lager, die die Kranken untersuchten und Medikamente verteilten, und zwangen die Einwohner von Mauthausen und den umliegenden Dörfern, die Toten zu begraben. Viele Österreicher behaupteten, von den grauenhaften Vorgängen nichts gewusst zu haben, aber die GIs ließen sich davon nicht beeindrucken. Sie waren schockiert und wütend und wollten, dass jemand für das Unheil bezahlen sollte. Die vielen Augenzeugen, die tatenlos zugesehen hatten, kamen ihnen da gerade recht.

Während ich an diesem 5. Mai 1945 auf meiner Palette lag, noch immer zu schwach, um aufzustehen, haderte ich mit meinem Schicksal. Über ein Jahr lang hatten uns die Nazis erst im Sternhaus, dann im Konzentrationslager das Leben zur Hölle gemacht und jetzt, da dieser Terror endlich vorbei war, waren viele von uns zu schwach, um auch nur einen Schritt in die wiedergewonnene Freiheit zu unternehmen. Einige traf der Schock der Befreiung sogar so heftig, dass sie daran starben. Was für eine Ironie des Schicksals, nachdem sie monatelang alle erdenklichen Qualen überstanden hatten! Andere hatten nach wie vor panische Angst, sodass sie ständig hinter den amerikanischen Soldaten herliefen, als ob nur die Nähe zu ihnen sie vor weiteren Torturen schützen könnte.

Am Nachmittag trugen mich zwei junge Soldaten auf einer Bahre aus dem Zelt. Es war ein wunderschöner Frühlingstag. Leider war ich zu schwach, um an den Freudenfeiern teilzunehmen, und musste mich damit begnügen, denen freundlich zuzunicken, die in der Lage waren herumzuhüpfen. Auch mein Bruder hatte nicht genug Kraft dazu, sodass man ihn neben mich legte.

Während wir den Festlichkeiten zusahen, wurden wir von den Soldaten befragt.

»Wir müssen so viele Informationen wie möglich sammeln«, erklärte uns ein junger Leutnant mit ernster Stimme. Er ließ seine Worte von einem Dolmetscher übersetzen. »Jede Angabe ist wichtig. Bitte sagen Sie uns, aus welchem Land Sie kommen, wie viele Sie zu Beginn der Deportation waren und wie viele davon überlebt haben.« Er machte eine Pause und bot uns Kaugummi an. Wir lehnten dankend ab. »Auch über die Toten brauchen wir jede erdenkliche Information. Wer sie waren, woher sie kamen, alles, was Sie über sie wissen.«

Am Anfang starrte ich einfach nur seinen Mund an. Er war ein gesunder junger Mann mit blonden Haaren, blauen Augen und rosigen Wangen. Aber sein Mund war ein Wunder. Die meisten Amerikaner hatten vollkommene, weiße Zähne. Wir hingegen hatten seit neun Monaten keine Zahnbürste mehr gesehen. Unsere Zähne waren gelb und belegt, das Zahnfleisch blutete wegen des Vitaminmangels – und uns gegenüber saß dieser junge Mann mit Zähnen, die ihn wie einen Millionär aussehen ließen. Ich war wie hypnotisiert. Und dann schlich sich zum ersten Mal seit langem ein Lächeln auf meine Lippen.

Er lächelte zurück. Dann fragte er Mutter nach unseren Verwandten. Sie erzählte ihm von ihren beiden Schwestern in den Vereinigten Staaten. Ihr Vater hatte sie 1914, vor dem 1. Weltkrieg, hinübergeschickt. Die Soldaten waren so freundlich und mitfühlend, dass ich am liebsten geweint hätte. Was für ein Unterschied zu den Nazis und den ungarischen Soldaten, die uns wie Tiere behandelt hatten! Die Amerikaner behandelten uns wie Menschen, wie ganz besondere Menschen, vor allem meinen Bruder, der der jüngste Überlebende war, den sie bisher gefunden hatten.

Ständig boten sie uns etwas zu essen an, aber Mutter achtete darauf, dass wir nach dem langen Hungern nicht zu viel zu uns nahmen. Auch dafür können wir ihr dankbar sein, denn einige Menschen starben oder erkrankten ernsthaft daran, dass sie zu schnell große Mengen Nahrung zu sich nahmen – ihre Körper vertrugen es einfach nicht mehr. Dank Mutters Umsicht gewöhnten wir uns langsam und ohne größere Probleme wieder an regelmäßige Mahlzeiten.

»Wissen Sie eigentlich, wie viel Glück Sie gehabt haben?«, fragte uns der Leutnant, an dessen Namen ich mich gern erinnern würde, aber ich war damals so krank, und inzwischen ist es zu lange her. »Nach unseren Informationen hatten die Deutschen geplant, Sie alle vor der Befreiung umzubringen, damit es keine Zeugen für die Vorgänge im Lager gibt. Ein, zwei Tage später, und Sie wären alle tot gewesen.«

Bei dieser Vorstellung fing ich an zu zittern. Noch am Tag vor der Befreiung hatte die Kapelle gespielt, während etliche Insassen erhängt oder erschossen wurden. Trotzdem stand uns die schrecklichste Enthüllung über Mauthausen noch bevor: Erst nach der Befreiung erfuhren wir, dass unzählige Juden im Lager vergast und im Krematorium eingeäschert worden waren. Mauthausen war das zentrale Vernichtungslager von Österreich, in dem zwischen 1938 und Mai 1945 195 000 Menschen beiderlei Geschlechts inhaftiert waren. Bei der Befreiung waren nur noch 64 000 Personen am Leben, die übrigen waren gestorben oder getötet worden. Ich hatte nicht gedacht, dass mich nach allem, was ich bis dahin erlebt hatte, noch irgendetwas schockieren konnte, aber als ich von dieser unmenschlichen Massenvernichtung erfuhr, fühlte ich mich noch schwächer als zuvor.

Dem Leutnant war das Entsetzen in meinem Gesicht nicht entgangen. Er versucht mich mit einem Lächeln zu trösten. »Glauben Sie mir, in ein paar Wochen werden Sie wieder ein normales Leben führen und, wenn Sie möchten, in Ihre Heimat zurückkehren können.«

Leider hatte er Unrecht, aber das ahnten wir damals noch nicht.

Die meisten Soldaten brachten uns sehr viel Mitgefühl entgegen, vielleicht, weil wir als nahezu vollständige Familie überlebt hatten. Da ich krank war, verlegten sie uns in eine der beheizten Baracken, die von der SS bewohnt worden waren. Wir bekamen Decken, Lebensmittel und, was das Wichtigste war, wir durften hoffen, obwohl Mutter daran zweifelte, dass wir ihren Vater und ihre Geschwister je lebend wiedersehen würden.

Zur Entlausung besprühten die Amerikaner uns mit DDT. Ich habe mich seit damals oft gefragt, ob an den Krebserkrankungen und den anderen schweren Krankheiten, unter denen manche Überlebende zu leiden haben, nicht die Behandlung mit diesem Mittel schuld ist.

Jetzt, da Mutter uns in Sicherheit wusste, erlaubte sie sich, selbst krank zu werden. Ausgezehrt, erschöpft und ausgetrocknet wurde auch sie von Typhus befallen, aber diesmal gab es Medizin und tatkräftige Hilfe statt Bestrafungen.

Eine Woche später erfuhren wir, dass alle Juden von Zeteny in Todeslager transportiert worden waren. Wir weinten um unseren geliebten Großvater und die Onkel und Tanten, die man umgebracht hatte, nur weil sie Juden waren. Budapest war am 5. Januar von den Russen befreit worden, wenn man das so nennen konnte. Die Russen waren auf ihre Weise ebenso brutal wie die Deutschen. Was die Deutschen nicht geplündert hatten, raubten die Russen. Und sie vergewaltigten viele Frauen, wobei es ihnen gleichgültig war, ob es sich um Nonnen oder jüdische Mädchen handelte. Sie vergriffen sich an allen und machten weder vor Greisinnen noch vor Kindern halt. Nach diesen Berichten waren wir einerseits froh, dass wir von den Amerikanern befreit worden waren, andererseits machten wir uns große Sorgen um all jene, die in Budapest geblieben waren. Als man mir erzählte, dass die Russen sämtliche jungen Männer verhafteten und nach Sibirien schickten, war ich untröstlich. Sollte Richie den Naziterror nur überlebt haben, um dann von den Russen verhaftet und getötet zu werden?

Ich schrieb ihm einen Brief, erhielt aber nie eine Antwort. Obwohl es uns inzwischen wieder besser ging, wuchs meine Verzweiflung. Was sollte ich mit einer Zukunft ohne Richie?

Die Soldaten, die davon redeten, dass sich das Leben für uns bald normalisieren würde, hatten keine Ahnung, welchen Schaden der Naziterror in uns angerichtet hatte. All die schrecklichen Ereignisse kehrten jahrelang, Nacht für Nacht in meinen Albträumen wieder und suchen mich auch heute noch gelegentlich heim. Ich sehe Violet und ihre Schwester im eigenen Blut am Straßenrand liegen, ich sehe Vater zum Abschied winken und für immer verschwinden und ich sehe Großvater, das geliebte Familienoberhaupt, würdevoll in den Tod schreiten, ohne dass er irgendein

Mitglied seiner Familie retten konnte. Unzählige Nächte weinte ich bittere Tränen. Man hatte unser Leben zerstört. Konnten wir aus den Überresten etwas bergen, das den Neuanfang lohnte? Ich glaubte, es nur mit Richies Hilfe schaffen zu können.

Die Zeit im befreiten Lager verging mit Befragungen und der Dokumentation der einzelnen Schicksale. Nach einigen Wochen war ich zum Glück wieder auf den Beinen und fiel niemandem mehr zur Last. Man hatte sich vorbildlich um mich gekümmert und mit Medizin, Milch und Brot versorgt – Dinge, die wir monatelang entbehren mussten. Langsam erholten wir uns und jeden Tag ging ich mit Mutter spazieren, damit wir wieder zu Kräften kamen. Nach all den Strapazen machten wir nur langsam Fortschritte. Larry war so klein und dünn, dass Mutter befürchtete, die Entbehrungen und der Hunger hätten ihm einen dauerhaften Schaden zugefügt.

Mit meinen Geschwistern ging ich zu der Straße, die vom Dorf zum Lager heraufführte. Ich erinnerte mich gut, dass ich diesen Weg vor Monaten ohne Roses Hilfe nicht geschafft hätte.

»Weißt du eigentlich, wie sehr du mir damals geholfen hast? Ohne dich hätte ich diesen Berg nie geschafft. Wenn du mich nicht hochgezogen und mir ständig Mut zugesprochen hättest, wäre ich stehen geblieben, und dann hätten sie mich getötet.«

Roses Augen füllten sich mit Tränen und wir umarmten und küssten uns.

»Papa wäre so stolz auf dich gewesen«, flüsterte ich ihr ins Ohr, während wir uns fest umschlungen hielten.

Die ganze Zeit über nahmen wir uns immer wieder in den Arm und versicherten uns, dass wir wirklich am Leben und frei waren. So viel hatten wir mitmachen müssen und nur um Haaresbreite überlebt!

»Weißt du, ich kann mich an meine Tage im Lazarett gar nicht erinnern«, sagte ich auf einem unserer Rundgänge durchs Lager zu Rose. »Ich weiß nur, was Mutter mir erzählt hat, und das war sehr wenig.«

Rose nickte und nahm meine Hand. »Sie wollte dich nicht damit erschrecken, wie krank du wirklich warst. Sie hat mir erzählt, dass du sehr hohes Fieber und fast ununterbrochen Durchfall hattest, sodass es sehr schwer war, dir etwas zu essen zu geben. Die Entzündung an deinen Füßen war so schlimm, dass sie Angst hatte, du würdest allein daran schon sterben.«

Ich zitterte und preßte Roses Hand. Meine Augen schwammen in Tränen.

»Du hast unglaubliches Glück gehabt, dass du noch lebst«, sagte Rose sanft.

Und genauso fühlte ich mich auch. Dann dachte ich an Richie. Ohne die Hoffnung ihn wiederzusehen, hätte ich viele Male aufgeben. Jetzt wollte ich unbedingt herausfinden, ob er noch am Leben war.

Einige türkische und jugoslawische ehemalige Leidensgenossen waren ungeheuer wütend und ließen sich zu waghalsigen Aktionen hinreißen. Gegen alle Vorschriften gingen sie in den Ort und verlangten von den österreichischen Familien Lebensmittel, Kleidung und Schnaps. Die Einheimischen hatten keine Wahl, als mit dem Gewünschten herauszurücken, aber sie beschwerten sich bei den Amerikanern. Andere Männer waren so aufgebracht, dass sie in der Stadt jeden zusammenschlugen, der sie auch nur schräg anschaute. Daraufhin verhängten die Amerikaner schwere Strafen für derartige Übergriffe.

Als sie die Daten aller Überlebenden aufgenommen

hatte, bereitete die Armee unsere Verlegung vor. Das neue Lager, Kleinmünchen, war ziemlich weit entfernt, aber natürlich mussten wir nicht dorthin marschieren. Auf Lastwagen wurden wir zum Bahnhof gefahren, wo offene Waggons für uns bereitstanden. Die Fahrt werde ich nie vergessen. Es war ein herrlicher, warmer Frühlingstag und die Sonne schien. Rose und ich ergatterten einen Platz am Rand, ließen die Beine im Wind baumeln und genossen die sanfte Brise an den Füßen. Es wurde viel gesungen und die Felder waren eine wogende Farbensymphonie aus leuchtend rotem Klatschmohn, tiefblauen Kornblumen und kecken weißen Gänseblümchen.

»Sieh mal«, rief ich Mutter zu und zeigte auf das Blumenfeld, »sind sie nicht schön?«

Mutter nickte lächelnd. »Die rotweißblauen Blumen feiern unsere Befreiung von den Deutschen mit den Farben der amerikanischen Flagge. Die Amerikaner haben viel für uns getan, aber wir sollten darüber nicht vergessen, Gott für unsere Freiheit zu danken.«

Ich war mir nicht sicher, ob ich Gott danken wollte, denn so wie ich es sah, hatte er zugelassen, dass wir in diese gefährliche Situation geraten waren. Bei den Amerikanern war das etwas anderes. Wir liebten sie. Ihre freundliche Großzügigkeit war nach all den Grausamkeiten wie Balsam für unser Wunden und ihre Lebensmittel hatten uns wieder hochgepäppelt. Zum Glück hatte ich seit Wochen in keinen Spiegel gesehen, sodass mir der Anblick meines von Krankheit und Hunger gezeichneten Gesichts erspart blieb. Sobald ich mich besser fühlte, wollte ich wieder hübsch aussehen und meine gute Figur zurückbekommen. Also aß ich alles, was die Amerikaner uns anboten. Nicht mal vor den Dosen mit dickflüssiger Kondensmilch machte ich Halt, um Gewicht zuzulegen. Erst als ich davon Magenkrämpfe bekam, verzichtete ich darauf.

Kleinmünchen war ein Lager mit etwa fünfhundert Zelten. Für uns bedeutete es den Beginn eines besseren Lebens. Zum einen waren wir nur zu zehnt im Zelt. Der Luxus, nach der langen Zeit wieder so etwas wie eine Privatsphäre zu haben, war geradezu berauschend. Und zum ersten Mal seit Ewigkeiten schliefen wir nicht mehr auf dem harten Boden, sondern in einem Bett – wenn es auch nur ein Feldbett war. Die Armee stattete uns mit Kissen und Decken aus, aber Mutter wollte sich um keinen Preis von der Decke trennen, die sie auf dem Fußmarsch durch Ungarn und Österreich dabei gehabt hatte.

»Die ist doch total verlaust«, protestierte der Armee-Sergeant.

»Ist mir egal«, stellte sich Mutter stur. »Diese Decke war die ganze Zeit ein zuverlässiger Schutz für uns. Läuse kann man entfernen.«

Der Sergeant seufzte, beugte sich aber Mutters Eigensinn, ließ die Decke schließlich mit DDT besprühen und vor dem Zelt lüften. Danach wusch Mutter sie am Fluss und behandelte sie noch einmal mit DDT.

Die Decke war nicht das einzige, von dem wir uns nicht trennen konnten. In der Beziehung waren alle Überlebenden gleich. So lange Zeit hatten wir auf alles verzichten müssen, ohne zu wissen, wann wir das nächste Mal etwas bekamen, dass wir jetzt nahezu alles horteten – Bleistiftstummel, Papierschnipsel, Zigarettenkippen, ausrangierte Stofffetzen, Brot, Schokoladenriegel, Äpfel. Unsere Taschen waren voller Schätze. Noch immer hatten wir die irrationale Angst, dass man uns in ein Konzentrationslager zurückschicken würde. Also versteckten wir alles, weil wir es später vielleicht dringend gebrauchen konnten. Einen rationalen Grund dafür gab es nicht.

Für das wiedergewonnene Leben nach dem Kriegsende gab Mutter eine neue Parole aus.

»Wir müssen unsere Zukunft planen«, teilte sie uns mit, während wir unsere neue Bleibe einrichteten. »Wir müssen uns entscheiden, wo und wie wir leben wollen. Zunächst müßt ihr alle die Schule beenden, damit ihr bald auf eigenen Füßen stehen könnt.« Sie seufzte und faltete die Hände im Schoß. »Und wir müssen in Erfahrung bringen, ob außer meinen Schwestern in Amerika noch jemand von unserer Familie überlebt hat.«

»Ich muss Richie finden«, sagte ich, wie immer, wenn wir von der Zukunft sprachen.

Mutter nickte lächelnd. Ich nahm meine Suche gleich in Kleinmünchen wieder auf, ging von Zelt zu Zelt, hielt nach Richie Ausschau und fragte sämtliche Leute, die ich traf, ob sie ihn kannten oder ob sie wussten, was mit ihm und seiner Mutter passiert war. Niemand konnte mir helfen.

Kleinmünchen hatte eine Lagerküche, die für die Versorgung aller Insassen zuständig war. Mutter meldete sich unverzüglich als Köchin, aber die Amerikaner hatten eigene Köche und wollten nicht, dass sie so viel arbeitete. Doch als Hilfskraft war sie gern gesehen.

Es gab zahlreiche Ärzte, die sich um all unsere Beschwerden kümmerten. Auch das Rote Kreuz hatte viele Freiwillige zum Hilfseinsatz geschickt. Waschräume gab es nicht, aber zumindest saubere, mobile Toilettenhäuschen, in denen man seine Bedürfnisse unter menschenwürdigen Verhältnissen allein und hygienisch verrichten konnte. Da es keine Badehäuser oder Duschen gab, teilten wir das Zelt in einen Schlafbereich und einen sanitären Bereich, in dem wir uns mit Hilfe von Schüsseln ausgiebig waschen konnten. Nach den vielen Monaten im Dreck kamen uns diese Bedingungen wie der reinste Luxus vor. Noch immer hatten wir mit den Läusen zu kämpfen, die sich scheinbar an uns gewöhnt hatten und sich hartnäckig weigerten zu verschwinden.

Schließlich rangen wir uns dazu durch, unsere alten Kleider zu vernichten, da sie sich als Brutstätten unserer ungeliebten Gäste herausstellten. In einer Art rituellem Akt übergaben wir diese Zeugen und ständigen Begleiter unserer Gefangenschaft den Flammen. Die neuen Kleider, die wir erhielten, waren nichts Besonderes, aber uns bedeuteten sie sehr viel. Sie waren sauber, sie gehörten uns und niemand würde sie uns wegnehmen. Die Kleidung wurde in Bündeln geliefert, die an eine Heuernte denken ließen. Sie stammte aus amerikanischen Sammlungen und wurde per Schiff für die Flüchtlinge nach Deutschland transportiert. Normalerweise hätten wir uns bei der Ausgabe anstellen müssen, aber ich hatte über Beziehungen dafür gesorgt, dass wir ganz vorn in der Schlange standen.

In einem graukarierten, ausgestellten Rock, der mir bis zu den Knien ging, einer weichen, cremefarbenen Bluse und einem grauen Strickpulli fühlte ich mich richtig wohl. Das Schuhproblem war schwieriger zu lösen, da meine Füße noch so wund waren, dass ich sie ständig wickeln musste. Schließlich fand ich ein Paar Schuhe mit flachen Absätzen, das mir eigentlich zwei Nummern zu groß war, mit den Bandagen und dicken Socken aber gut passte. Als ich in einen Spiegel schaute, kamen mir die Tränen. Seit einer Ewigkeit sah ich zum ersten Mal wieder wie ein hübsches Mädchen aus, das Haar schulterlang und glänzend, das Gesicht rosig und frisch gewaschen. Wenn Richie mich doch sehen könnte! Ich drehte mich vor dem Spiegel, um zu sehen, wie sich der Rock um meine Beine bauschte. Bald, das schwor ich mir, würden wir uns wiederfinden.

Einerseits trauerte ich um Richie, andererseits verspürte ich einen aufkeimenden Lebenshunger nach all den Dingen, auf die ich so lange hatte verzichten müssen. Wir freundeten uns mit einem ungarischstämmigen amerikanischen Soldaten an, allerdings erst, nachdem Mutters anfängliche Zweifel an seinen lauteren Absichten zerstreut waren.

»Du weißt, was Violet passiert ist«, flüsterte sie mir ins Ohr, während ich mich mit dem Mann unterhielt.

Aber damals hatten wir uns schließlich in einer völlig anderen Lage befunden. Dieser freundliche, offenherzige amerikanische Junge war weit weg von zu Hause und versuchte einfach nur nett zu sein. Er versorgte uns mit Schokolade, zusätzlichen Lebensmittelrationen und brachte mir Englisch bei. Da ich mit einer ungarischen Mutter und einem tschechischen Vater aufgewachsen war und Deutsch in Ungarn als Erbe des österreichischungarischen Reichs immer noch »Amtssprache« war, hatte ich ein gutes Ohr für Fremdsprachen.

Englisch war die Sprache der Zukunft, da war ich mir sicher, und ich wollte es lernen.

»Rede bitte nur englisch mit mir«, bat ich den jungen Soldaten, der so freundlich war, meinem Wunsch zu entsprechen, obwohl es ziemlich langweilig für ihn gewesen sein muss. Immerhin hatte ich in der Schule genug Englisch gelernt, um die täglichen Durchsagen aus dem Englischen ins Ungarische übersetzen zu können. Außerdem lernte ich schnell.

Den Brief an Tante Rose in Amerika schrieb er für uns und damit nahm er schließlich auch Mutter für sich ein.

»Da gibt es doch tatsächlich einen Nichtjuden, der aus Ungarn stammt und uns hilft, obwohl wir Juden sind«, sagte sie eines Abends vor dem Nachtgebet. »Ich werde Gott dafür danken, dass er ihn uns als Zeichen gesandt hat, dass nicht alle Ungarn unsern Hass verdienen.«

Um Sonderzulagen zu erhalten, meldete ich mich für alles Mögliche freiwillig. Für eine eigene Decke wusch ich die Socken der Soldaten. Ich sammelte Dosen mit Fruchtsaft, und obwohl mir Pampelmusensaft zu bitter war, bat ich immer wieder darum, weil ich wusste, dass er gesund war. Auch Erdnussbutter und Kekse nahm ich jederzeit gern. Da die Soldaten mich nett fanden, bekam ich meistens, was ich wollte. Nachdem wir jahrelang gehungert hatten, besaßen wir nun mehr Lebensmittel, als wir verbrauchen konnten, und fühlten uns dabei wie die Könige. Bis auf den heutigen Tag kann ich keine Lebensmittel wegwerfen. Selbst wenn ein Stück Brot auf den Boden fällt, segne ich es, wie Mutter es uns gelehrt hat, und esse es auf. Es ist mir einfach unmöglich, etwas zum Müll zu geben, das einmal so wertvoll für uns gewesen ist. Das Gefühl, vor Hunger zu verzweifeln, werde ich nie vergessen.

Aber Mutter hatte Recht. Wir hatten uns um unsere Zukunft zu kümmern. Als die Amerikaner uns fragten, ob wir nach Ungarn zurückwollten, lehnte Mutter sofort entschieden ab. Die Nachrichten aus dem Osten verhießen nichts Gutes. Außerdem waren die Erinnerungen an unsere ungarischen Mitbürger nicht gerade die besten. Die Pfeilkreuzler hatten uns mindestens genauso gequält wie die Deutschen. Trotzdem wollte ich wenigstens für kurze Zeit nach Budapest, um nach Richie, Vater, Großvater und meinen Tanten zu forschen. Vielleicht hatten sie das Konzentrationslager ja überlebt. Aber Mutter hielt dies für zu riskant. Die Verhältnisse in Europa waren, gelinde gesagt, chaotisch, und den Russen, die Ungarn besetzt hatten, traute sie nicht über den Weg.

»Womöglich kommen wir dann nie mehr dort heraus«, sagte Mutter. »Außerdem können wir nach Amerika fahren, da Tante Rose und Tante Lina bereits drüben sind und uns sicher helfen werden. In Ungarn haben wir niemanden, wenn unsere Familienangehörigen verschollen bleiben.«

Ich war verzweifelt. Wie sollte ich Richie finden, wenn ich nicht nach Budapest durfte? »Und wenn ich allein zurückfahre?« Die Frage hätte ich mir sparen können. Mutter hätte ihrer siebzehnjährigen Tochter, deren gute Figur langsam wieder sichtbar wurde, nie erlaubt, allein durch Europa und dann noch in den von Russen beherrschten Teil zu reisen.

»Wir müssen weiterziehen, Kleines«, sagte sie zärtlich. »Du kannst ja über das Rote Kreuz nach Richie suchen lassen.«

Ich nickte, wandte mich aber schnell zur Seite, um meine Tränen zu verbergen. Würde ich die Liebe meines Lebens je wiedersehen?

Nur die Zeit konnte mir eine Antwort darauf geben.

Kapitel 16

Nach einigen Wochen im provisorischen Lager Kleinmünchen sollten wir in ein anderes Lager einquartiert werden, wo wir bleiben konnten, bis wir Klarheit über unsere weitere Zukunft gewonnen hatten. Mutter hoffte inbrünstig, dass es uns gelingen würde, nach Amerika auszuwandern. Mir widerstrebte der Gedanke, Europa zu verlassen, ohne zu wissen, was aus Richie geworden war.

Drei Tage vor dem Umzug erfuhren wir, dass wir nach Wetzlar verlegt werden würden. Ich hatte von diesem Städtchen noch nie etwas gehört. Unsere Zeltnachbarn wussten immerhin, dass dort die berühmten Leica-Kameras gebaut wurden. Wir hatten inzwischen einige Freundschaften mit anderen Deportierten geschlossen, aber jetzt trennten sich unsere Wege wieder, da wir verschiedenen Dauerlagern zugeteilt wurden. Zum Abschied wünschten wir uns gegenseitig Glück und Gesundheit und versprachen, uns zu schreiben, sobald wir die neuen Adressen kannten. Dass nach dem Krieg im Postwesen chaotische Zustände herrschten und Briefe oft wochenlang unterwegs waren, kam uns nicht in den Sinn.

Es war der erste Juli 1945, zwei Monate nach unserer Befreiung, und wieder wurden wir in Viehwaggons verladen. Zum Glück waren die Amerikaner einfühlsam genug, die Türen offen zu lassen. Alle machten sich Gedanken darüber, wohin diese Reise letzten Endes gehen sollte. Die Armee hatte uns noch einmal bestätigt, dass wir nach Budapest zurückkehren dürften, aber Mutter wollte davon nichts wissen. Der Zug fuhr langsam und hielt an jeder kleinen Station. Die Deutschen starrten uns neugierig an, und wir stierten hasserfüllt zurück. Einige von uns schrien sie sogar an. »Was glotzt ihr so? Habt ihr noch nicht genug gesehen?« Vermutlich war es gut, dass die Deutschen die Sprachen, in denen sie beschimpft wurden, nicht verstanden.

Die Fahrt nach Wetzlar dauerte zwei Tage und drei Nächte. Wieder einmal mussten wir den langen Weg vom Bahnhof zum Lager zu Fuß zurücklegen. Inzwischen hatte ich so viel laufen müssen, dass ich bis an meine Lebensende die Nase davon voll hatte. Unser neues Heim stellte sich als eine ehemalige deutsche Kaserne heraus. Man wies uns einen Raum im dritten Stock zu, den wir uns zu zwölft teilen mussten. Dazu hatte man ihn in Drittel aufgeteilt. Wir bezogen das erste Drittel, neben uns teilten sich vier Männer das zweite Drittel und im letzten Drittel zog ein Mann mit seiner Frau und ihren beiden Schwestern ein. In jedem abgeteilten »Zimmer« standen vier Feldbetten, jeweils mit Kopfkissen und Decke, und eine Kiste für unsere Sachen. Es war nicht gerade ein trautes Heim, aber zumindest mussten wir nicht mehr im Zelt schlafen.

Die Anlage selbst war ziemlich groß, mit eigener Küche, Bäckerei, einem Speisesaal und sogar einer eigenen Post.

Zum Glück fanden wir nach unserer Ankunft alle schnell Arbeit. In Kleinmünchen war die Langeweile unser größtes Problem gewesen. Die Tage hatten sich endlos hingezogen. Jetzt hatten wir Arbeit und damit auch wieder einen Sinn im Leben. Rose arbeitete bei der Post und ich wurde Major Daniel, dem Kommandeur dieses Teils von Deutschland, zugeteilt, der sich als einer der freundlichsten Menschen herausstellte, die ich je kennengelernt habe. Seine Frau und er kümmerten sich rührend um meine Familie. Ich war als Major Daniels Dolmetscherin angestellt und begleitete ihn in die umliegenden Lager, um ihm bei den Gesprächen mit den Flüchtlingen zu helfen. Für mich war dies ein Geschenk des Himmels, denn es bedeutete, dass ich in jedem Camp nach Richie suchen konnte. Dokumente waren nur selten vorhanden und gaben nicht viel her. Millionen von Menschen zogen ohne Ausweise oder sonstige Papiere heimatlos durch Europa. Damals gab es noch nicht einmal elektrische Schreibmaschinen, sodass die Akten entweder aus abgetippten Listen oder aus handschriftlichen Notizen auf Karteikarten bestanden. In jedem Lager musste ich also sämtliche Karten und Listen einzeln durchgehen, um nach Richies Namen zu suchen.

Ich begleitete Major Daniel zu den Auffanglagern in Fulda und Würzburg, ohne eine Spur von Richie zu finden, aber immerhin sah ich, dass einige junge Männer überlebt hatten. Vielleicht gehörte Richie auch dazu.

Als ich von der Reise heimkam, legte ich mich ins Bett und weinte mich in den Schlaf. Mutter fragte schon nicht mehr, sie kannte den Grund. Auch sie kannte den Schmerz, den geliebten Mann zu verlieren, aber sie war wesentlich stärker als ich. Das Schlimme war, dass ich in jeder freien Minute an die gemeinsame Zeit mit ihm denken musste. Ich aß, schlief, arbeitete, aber das Interesse an meinen Mitmenschen hatte ich verloren. Klatschgeschichten hasste ich und hielt sie für vollkommen überflüssig. Auch von irgendwelchen Jugendaktivitäten oder Tanzveranstaltungen hielt ich mich fern. Am liebsten war mir, wenn man mich in Ruhe ließ.

Die Suche nach Richie ging weiter. Nach etwa sechs Monaten fand ich plötzlich seinen Namen auf der Liste des Lagers in Kassel. Mir wurde schwindelig. Da stand sein Name, gut leserlich geschrieben: Richie Kovacs, Alter zwanzig, tot. Der Name und dieses »tot« verschwammen vor meinen Augen, die Beine knickten unter mir weg. Das nächste, woran ich mich erinnere, ist, dass ich in einem Büro auf einem Polstersessel saß und Major Daniel mich besorgt musterte.

»Geht es wieder?«, fragte er.

Ich blinzelte, versuchte, mir ins Gedächtnis zu rufen, was passiert war. Dann sah ich wieder Richies Namen und das Wort »tot« vor mir. Ich schloss die Augen. »Ich muss ohnmächtig geworden sein.«

Major Daniel sah mich nachdenklich an. »Hast du seinen Namen auf der Liste gefunden?«

Ich nickte und kaute auf der Unterlippe, um nicht zu weinen.

»Freust du dich denn nicht? Schließlich hast du ihn gefunden«, sagte er verwirrt.

Ich schüttelte den Kopf. »Auf der Liste steht, dass er tot ist.« Ich erkannte meine eigene Stimme nicht wieder.

Eine Weile lang sah mich der Major schweigend an. »Das kann stimmen, aber es könnte sich auch um einen anderen Richie Kovacs handeln. So selten ist der Name nicht. Du solltest noch nicht aufgeben, Kleines, aber falsche Hoffnungen darfst du dir auch nicht machen.«

Ich versuchte zu lächeln. Er meinte es gut. Aber vor meinen Augen tanzten lauter Bilder von meinem geliebten Richie, der irgendwo in der Lache seines eigenen Blutes oder auf einem Haufen lebloser, nackter

Körper lag. Ich zitterte und versuchte, meine Gedanken im Zaum zu halten. Diese Bilder machten mich wahnsinnig, ich musste sie irgendwie loswerden. Der Major hatte Recht. Vielleicht war es ein Irrtum oder ein Missverständnis. Auch ich hatte entgegen jeder Wahrscheinlichkeit den Krieg überlebt. Warum nicht auch Richie? Ich würde nicht aufgeben, nicht schon so früh. Ich wollte weitersuchen.

Von diesem Tag an hatte ich das Gefühl, alles nur noch rein mechanisch zu tun. Wenn Mutter mich dazu aufforderte, ging ich zu Jugendveranstaltungen, schloss sogar Freundschaften, zum Beispiel mit einem lustigen und charmanten Mann namens Fery, einem Überlebenden, der bis auf seine Schwester alle Verwandten verloren hatte. Aber innerlich war ich völlig taub. Ich hatte jegliche Freude verloren.

Das Leben in Wetzlar hatte sich inzwischen eingespielt. Noch immer besaßen wir kein eigenes Bad, keine eigene Dusche, aber mit Hilfe von großen Schüsseln konnten wir uns wenigstens ausgiebig und gründlich waschen. Rose, Larry und ich nahmen langsam zu, doch das Konzentrationslager sah man uns trotzdem noch an. Mutter war sehr dürr, aber ihre Energie hatte sie nicht verloren. Sie wusch unsere Kleider und hängte sie vor dem Fenster zum Trocknen auf. Wir schliefen in sauberen Betten. Zwar hatten wir nur je einen Satz Bettbezüge, aber da die Wäsche in der Sommersonne schnell trocknete, war das kein Problem. Und wir hofften, im Winter bereits in den Vereinigten Staaten zu sein.

Den Amerikanern ging allmählich auf, wie sehr wir durch unsere Erlebnisse traumatisiert worden waren, und richteten schon im Vertriebenenlager Gruppentherapien und Beratungsstellen für die Überlebenden ein, wofür wir ihnen sehr dankbar waren. Sie versuchten, uns zu helfen, einen Weg aus dem Albtraum zu finden, der seit Jahren unsere Lebensenergie aufzehrte. Was die Menschen sich in den Therapiesitzungen erzählten, war herzzerreißend. In Anbetracht der vielen Überlebenden, die ihre gesamte Familie verloren hatten, konnten wir uns noch glücklich schätzen. Da waren wir im Todeslager Mauthausen gewesen und hatten nicht einmal gewusst, wie knapp wir den Gaskammern und dem Krematorium entronnen waren! Bis auf Vater war unsere Familie zusammengeblieben und vielleicht kam auch er eines Tages zurück.

Aber nicht alle Geschichten waren traurig, manchmal gab es auch etwas zu lachen. Zum Beispiel die Geschichte einer rumänischen Familie – Vater, Mutter, Großmutter und ein paar Kinder –, die von den Nazis zur Deportation zufällig zusammen mit einer Liliputanertruppe in einen Viehwaggon gesperrt wurden. Auf der Fahrt von Rumänien nach Polen ins Vernichtungslager Auschwitz freundete sich die Familie mit den Liliputanern an. Als sie zum Verlassen des überfüllten Waggons aufgefordert wurden, half einer der Liliputaner der Großmutter mit den Worten: »Stütz dich bei mir ab, Baba.« Baba ist das polnische Wort für Großmutter.

Zufällig stand der grausame Nazi-Arzt Josef Mengele dabei und staunte nicht schlecht, als er einen Liliputaner seiner vermeintlichen Großmutter aus dem Waggon helfen sah, die offensichtlich eine vollkommen normale Frau war. »Seid ihr verwandt?«, fragte er.

Der Vater der Gruppe antwortete geistesgegenwärtig: »Ja, wir gehören alle zu einer Familie.«

Mengele hob die Augenbrauen. »Ich habe noch nie eine Familie gesehen, bei der die einen normal und die anderen Liliputaner sind. Was mag das für eine genetische Spielart sein?«

Natürlich konnte ihm niemand diese Frage beantworten. Er veranlaßte die Wache, alle Familienmitglieder in einem gesonderten Trakt unterzubringen, wo sie den Rest des Krieges gut versorgt und in Sicherheit verbrachten, während die Nazis ihnen ständig Blutproben entnahmen und versuchten, diesem Rätsel der Natur auf die Spur zu kommen. Es gab so wenige Geschichten von Menschen, denen es gelungen war zu überleben, indem sie die Nazis an der Nase herumführten, dass wir alle lachen mussten.

Die Monate vergingen. Im Frühling 1946 feierte ich meinen siebzehnten Geburtstag und mein Freund Fery wurde nach Weilheim in ein anderes Lager verlegt. Zum Glück besuchte er öfter seine Schwester, die in Wetzlar geblieben war, sodass wir unsere Freundschaft aufrecht erhalten konnten. Der Sommer kam und ging und mein Englisch wurde besser, obwohl ich es nie perfekt beherrschte. Ich lernte den GI-Slang und war sehr beliebt bei den Soldaten. Aber mit den Gedanken war ich immer noch bei Richie und hoffte, dass der auf der Liste vermerkte Richie Kovacs nicht mit meiner großen Liebe identisch war. Vielleicht hätte ich einfach nur froh sein sollen, mit dem Leben davongekommen zu sein, aber wie sollte ich ohne mein ein und alles weiterleben?

Mutter ärgerte meine Einstellung sehr. Sie hielt es nicht für normal, dass ein junger Mensch wie ich stets zurückschaute und nie nach vorn.

»Du solltest dich was schämen, Kleines«, schimpfte sie eines Tages beim Bettenmachen. »Du solltest dich lieber ein bisschen vergnügen und Gott danken, dass du überlebt hast.«

»Bist du selbst denn glücklich?« Ich funkelte sie streitlustig an.

Mutter sah mich eine Minute lang schweigend an, bevor sie in aller Ruhe antwortete: »Ja, das bin ich. Ich freue mich, dass ich mit meinen Kinder zusammen sein kann und nichts Schlimmes zu befürchten habe. Außerdem müssen wir akzeptieren, dass geschieht, was immer Gott für uns vorgesehen hat, und lernen, unser Leben zu nehmen, wie es ist.«

Ich nickte, aber innerlich begehrte ich dagegen auf. Mit einem Leben ohne Richie konnte ich mich genauso wenig abfinden wie mit einem Gott, der sein »erwähltes Volk« solchen Prüfungen unterzog.

Fery versuchte, mir auf seine Weise zu helfen. Er hoffte, dass ich Richie vergessen würde, wenn ich erst einen anderen kennenlernte. Im Spätsommer schwärmte er mir in einem Brief von einem jungen Mann vor, mit dem er sich in Weilheim angefreundet hatte und der sich seinen Sinn für Humor bewahrt habe, obwohl er seine gesamte Familie in Auschwitz verloren hatte. Fery bat mich, ihn in Weilheim zu besuchen, damit er mir diesen Burschen namens Otto Schimmel einmal vorstellen könne. Außerdem sollte ich ihm ein Bild von mir schicken, das er Otto zeigen wolle. Er habe ihm schon so viel von mir erzählt.

Ich schickte ein Foto und vergaß die ganze Sache.

Die Antwort meiner Tanten in New York ließ einige Monate auf sich warten. Als ihr Brief schließlich kam, wollten sie wissen, was aus Großvater und seiner Familie geworden war, aber darüber konnten wir ihnen keine Auskunft geben. Immerhin erfuhren wir, dass Mutters jüngste Schwester Sari, die man zusammen mit Großvater und seiner Familie deportiert hatte, am Leben geblieben war. Zur Zeit war sie zur Erholung in Schweden und hatte über das Rote Kreuz Kontakt zu meinen Tanten aufgenommen, die daraufhin alles für Saris Übersiedlung nach Amerika vorbereitet hatten. Mutter schrieb ihr und sie antwortete mit einem langen Brief, in dem sie ausführlich die unvorstellbar schrecklichen Qualen beschrieb, die Großvater und der Rest unserer Familie zu erleiden hatten. Mutter weinte so bitterlich, dass ich schon fürchtete, sie würde Gott doch noch dafür verfluchen, was er unseren Verwandten angetan hatte. Aber sie tat es nicht. Selbst nachdem sie den Brief mehrmals gelesen hatte, sprach sie wie üblich ihre Gebete.

Der Brief ließ mich nicht los. Quälende Schmerzen der Trauer mischten sich in mir mit einer irrsinnigen Wut, als ich Saris Worte las.

Sie hatten alle Juden des kleinen Dorfs Zeteny über die Hauptstraße abgeführt, vorbei an den nichtjüdischen Nachbarn, mit denen sie seit Generationen zusammenlebten, von denen aber keiner sich den Soldaten in den Weg stellte. Sie mussten bis ins Nachbardorf marschieren, wo es eine Bahnstation gab. Dort wurden sie zusammen mit den Juden aus den umliegenden Dörfern in einen geschlossenen Viehwaggon gepfercht. Eine meiner Tanten war im achten Monat schwanger. Nachdem man ihren Mann einige Monate zuvor zur Zwangsarbeit eingezogen hatte, war sie zu meinem Großvater gezogen. Dann gab es noch meine andere Tante, schon älter und allein stehend, und die erst achtzehnjährige Sari.

Meine schwangere Tante war sehr durstig und es ging ihr nicht gut. Als der Zug irgendwo hielt, öffneten die Deutschen die Waggontür, und jemand reichte

Wasser herein. Meine Tante bat um mehr, doch niemand reagierte. Die Türen wurden wieder geschlossen. Sie fing laut an zu weinen und bettelte um Wasser. Ein deutscher Wachposten öffnete die Tür und schrie sie an, Ruhe zu geben, aber sie gehorchte nicht. Der Deutsche nahm sein Bajonett und stach meiner Tante in den Bauch. Sie und das ungeborene Kind starben. Dann schlossen die Wachposten die Tür und ließen den toten Körper einfach in dem überfüllten Viehwagen liegen. Großvater beugte sich über die Tante, sprach die Totengebete und weinte laut vor Kummer. Gleichzeitig versuchte er, meine beiden anderen Tanten zu trösten, die ein namenloses Entsetzen ergriffen hatte. Stundenlang fuhren sie in dem Viehwaggon, während der Leichnam meiner Tante durch die Hitze bereits zu verwesen begann und einen so entsetzlichen Geruch verbreitete, dass man kaum noch atmen konnte. Und sie war nicht die einzige Tote. Erst an einer der folgenden Stationen holten die Soldaten die Leichen aus dem Waggon.

In Auschwitz erwartete sie der nächste herzzerreißende Augenblick, als die ältere Tante mit meinem Großvater nach links und Sari nach rechts geschickt wurde. Sari wollte bei ihrem Vater und ihrer Schwester bleiben, aber die Nazis hätten sie auf der Stelle erschossen, wenn sie ihren Befehlen nicht gefolgt wäre. In ihrer Baracke erfuhr sie später, dass Vater und Schwester in der Gaskammer ermordet worden waren. Ihr Lebenswille war gebrochen. Aber Gott hatte andere Pläne mit ihr, denn sie überlebte, nachdem man sie nach Bergen-Belsen transportiert hatte und sie dort von den Alliierten befreit wurde. Krank und unterernährt wie sie war, schickte das Rote Kreuz sie zur Erholung nach Schweden, von wo aus sie sich bei meinen Tanten in den Vereinigten Staaten meldete. Sie emigrierte nach New York, lernte Englisch, machte eine Berufsausbildung, heiratete und bekam zwei Kinder. Doch ihr Leben war damals, mit achtzehn Jahren, zerstört worden. In all den Jahren, die ich sie gekannt habe, habe ich sie nicht ein einziges Mal lächeln sehen.

Eins muss ich gestehen: Am Abend, nachdem ich ihren Brief gelesen hatte, verfluchte ich den Gott Abrahams. Wie sehr hatte Großvater ihn verehrt – und wie hat Gott es ihm gedankt? Er hatte ihn verlassen. Doch in der Nacht kamen mir Zweifel. Großvater hätte nicht gewollt, dass ich meinen Glauben verliere. Also versuchte ich, zu Mutters tiefem, einfachem Glauben zurückzufinden, aber es gelang mir nicht. Zumindest damals nicht.

Im selben Monat, im Dezember 1946, fand Mutter heraus, dass auch ihr älterer Bruder Ignatz noch lebte, und zwar bei einer deutschen Familie in Augsburg. Die Freudentränen standen ihr in den Augen, als sie mir sagte, dass sie ihn unbedingt besuchen wolle. Diesen Onkel hatte ich nie kennengelernt, da er in der Tschechoslowakei wohnte, als wir 1938 nach Ungarn flohen. Mutter schrieb ihm die traurige Nachricht vom Tod ihres Vaters und ihrer Schwestern, aber auch, wie froh sie war, dass er überlebt hatte.

Onkel Ignaz war sich selbst gar nicht sicher, ob er froh darüber sein sollte, da er seine Frau und seine Kinder im KZ verloren hatte. Als ich das hörte, beschloss ich, ihn auf der Stelle zu besuchen. Zwar würde ich ihm die Familie nicht ersetzen können, die er verloren hatte, aber vielleicht trug mein Besuch dazu bei, sich weniger allein zu fühlen.

Draußen herrschte eine Eiseskälte, als ich in der

zweiten Dezemberwoche den Zug bestieg. Da Augsburg in der Nähe von Weilheim lag, schrieb ich Fery, dass ich während des Aufenthalts bei meinem Onkel auch zu ihm kommen würde, und bat ihn, mich am Bahnhof abzuholen.

Der Besuch bei Onkel Ignatz berührte mich sehr und war äußerst schmerzhaft. Er war ein zierlicher, dünner Mann, in dessen schmalem Gesicht die erlebten Qualen deutliche Spuren hinterlassen hatten. Er erzählte mir seine Geschichte.

Als die Nazis in die Tschechoslowakei einmarschierten, floh er mit seiner Familie nach Ungarn und wollte in einem kleinen Dorf abwarten, bis der Krieg zu Ende war. Aber die Nazis spürten sie schließlich doch auf und verschleppten sie in das Getto einer nahe gelegenen Stadt. Dort wurden sie im Juni 1944 zusammengetrieben und in einem Viehtransporter nach Auschwitz deportiert. In Auschwitz musste Onkel Ignatz nach rechts gehen, seine Frau und die Töchter mussten nach links. Noch am selben Tag wurden sie in den Gaskammern getötet, wovon Onkel Ignatz zunächst nichts erfuhr. Die ganze Zeit, die er in Auschwitz war, suchte er nach ihnen, ohne sie zu finden oder wenigstens etwas über ihren Verbleib in Erfahrung zu bringen. Von Auschwitz verlegte man ihn nach Dachau, und das Leben wurde ihm zur Hölle. Jeden Tag bekam er Schläge, weil er ein kleiner Mann und den harten Gleisbauarbeiten nicht gewachsen war. Die Arbeit drohte ihn umzubringen. Als ein deutscher Offizier einen Friseur suchte, meldete Onkel Ignatz sich freiwillig, obwohl er noch nie im Leben Haare geschnitten hatte. Er war so nervös, dass ihm die Hände zitterten, als man ihm Schere und Kamm gab. Die Frisur, die er dem Offizier schnitt, misslang, sodass man ihn dafür zusammenschlug. Als er wieder gehen konnte, schickten sie ihn zurück zum Gleisbau. Hätten die Alliierten das Lager nicht kurz darauf befreit, wäre er sicher nicht mit dem Leben davongekommen.

Während er mir seine Geschichte erzählte, nahm ich seine Hand und drückte sie fest. Als er von seiner Frau und den Töchtern sprach, sah ich die Tränen in seinen Augen. Was für Qualen und welchen Verlust er ertragen musste! Eine Welle des Schmerzes schlug über mir zusammen. Was hatte meine Familie alles erleiden müssen und wie viele Mitglieder waren nun tot!

Vor dem Krieg hatte ich Onkel Ignatz nicht gekannt, aber als wir während meines Besuchs gemeinsam das Schicksal unserer Familie beweinten, kamen wir uns sehr nahe. Seltsamerweise hatte er zu den Deutschen, in deren Haus er wohnte, ein gutes Verhältnis, obwohl er all seine Mahlzeiten im Stadthotel einnahm, wo die amerikanische Armee die übrigen Überlebenden einquartiert hatte. Auch ich war im Hotel untergekommen, aber er zeigte mir das Haus, in dem er wohnte – ein typisch bayerisches Haus mit Kruzifixen an den Wänden. Ich versuchte, den Schauder zu unterdrücken, der mich beim Gedanken daran überkam, was diese netten Deutschen den Juden in ganz Europa angetan hatten, aber es gelang mir nicht. Wo nahm mein armer Onkel, der noch viel mehr verloren hatte als ich, nur den Großmut her, diesen Deutschen zu vergeben und seinen Frieden mit Gott zu machen? Ob mir das auch eines Tages gelingen würde?

Zwei Tage später brachte mein Onkel mich zum Bahnhof und als er mich zum Abschied umarmte, weinten wir beide.

In Weilheim stand niemand am Bahnhof, um mich abzuholen. Nachdem ich eine Stunde gewartet hatte, ging ich ins Hotel Bräuwastl, wo die Überlebenden einquartiert waren, und fragte nach Fery, aber er war nicht da. Auch sein Freund Otto war ausgeflogen.

Ich war erschöpft, da Onkel Ignatz und ich uns die ganze Nacht unterhalten hatten, und bat darum, in Ottos Zimmer auf die Freunde warten zu dürfen.

»Habt ihr etwas dagegen, wenn ich mich so lange etwas hinlege?«, fragte ich seine Zimmergenossen.

»Natürlich nicht«, antwortete George, ein netter junger Mann, dessen gesamte Familie von den Nazis ermordet worden war. »Fühl dich wie zu Hause.«

Das tat ich, schlüpfte in meinen Schlafanzug und fiel sofort in Tiefschlaf. Und genauso fand mich Otto, als er eine halbe Stunde später zurückkam. Später erzählte er immer wieder, wie er abwechselnd auf diese junge Frau in seinem Bett und das Foto geschaut hätte, das er von Fery bekommen und sich ans Revers seiner Jacke geheftet hatte. Schließlich wurde ich wach und bemerkte, dass mich jemand anstarrte – ein großer, hübscher Mann mit blonden Haaren und strahlend blauen Augen.

»In Wirklichkeit bist du noch viel schöner«, begrüßte er mich und streckte mir seine Hand entgegen. »Ich bin Otto Schimmel und du bist ganz offensichtlich Kleines.«

»Woher kennst du mich, und wie bist du an mein Foto gekommen?«, fragte ich.

Er lachte. »Schon vergessen, dass du Fery im Frühling ein Foto von dir geschickt hast?«

Ich nickte träge und war so müde, dass ich Mühe hatte, die Augen offen zu halten. »Hast du was dagegen, wenn ich erst noch ein paar Stunden schlafe?«, fragte ich.

»Nicht im Geringsten, schlaf nur«, sagte er mit einem gewinnenden Lächeln.

Ich schlief sofort wieder ein, als hätte mir jemand auf den Schädel geschlagen. Als ich ein paar Stunden später aufwachte, fühlte ich mich unwiderstehlich von der Wanne im Bad nebenan angezogen. Wie lange hatte ich schon kein richtiges Bad mehr genommen! Ich entkleidete mich, ließ Wasser ein und fühlte mich wie im Himmel. Seit die Deutschen Budapest besetzt hatten, war dies mein erstes heißes Bad.

Vor lauter Begeisterung vergaß ich ganz, die Tür abzusperren, und prompt platzte jemand herein. Doch Otto rief ihn zurück und klärte die Situation.

Dann rief er mir zu: »Lass dir Zeit. Ich warte in meinem Zimmer.«

Er war sogar so aufmerksam, nach einiger Zeit an die Tür zu klopfen, um sich zu erkundigen, ob alles in Ordnung sei, da ich schon so lange im Bad war.

»Alles in Ordnung«, rief ich, wusch mir das Haar bestimmt zum zehnten Mal und genoss den Luxus, endlich einmal so viel Wasser zu haben, wie ich wollte.

»Möchtest du vielleicht eine Tasse Tee?«, fragte er.

»Nein, nicht jetzt«, antwortete ich schnell und warf einen prüfenden Blick auf meinen nackten Körper, den der Seifenschaum nur spärlich bedeckte.

Wahrscheinlich wollte er einfach ein guter Gastgeber sein, aber seine Beflissenheit machte mich nervös. Alles, was ich wollte, war, in Ruhe ein zu Bad nehmen.

Als ich schließlich das Badezimmer verließ, war ich vollständig angekleidet und hatte mir ein großes Handtuch um den Kopf gewickelt. Als ich es vor dem Spiegel abnahm und das Haar ausschüttelte, bevor ich es kämmte, fühlte ich mich wunderbar. So sauber waren meine Haare seit Ewigkeiten nicht mehr gewesen.

Otto starrte mich ununterbrochen an.

»Wir sollten lieber im Haus bleiben, bis dein Haar trocken ist.« Er lächelte. »Nicht, dass du dir eine Erkältung holst. Es ist schließlich Dezember.«

Wir unterhielten uns den ganzen Nachmittag und Otto fragte, ob ich ihn am Abend zu einer Tanzveranstaltung begleiten wollte. Einerseits wollte ich endlich wieder ein wenig Freude und Ausgelassenheit in meinem Leben haben, andererseits musste ich erneut an Richie denken, und dass ich eigentlich keine Lust hatte, mit jemand anders zum Tanzen zu gehen. Schließlich rief ich mir jedoch Mutters Worte in Erinnerung, die mich ermahnt hatte, wenigstens hin und wieder unbeschwert in die Zukunft zu schauen. Ich hatte ein schickes Kleid dabei, das ich in den Kleidersendungen aus Amerika gefunden hatte. Es reizte mich schon, mich darin zu präsentieren. Und ein Blick in Ottos Augen genügte, um zu erkennen, wie viel ihm daran lag, dass ich ihn begleitete.

»Na schön, gehen wir.« Ich schenkte Otto ein freundliches Lächeln und freute mich über seine Begeisterung.

Das Abendessen nahmen wir im Speisesaal des Hotels ein, wo Otto mich seinen Freunden vorstellte. Alle wollten wissen, wer denn »diese junge Dame« sei.

Otto war ungeheuer stolz, mich an seiner Seite zu haben. »Ich habe sie gerade erst kennen gelernt«, sagte er und erklärte ihnen, dass ich auch eine von den »Glücklichen« sei, deren engste Familienmitglieder überlebt hatten.

Beim Tanz in einem großen Saal in Weilheim genoss ich es, die schmachtenden und sehnsüchtigen Blicke der jungen Männer auf mir zu spüren. Nur wenige Frauen meines Alters hatten überlebt und sahen noch aus wie hübsche junge Mädchen. Wieder einmal wurde mir bewusst, wie viel Glück ich trotz allem, was geschehen war, gehabt hatte.

Der Abend war wunderbar. Ich fühlte mich wie die Ballkönigin, und das war Balsam für mein Selbstbewusstsein, auch wenn ich nicht mit ganzem Herzen bei der Sache war.

Als wir später zum Hotel zurückgingen, fing es an zu schneien. Otto wollte, dass ich hinsah, wie die Schneeflocken vom Himmel herabgeschwebt kamen, und als ich es tat, küsste er mich auf beide Wangen.

»Mach das nie wieder«, wies ich ihn scharf zurecht. »Ich bin verlobt.«

Ich merkte, wie sehr ich ihn aus der Fassung gebracht hatte, und für einen Moment tat er mir leid. Aber warum sollte ich diesem jungen Mann falsche Hoffnungen machen? Er hatte schon genug Enttäuschungen erlebt und brauchte ein Frau, die frei war und ihn lieben konnte. Dafür war ich die Falsche, denn mein Herz gehörte bereits jemand anders.

Tags darauf wollte er unbedingt am Nachmittag mit mir in den Zug steigen und mich zu meinem Onkel begleiten, obwohl ich ihm mehrmals versicherte, dass ich auch gut allein zurechtkäme. Er hatte mir etwas zum Essen gekauft und als wir uns vor dem Haus meines Onkels verabschiedeten, kritzelte er etwas auf die Papiertüte und gab sie mir. »Eines Tages werde ich dich heiraten«, stand dort.

Ich beherrschte mich. Ihm ins Gesicht zu lachen wäre unhöflich gewesen. Aber sobald ich mit Onkel

Ignatz allein war und ihm Ottos Notiz gezeigt hatte, prusteten wir los.

»Nie im Leben werde ich ihn heiraten!« Ich musste noch immer grinsen. Doch plötzlich schlug meine Stimmung in Trauer um. »Ich will nur einen heiraten und das ist Richie.«

Kapitel 17

Im Zug nach Wetzlar dachte ich viel über Otto nach. Er war das genaue Gegenteil von Richie: hellblondes Haar, groß und hager. Er trug die verräterischen Spuren des Konzentrationslagers und war etwas zu dünn und zu blass, hatte leere Augen. Trotzdem war er ein gut aussehender Mann.

Und Otto war ein Charmeur. Ständig war er zu Scherzen aufgelegt gewesen, aber ich merkte sehr bald, dass er auf diese Weise nur seine Trauer zu überspielen versuchte. Grund zur Trauer hat er genug, dachte ich, während der Zug durch die schneebedeckte Landschaft ratterte. Im engen und liebevollen Kreis von Tanten, Onkeln und Cousins aufgewachsen, hatte er sich immer an seinem schönen, großen Bruder und seiner sanften, älteren Schwester orientiert. Die Mutter verehrte er wie einen Engel. Der Vater war ein paar Jahre vor der Besatzung gestorben. Sein Tod war in gewisser Weise ein Segen, wenn man bedenkt, wie grausam es für ein Elternteil ist, das eigene Kind zu überleben.

Otto war in Újpest (Neu-Pest) aufgewachsen, einem Stadtteil am Rand von Budapest. Seine Arbeit als Lehrling in einer Gerberei hatte er sehr gern. Dann kam die Besatzung. Einen Monat später wurden er, seine Mutter, seine Schwester und die Großmutter in einem Getto zusammengetrieben, in einen Viehwaggon verfrachtet und nach Auschwitz gebracht. Seine Großmutter konnte sich kaum noch bewegen, weil ihre Beine während der langen, beengten Fahrt ganz taub geworden waren. Die Deutschen zeigten weder Geduld noch Mitleid gegenüber geschwächten Menschen. Alte Leute warfen sie einfach auf einen Laster, sodass man beim Aufprall die Knochen brechen hörte. Als sie die Großmutter herausgriffen, halfen Mutter und Schwester ihr, um ihr das brutale Umsteigen zu ersparen. Zusammen bestiegen sie den Laster und rumpelten auf ihm davon. Otto ließen die Wächter nicht mitfahren.

Später am Abend, in der kalten, überfüllten Baracke, war Otto verrückt vor Sorge. »Was haben sie mit meiner Familie gemacht?«

Ein anderer Insasse sah ihn mit traurigen Augen an. »Schau aus dem Fenster. Siehst du den Rauch aus den Schornsteinen aufsteigen? Das ist alles, was von deiner Familie übrig ist.«

So erfuhr Otto, dass seine Familie sozusagen vor seinen Augen ermordet worden war. Ihm wurde jedoch bewusst, dass er es auch unter Aufbietung all seiner Kräfte nicht hätte verhindern können. Von diesem Zeitpunkt an setzte er alles daran, zu überleben. Sein bester Freund Paul, den er seit dem Kindergarten kannte, und dessen Vater unterstützten ihn dabei, wo sie konnten. Seine letzte Brotkruste hob Pauls Vater für Otto auf. Schließlich starb er an Hunger und Erschöpfung in Ottos Armen.

Sobald Otto und Paul befreit waren, nahm Otto Kontakt zu seinen Cousins in Budapest auf. »Wo ist mein Bruder?«, war Ottos erste Frage. Er erfuhr, dass sein Bruder im Untergrund gearbeitet hatte und getötet worden war, obwohl er zum Schutz seiner wahren Identität ein Pfeilkreuzler-Armband getragen hatte. Dennoch wurde er als Jude erkannt und erschossen, eine Woche bevor die Russen Budapest befreiten. Ottos gesamte Familie war tot.

Doch statt zu weinen, lachte er. Und obwohl ich mich nie für Witze begeistern konnte, bewunderte ich seinen Humor.

Als ich nach Wetzlar zurückkam, erzählte ich Mutter von Otto.

»Er sieht sehr gut aus, ist groß und hat viel Humor. Es tut mir so leid, dass er seine ganze Familie im Krieg verloren hat! Andererseits hat er eine etwas penetrante Art, die ich nicht ausstehen kann. Trotzdem« – ich lächelte – »er ist sehr zuvorkommend und freundlich und hat mich sogar bis zu Onkel Ignatz' Haus begleitet.«

Mutter grinste. »Sag bloß, er interessiert dich, Kleines?«

Die Frage war wie eine kalte Dusche.

»Mama, ich habe dir doch schon oft gesagt, dass ich nur Richie liebe. Ich will keinen anderen.«

Aber ich hatte nicht mit Ottos Hartnäckigkeit gerechnet. Kurze Zeit später tauchte er plötzlich unangemeldet in Wetzlar auf. Er hatte ein paar Kilo zugenommen und war eine imposante Erscheinung. Trotzdem war ich verärgert, dass er einfach so hereinschneite.

»Was willst du denn hier?«, fragte ich ihn.

Er schenkte mir ein strahlendes Lächeln. »Du bist mir einfach nicht aus dem Kopf gegangen, Kleines. Ich konnte weder essen noch schlafen, weil ich die ganze Zeit an dich denken musste.«

Ich war entsetzt. »Ich hoffe, du kommst so schnell wie möglich darüber hinweg«, sagte ich. »Ich liebe einen anderen Mann.«

Aber Otto ließ sich nicht beirren. Er lächelte, redete und machte Witze, als wenn nichts gewesen wäre.

Kaum kam Mutter herein, fing er gleich an, sie zu umgarnen. Mutters ruhige Kraft flößte ihm Vertrauen ein. Er erzählte ihr, wie seine Familie gestorben war. Seine letzte Erinnerung an sie war der Moment, als seine Mutter und seine Schwester der kranken Großmutter auf den Laster halfen. Mutter hörte zu und als er seine Geschichte beendet hatte, nahm sie ihn in ihre Arme.

»Fühle dich bei uns wie zu Hause!«, sagte sie. »Ab jetzt sind wir deine Familie.« Dann weinten beide.

Ich verstand sogleich, dass sie ein festes Band gegenseitigen Respekts geschmiedet hatten. Mutter bereitete das Abendessen zu und lud Otto ein, über Nacht zu bleiben. Ich gab ihm deutlich zu verstehen, dass es mir egal war, ob er blieb oder nicht. Seine Annäherungsversuche interessierten mich nicht. Er war ein netter junger Mann, aber nichts für mich.

Otto blieb ungefähr eine Woche, und Mutter las ihm jeden Wunsch von den Augen ab. Sie bot ihm ständig zu essen an, um ihn wieder aufzupäppeln. Zu Hause ließ er mich nicht aus den Augen. Wenn er sagte, er wolle in die Stadt gehen, erwiderte ich, er solle sich nicht aufhalten lassen. Aber er wollte nicht ohne mich gehen. Ich war gereizt, weil er mich so bedrängte, aber Mutter nahm ihn in Schutz.

»Du darfst nicht so mit ihm reden, Kleines. Das ist nicht sehr freundlich und passt gar nicht zu dir«, sagte sie einmal, nachdem ich Otto gebeten hatte, mich in Ruhe zu lassen.

Ich versuchte ja, nett zu sein, aber Otto klebte wie eine Klette an mir.

Als er nach Hause fuhr, fiel mir das Atmen wieder leichter. Endlich war ich den Druck seiner ständigen Gegenwart und der dauernden Liebeserklärungen los.

Im Lager führte ich ein Leben wie jeder andere auch. Ich hatte eine Arbeit, ging zum Unterricht und ließ einmal pro Woche die regelmäßigen Untersuchungen durchführen, die jedem von uns zustanden. Jede freie Minute forschte ich in den umliegenden Lagern nach einem Lebenszeichen von Richie. Dass er wirklich tot war, konnte ich einfach nicht glauben, auch wenn sein Name in Kassel auf dieser Liste gestanden hatte. Ich hoffte immer noch, ihn zu finden, und ich gab nicht auf.

Die Wochen vergingen und unser Leben im Lager wurde wieder normal – falls man das Leben in einem Vertriebenenlager, in dem die Menschen sich von dem Unaussprechbaren erholten, als »normal« bezeichnen kann. Mehr und mehr Kleiderspenden der Flüchtlingsorganisationen erreichten uns und wir wühlten aufgeregt in den Sachen. Ich hatte immer noch gute Beziehungen und war eine der ersten, die sich die Kleidungsstücke ansehen durfte. Mutter, meine Schwester und ich fanden ein paar hübsche Sachen – Kleider, Röcke und Schuhe. Das Gefühl, nach Jahren, in denen man sich nur in Lumpen gekleidet hatte, wieder eine normale Garderobe zu haben, ist schwer zu beschreiben. Ich sah wieder besser aus und ich fühlte mich auch besser, bis auf den Schmerz in meinem Herzen, den nur Richie lindern konnte.

Otto kam wieder. Dieses Mal war er eine ganze Nacht lang zu uns unterwegs gewesen. Ich wäre am liebsten weggelaufen, als ich ihn sah, aber Mutter sagte, ich solle nicht so viel Aufhebens machen. Schließlich seien wir jetzt seine Familie. Wider besseren Wissens und entgegen meinen Ahnungen beschloss ich, ihr zu vertrauen.

Otto war kräftiger geworden. Man sah ihm an, dass

er trainierte. Außerdem war seine Kleidung in erstaunlich gutem Zustand und einigermaßen modisch.

Noch immer lief er mir nach. Aber mittlerweile konnte ich mit der Situation besser umgehen und wurde ihn schneller los. Wenn er uns besuchte, schlief er mit den anderen vier Männern im mittleren Raum auf dem Fußboden. Ich war beeindruckt, wie ordentlich und reinlich er war. Auch wenn kein Badezimmer in der Nähe war, schaffte er es immer, irgendwo zu duschen und sauber auszusehen.

Otto war sehr nachdenklich und er sprach oft über seine Gedanken und Ideen. Manchmal brachte mich sein unablässiges Gerede zur Raserei. Er erzählte mir von seinem Handwerk als Gerber. Er wollte, dass ich alles über ihn erfuhr, und ich hätte am liebsten nur geschrien: »Es ist mir egal!« Noch immer wollte ich nichts mit ihm zu tun haben. Ich sagte ihm immer und immer wieder, dass er gehen solle, vielleicht zurück nach Ungarn, um in Erfahrung zu bringen, ob nicht eine seiner ehemaligen Freundinnen überlebt hatte.

»Ich habe keine ehemalige Freundin«, sagte er mit ernster Miene, »nur Schulfreunde. Du bist die Einzige, die mich interessiert.«

Otto hatte sich in den Kopf gesetzt, mein Freund oder sogar mehr zu werden. Aber ich ahnte, dass ich nicht mehr von ihm loskommen würde, wenn ich ihn näher an mich heranließe. Also tat ich mein Möglichstes, um ihn zu meiden. Schließlich ging er, ohne sich zu verabschieden. Ich war froh, dass er weg war, aber die Freude hielt nicht lange an. Zwei Wochen später erschien er erneut und sah furchtbar aus.

Meine Mutter erschrak, trat zu ihm und legte ihren Arm um seine Schulter. »Was ist los, Otto?«

Er blickte zu Boden, als ob er sich seiner intensiven Gefühle schämen würde. »Ich liebe Kleines, und ich konnte weder essen noch schlafen, seitdem ich dieses Haus verlassen habe.«

Meine Mutter sagte sanft zu ihm: »Kleines braucht Zeit, um jemand anders lieben zu können. Sie liebt immer noch Richie.«

»Aber ich würde sie gehen lassen, sollte Richie jemals zurückkommen!«, sagte Otto.

Mutter schüttelte den Kopf. »Ich kenne dich gut genug, um zu wissen, dass du sie niemals aufgeben würdest, wenn du erst einmal mit ihr zusammen bist. Du musst in dein Lager zurückkehren und versuchen, das Leben zu leben, das Gott dir ein zweites Mal gegeben hat. Du bist ein guter Mensch und verdienst es geliebt zu werden. Hör auf, einer Frau nachzulaufen, die dich ständig zurückweist. Nimm es nicht persönlich, aber sie liebt nun mal einen anderen.«

Otto dachte über ihre Worte nach. Er nahm seinen Rucksack, packte seine Sachen ordentlich hinein und verabschiedete sich von uns allen. Er sah in diesem Moment so traurig aus, dass er etwas in meinem Herzen rührte. Trotzdem war ich erleichtert, als er weg war.

Ich besuchte mit Major Daniel andere Lager und machte viele Überstunden. Die Hoffnung, Richie doch noch zu finden, gab ich nicht auf.

Einen Monat später kam Otto wieder einmal zu Besuch. Er sah sehr gut aus und erzählte uns, wie sehr er auf seine Ernährung und auf körperliches Training achtete. Man hatte ihn sogar als Repräsentanten des Weilheimer Lagers für einen Boxkampf in München aufgestellt. Zu meiner Freude bedrängte er mich nicht länger. Vielleicht hatte er eine Freundin gefunden und ließ mich deshalb in Ruhe. Später aber fand ich heraus, dass er mir nur vorgaukelte, rein freundschaftlich an mir interessiert zu sein. Als er wieder abfuhr, brachte ich ihn zum Bahnhof und wünschte ihm viel Glück für seinen Kampf. Ich ließ mich sogar zum Abschied von ihm auf die Wange küssen.

Während ich dem Zug nachwinkte, überkam mich ein Gefühl der Freiheit. Otto hatte etwas anderes gefunden, das seine Aufmerksamkeit beanspruchte, und ich konnte mein Leben so weiterleben, wie ich es für richtig hielt. Er schrieb Mutter und ließ mich grüßen. Das war mir tausendmal lieber, als ihn zu Besuch zu haben.

Ein Monat verging und eines Morgens stand in der Lagerzeitung ein Artikel über einen Boxkampf, der in München stattgefunden hatte. Das Foto zeigte Otto, wie er bewusstlos auf der Matte lag. Dem Artikel zufolge war er bereits in der ersten Minute der ersten Runde k. o. geschlagen worden. Ich musste herzlich lachen, als ich das Foto sah, und konnte es mir nicht verkneifen, ihm den Artikel zu schicken und einen kurzen Brief dazu zu schreiben. Er beantwortete ihn nicht. Wahrscheinlich war ihm seine schmachvolle Niederlage peinlich. Ich schrieb ihm erneut und fragte ihn in sarkastischem Tonfall, ob er wohl gerade für einen Kampf gegen Max Schmeling trainiere. Doch wieder bekam ich keine Antwort.

Der Frühling stand vor der Tür und damit auch mein Geburtstag. Otto tauchte mit Milch auf, die er den ganzen Weg von Weilheim bis zu uns transportiert hatte. Sie war auf der Zugfahrt so durchgeschüttelt worden, dass sie bei der Ankunft eher an Joghurt erinnerte. Er brachte mir außerdem Schokolade und Salami mit, welches ausgesprochene Luxusgüter im Nachkriegsdeutschland waren.

Er lächelte mich an. »Ich hätte dir gern Blumen mitgebracht, aber es gab leider keine«, sagte er, »und auf den Feldern wächst noch nichts.«

Ich erwiderte sein Lächeln. »Das ist schon in Ordnung, Otto.«

Er nahm meine Hand. »Ich wünsche dir alles Glück dieser Erde … mit mir«, fügte er mit einem verschmitzten Zwinkern hinzu.

Ich zog meine Hand lachend weg. »Ich bin mir sicher, dass du dein Glück finden wirst, so wie ich meines finden werde. Du darfst wieder gehen. Ich möchte dich nie wiedersehen«, sagte ich und meinte es halb im Scherz.

Zu meiner Überraschung schnappte sich Otto seinen Rucksack und ging ohne ein weiteres Wort.

»Jetzt hast du's geschafft, Kleines«, sagte Mutter traurig. »Du hast gerade den wundervollsten Mann der Welt gehen lassen. Er liebt dich und er hat niemanden, der ihm nahe steht. Er ist extra zu deinem Geburtstag gekommen, um mit dir das Leben zu feiern, und du wirfst ihn raus! Du hattest kein Recht, das zu tun. Ich hätte ein etwas freundlicheres Benehmen von dir erwartet.«

Ich stand stumm da und hörte Mutter zu. Ihre Stimme zitterte und dann fing sie an zu weinen. »Ich schäme mich für dein herzloses Verhalten, Kleines.«

Ich war völlig niedergeschmettert. Mutter hatte noch nie zuvor in solch einem Ton mit mir geredet. Sie hatte mir nie gesagt, wie gern sie Otto hatte. Unfähig, einen klaren Gedanken zu fassen, rannte ich hinaus. Ich lief durch die Felder und meine hohen Absätze blieben auf dem Weg zum Bahnhof im Schlamm stecken. Ich musste Otto erreichen, bevor er losfuhr, musste ihm sagen, wie leid mir alles tat. Querfeldein rannte ich, so schnell, dass ich ganz außer Atem kam. Ich fühlte mich scheußlich. Dieser Mann hatte mir vom ersten Tag an seine Liebe gestanden, mir immer wieder beteuert, dass er mich heiraten wolle, und sich um mich bemüht. Und wie dankte ich es ihm? Mutter hatte Recht. Ich hatte ihn unfair behandelt und jetzt war er drauf und dran, für immer aus meinem Leben zu verschwinden. Mein Benehmen hatte Mutter sehr verletzt. Wie konnte ich ihr, die doch alles geopfert hatte, um uns heil durch den Krieg zu bringen, so etwas antun?

Das Einzige, was ich tun musste, um alle glücklich zu machen, war doch nur, Otto zu heiraten! Ich rannte schneller. Der Zug würde jede Minute einfahren und Otto war sicher schon am Bahnhof angekommen. Ich wusste, wie ich alles wieder ins Lot bringen konnte. Als ich mich der Brücke näherte, sah ich ihn. Er hatte den Bahnhof fast erreicht.

Ich rief ihn bei seinem Spitznamen: Karcsi. Karcsi kam von seinem Zweitnamen Karl und gefiel mir besser als Otto. »Karcsi, bitte geh nicht! Ich liebe dich. Ich will dich heiraten.«

Wie vom Donner gerührt blieb er stehen. Dann drehte er sich um und kam auf mich zugerannt. Als er mich erreicht hatte, öffnete er seine Arme und ich lief hinein. Wir umarmten und küssten uns. Es war mein achtzehnter Geburtstag, und Otto war fast zwanzig.

Wir gingen langsam zurück zum Lager. Er hatte seinen Arm um meine Schultern gelegt und drückte mich fest an sich. Ich fühlte mich unter dem Schock, meine Zukunft innerhalb von Minuten entschieden zu haben, wie betäubt. Und mir war klar, dass ich Otto angelogen hatte. Ja, natürlich würde ich ihn heiraten. Ich hatte es versprochen und ich würde sein Herz, das schon so oft gebrochen worden war, nicht noch einmal brechen. Aber ich liebte ihn nicht. Ich liebte Richie, und jetzt schien es, als hätte ich jegliche Chance, ihn jemals lebend wiederzufinden, verspielt.

»Eine Sache gibt es da noch, Karcsi«, sagte ich, während wir zurückgingen. »Wenn ich Richie finden sollte, bevor wir heiraten, werde ich die Verlobung lösen. Und sollte ich Richie finden, nachdem wir geheiratet haben, werde ich dich vielleicht trotzdem verlassen.«

Er blieb stehen, und ich sah, wie sich sein Körper neben meinem versteifte. Ich blickte in sein Gesicht, aber er starrte in die Ferne. Für einen Moment glaubte ich, Tränen in seinen Augen zu sehen. Dann nickte er. Wir gingen weiter und ich fühlte, wie er seinen Arm noch enger um meine Schultern legte. »Vergiss niemals, wie sehr ich dich liebe, Kleines«, flüsterte er mir zu.

Mutter war krank vor Sorge, als wir ins Lager zurückkamen. Sie war verärgert hinter mir her gerannt und hatte schließlich befürchtet, dass ich mir etwas antun würde. Als sie mich mit Otto sah, strahlte sie.

»Du hattest Recht, Mama. Ich habe es eingesehen, bin Otto nachgelaufen, habe mich bei ihm entschuldigt und mich für seine großzügigen Geschenke bedankt«, sagte ich, während ich Ottos Hand in meiner hielt.

Mama lachte. »Ich bin so froh, dass ihr euch wieder vertragen habt. Jetzt können wir endlich in Ruhe das Abendessen genießen und deine Geburtstagstorte anschneiden, Kleines.«

Ich zögerte und wusste, dass sie an meinem Gesichtsausdruck sah, dass ich noch etwas auf dem Herzen hatte.

»Was ist los, mein Kind?«

»Ich habe Otto gesagt, dass ich ihn heiraten werde«,

sagte ich. »Ich weiß, dass es dein Wunsch ist, und nun wird er in Erfüllung gehen.«

»O nein!«, rief Mutter. »Ich habe doch niemals gesagt, dass du heiraten sollst, und schon gar nicht jetzt! Lass uns das Thema besprechen, wenn wir in den Staaten angekommen sind.«

Aber Otto wollte davon nichts wissen. Ich wusste, dass er Angst hatte, dass ich es mir in der Zwischenzeit wieder anders überlegen könnte. »Wir werden hier heiraten, und zwar so schnell wie möglich«, sagte Otto bestimmt.

»Bitte überlegt es euch noch mal«, flehte Mutter. Aber Otto blieb bei seiner Meinung. Wir setzten uns also mit dem Rabbi in Verbindung, der uns sagte, dass wir bis zum 17. April heiraten müßten, wenn wir nicht die sechs Wochen Wartezeit durch das Passahfest in Kauf nehmen wollten. Das war am 1. März.

»Wir werden am 15. April heiraten«, sagte Otto, ohne zu zögern.

Ich erwiderte nichts, aber in meinem Innern fühlte ich nur Leere, als ob all dies gar nicht mir passieren würde, sondern einer anderen jungen Frau. Einer, die im Gegensatz zu mir Otto wirklich liebte. Ich weiß nicht, ob Otto diese emotionale Distanz spürte, jedenfalls sprach er mich nie darauf an. Andererseits war ich auch in den ersten drei Monaten unserer Bekanntschaft nie besonders herzlich zu ihm gewesen. Wahrscheinlich erwartete er trotz des Umstandes, dass wir jetzt verlobt waren, nichts anderes von mir.

Die nächsten Wochen verbrachte ich wie in einem Dunstschleier. Das Einzige, woran ich mich noch erinnere, ist, dass ich zwei weitere Lager in der Hoffnung besuchte, Richie dort zu finden. Natürlich fand ich ihn nicht.

Major Daniel und seine Frau übernahmen die Hochzeitsvorbereitungen. Wir besaßen weder Geld noch die passende Garderobe. Der Major nahm alles in die Hand und es gelang ihm, irgendwo in Deutschland ein wunderschönes bodenlanges Brautkleid aus weißer Seide aufzutreiben. Auch frische Blumen für ein Bouquet und ein paar Fässer mit Salzheringen für das Hochzeitsessen besorgte er.

Bevor ich es richtig realisieren konnte, war mein Hochzeitstag da. Der Tag war so einmalig schön, als wollten die Götter sich über mich lustig machen. Es war klar und sonnig, als wäre es schon Mai und nicht erst April. Der Major hatte es irgendwie zustande gebracht, eine Chúpe zu bauen und ein Glas zum Entzweischlagen aufzutreiben. Die Ketubba, die jüdische Heiratsurkunde, hatte der Rabbi eigenhändig geschrieben. Ich sah wunderschön aus und Otto war in seinem geliehenen Anzug sehr schick. Meine Schwester stand als Brautjungfer an meiner Seite, während der Rabbi die Zeremonie vollzog. Als es Zeit wurde, die Ringe zu tauschen, präsentierte Otto stolz einen Goldring. Wir hatten uns das Geld dafür von einem Freund borgen müssen. Mir lag nicht viel an einem Ehering, aber Otto bestand darauf. Wir kamen zum Ende der Zeremonie und der Rabbi forderte Otto auf, mich zu küssen. Ich drehte mein Gesicht zu ihm, schloss die Augen und stellte mir vor, es sei Richie.

Die Hochzeitsfeier fand im Freien statt und alle Lagerbewohner waren erschienen. Mehrere tausend Leute waren da, und viele litten noch unter den Folgen dessen, was sie durchgemacht hatten. Trotzdem gab es einen lauten Freudenschrei, als Otto mich küsste, als ob diese lebensbejahende Geste alle Spuren des erlebten Grauens auslöschen könnte. Wir waren das erste Paar, das im Lager getraut wurde, und somit das Symbol für einen Neuanfang.

Wie ich mir wünschte, all diese Hoffnung und Freude teilen zu können! Aber ich spürte nicht mehr als meine innere Leere. Ein Teil von mir war wütend auf Otto, weil er mich so bedrängt hatte. Der andere Teil war empört, weil ich schließlich nachgegeben hatte. Es waren erst fünf Monate vergangen, seitdem ich Otto das erste Mal gesehen hatte, und es kam mir vor, als wäre gerade ein Wirbelwind durch mich hindurch gefegt. Otto war plötzlich ein Teil unserer Familie geworden und stand Mutter so nahe, als sei er ihr eigener Sohn. Ich fühlte mich zwischen zwei Personen zerrissen. Die eine war die wahre Betty, die immer noch Richie liebte und die niemals ihren Ehemann hintergehen und ihm vorgaukeln würde, ihn zu lieben. Die andere Betty hatte Otto geheiratet und küsste ihn, ohne seine Gefühle zu erwidern. Ja, sie musste ihre Augen schließen und sich jemand anders vorstellen, um ihren Mann küssen zu können.

Ich versteckte meinen inneren Aufruhr hinter einer Fassade gezwungener Fröhlichkeit. Es war schließlich mein Hochzeitstag, also würde ich versuchen, mich zu amüsieren. Wir aßen, tranken und tanzten. Ungarische Lieder und alte Zigeunerweisen wurden gesungen. Ich versuchte, mein schweres Herz von den Melodien aufheitern zu lassen und den Gedanken an die »Flitterwochen« zu verdrängen.

Vorerst hätte ich mir gar keine Sorgen zu machen brauchen, da wir alle von dem Hering krank wurden. Es dauerte ungefähr eine Woche, bevor wir wieder einigermaßen auf den Beinen waren. Ich musste die ganze Zeit erbrechen und litt unter solch heftigen Magenkrämpfen, als hätte ich die Ruhr. Otto ging es nicht besser. Wir verbrachten unsere Hochzeitsnacht durch ein Laken getrennt, das den Raum meiner Familie von dem Teil trennte, in dem die Männer schliefen. Er hielt meine Hand und küsste mich durch das Laken, aber für alles andere ging es uns zu schlecht.

Erst zwei Wochen später vollzogen wir unsere Ehe. Damit wir für uns sein konnten, kletterten wir auf einen Hügel mit Blick auf das Lager. Es war pure Ironie. Jahrelang hatte ich davon geträumt, meine Flitterwochen mit Richie in Venedig zu verbringen, und jetzt lag ich mit einem anderen hier im Gras auf einer Armeedecke! Richie hatte mit mir geredet, während er mich küsste und streichelte. Otto schwieg und war so in den Akt vertieft, dass er kaum einen Laut von sich gab. Sämtliche Erinnerungen an meine erste und einzige Liebe stiegen in mir auf. Sosehr ich mich auch bemühte, ich spürte einfach nichts, während ich mit Otto schlief. Plötzlich nahm ein Geist Ottos Stelle ein. Ich schloss meine Augen und biß mir auf die Lippen, während er mich liebte. Als er fertig war, öffnete ich die Augen und sah, wie er sich über mich beugte, um mich zu küssen. In seinen Augen erstrahlte tiefe Liebe zu mir. Vielleicht liebte er mich so sehr, wie Richie es getan hatte.

Das Leben ging weiter, und da ich ständig lächelte und freundlich war, schien ich auf den ersten Blick glücklich zu sein. Otto war jedenfalls so glücklich, dass es für zwei reichte. Manchmal schrie er laut auf der Straße, dass er seine Frau liebe. Es brachte mich jedesmal in Verlegenheit. Wieso musste er nur immer wie ein Irrer herumschreien? dachte ich. Andererseits verstand ich ihn – schließlich hatte es für mich auch einmal eine Zeit gegeben, in der ich am liebsten der ganzen Welt erzählt hätte, wie verliebt ich war.

Kapitel 18

Obwohl ich verheiratet war, fühlte ich mich immer noch wie ein Kind. Dies lag vor allem an dem Umstand, dass ich immer noch mit Mutter und meinen Geschwistern zusammenlebte. Daher griff ich sofort zu, als sich Otto und mir die Chance bot, an seinen vorherigen Wohnort Weilheim zu ziehen. Ich wollte mein eigenes Zuhause und ich wollte Distanz zu meiner Familie, so sehr ich sie auch liebte. Einige hundert Kilometer würden schon ausreichen. Ich hoffte, dass ich durch mehr Privatsphäre vielleicht die Art Vertrautheit mit Otto aufbauen konnte, die mir bis jetzt gefehlt hatte. Zumindest würde ich meinen eigenen Haushalt führen können.

Erst in Weilheim fing mein Eheleben wirklich an. Dort musste ich kochen lernen und die alltägliche Hausarbeit erledigen und vor allem musste ich das Zusammenleben mit Otto lernen. Ständig waren wir umgeben von Ottos Freunden, von denen mich die meisten nicht mochten, weil sie meinten, ich hätte ihn in den ersten Monaten, in denen er um mich geworben hatte, zu sehr gequält. Einer von ihnen hatte sogar ein Bild von Otto und mir in zwei Teile gerissen. Eins war klar: Dass ich Otto verdient hatte, musste ich ihnen erst noch beweisen.

Ottos Freunde standen ihm an Witz und Humor in nichts nach, selbst der um ein Jahr jüngere »kleine« George nicht, der als einer der wenigen das Grauen von Auschwitz überlebt hatte. Der andere George, ein gemeinsamer Freund von Otto und mir, wohnte ebenfalls in Weilheim. Da er mich bereits länger kannte als Otto, musste ich mich vor ihm nicht ständig beweisen. Dann war da noch Paul, Ottos ältester Freund. Er war mit ihm in Auschwitz gewesen, und sein Vater war in Ottos Armen gestorben. Das Band zwischen Otto und Paul war so eng wie das zwischen Brüdern. Für mich war es sehr schwer, in dieser verschworenen Gemeinschaft meinen Platz zu finden.

Wir lebten im obersten Stock eines alten bayrischen Hauses, das einer etwas barschen, aber freundlichen vierundachtzigjährigen Frau namens Marie gehörte. Es gab weder fließend Wasser noch Elektrizität. Die Toilette war eine kleine Kammer neben der Küche und bestand nur aus einem Sitz mit Loch. Nachts musste ich mir den Weg dorthin in der Dunkelheit ertasten und als ich mich einmal auf die Bank setzte und auf Hunderte von weißen Maden blickte, hätte ich am liebsten laut geschrien. Zum Waschen füllten wir eine kleine Wanne mit Wasser, das wir vorher auf dem Herdfeuer erwärmt und in Eimern die Treppen hochgehievt hatten. Glücklicherweise nahmen wir unsere Mahlzeiten in einem Hotel um die Ecke ein, das uns auch ein Bad zur Verfügung stellte. Ich nutzte es ausgiebig.

Otto war von Anfang an ein guter Ehemann. Er hätte mir die Sterne vom Himmel geholt, wenn ich ihn darum gebeten hätte. Jeden Tag brachte er mir das Frühstück ans Bett. Das hatte er mir bei unserer Verlobung zwar versprochen, doch hätte ich nie gedacht, dass er dieses Versprechen so wörtlich nehmen würde. In Weilheim war es nämlich sein Job, das Brot vom Bäcker in das Lager und zu den Flüchtlingen, die privat untergebracht waren, zu bringen. Die deutsche

Regierung hatte alle Kosten für die in Häusern untergebrachten Flüchtlinge zu tragen, und frisches Brot gehörte dazu. Jeden Morgen stand Otto früh auf und schob seinen großen Handkarren zur Bäckerei, um dann die köstlich frischen Brotlaibe zu verteilen. Ich lag um diese Zeit noch im Bett. Wenn er vorbeikam, rief er mich von unten, und dann segelte ein warmes Brot durch das offene Schlafzimmerfenster und landete direkt in meinem Schoß. Das war Ottos Art, sein Verlobungsversprechen einzulösen.

Sosehr mich Otto auch liebte und so viel Selbstvertrauen ihm seine Arbeit auch gab, so unsicher war er sich über unsere Beziehung, und ich wusste, dass es hauptsächlich an mir lag. Er hatte zwar nie wirklich den Verlust seiner Mutter und seiner Schwester überwunden, doch es schmerzte ihn, daß er sich meiner Liebe nie sicher war. Er hatte mir versprochen, mich gehen zu lassen, wenn ich Richie finden sollte, und diese Möglichkeit war als ständige Drohung in seinem Hinterkopf. Als er eines Nachts einen Albtraum hatte – etwas, unter dem wir beide lange Jahre zu leiden hatten –, weckte ich ihn.

»Was ist los Otto?«, fragte ich ihn sanft. Weinend erzählte er mir, er habe von Richie geträumt. »Verlaß mich niemals! Ich fühle mich so einsam.«

Ich war sprachlos und bekam Angst. »Aber du hast doch gesagt, dass du mich gehen lässt, wenn ich Richie wiederfinde!«

Er gab mir keine Antwort, sondern weinte in meinen Armen, und ich versuchte, ihn zu trösten. »Ich liebe dich mehr als das Leben, Kleines«, sagte er immer und immer wieder.

Ich wollte das nicht hören. Ich wollte, dass er sein Versprechen bekräftigte, mich gehen zu lassen, falls ich Richie finden sollte. Aber er tat es nicht. Doch Richie war so sehr ein Teil von mir, dass ich ihn nie aufgeben konnte. Es tat mir Leid, dass es Otto so traurig machte, aber ich konnte nicht anders, als zu hoffen, Richie eines Tages lebend wiederzufinden.

Da er sich unserer Beziehung nicht sicher war, war Otto auf jeden eifersüchtig, der mich nur anschaute, und gelegentlich wurde er sogar handgreiflich. Noch nicht einmal tanzen gehen konnten wir, ohne dass er ständig Bemerkungen machte über Männer, die mir angeblich nachschauten. Ich bat ihn, sich nicht so idiotisch zu benehmen, und von da an behielt er solche Gedanken für sich.

In den ersten Jahren nach dem Krieg war Otto sehr aufbrausend und gewalttätig. Er war oft in Schlägereien verwickelt, sein Benehmen war häufig grob und ordinär, und er brachte mich oft in Verlegenheit. Als ich seine Umgangsformen einmal zu kritisieren wagte, griff er sogar mich an. »Bist du denn bei den Affen im Urwald aufgewachsen?«, fragte ich ihn. Seine Bewegung war so schnell, dass ich keine Zeit hatte zu reagieren. Er stieß mir die flache Hand gegen die Brust, und ich flog rückwärts. »Sag nie wieder ein Wort gegen meine Erziehung! Damit kritisierst du meine Mutter, und ich werde kein schlechtes Wort gegen sie dulden. Sie war ein Engel.«

Zurückblickend wird mir bewusst, dass wir beide noch Kinder waren, auch wenn der Krieg und der Holocaust uns unsere Kindheit genommen hatte. Otto und seine Freunde waren voller Hass auf die Deutschen, die uns das angetan hatten. Sie erzählten mir einmal, dass Otto in einer Bar ein Mädchen zum Tanz aufgefordert hatte, die mit ihrem deutschen Freund da war. Dieser Mann beschimpfte ihn und nannte ihn einen dreckigen Juden. Otto wartete, bis der Kerl zur Toilette ging und seine Freunde auf der Tanzfläche waren. Dann lief er schnell zum Tisch des Deutschen und pinkelte ihm ins Bier.

Nachdem Otto seine morgendliche Arbeit erledigt hatte, hatten wir den Rest des Tages frei. Oft gingen wir aus, um nach Möbeln zu schauen. Einmal erzählte ich ihm, wie gern ich orientalische Möbel hatte und dass ich sie am liebsten auf einer Chinareise kaufen würde.

Als ich am nächsten Tag von einer Besorgung zurückkam, stockte mir, als ich unsere Wohnzimmereinrichtung sah, der Atem. Sie gehörte natürlich Frau Marie und bestand aus alten Familienerbstücken. Um meinen Wunsch nach orientalischen Möbeln zu erfüllen, hatte Otto bei Sofa, Tisch und vier Stühlen die Beine abgesägt. Noch heute höre ich Frau Maries Geschrei, als sie zum ersten Mal ihre verstümmelten Möbel sah. »Was habe ich Ihnen getan, dass Sie mir meine Erbstücke ruinieren?«, jammerte sie.

Nach den ersten paar Monaten als verheiratete Frau entwickelte ich ein ganz neues Selbstbewusstsein. Ich stellte fest, dass ich auch ohne Mutter lebensfähig war und sogar kochen konnte. Vielleicht nicht so gut wie sie, aber das war bei einer so hervorragenden Köchin auch nicht weiter verwunderlich. Mein Essen schmeckte gut und ich probierte so viel aus, dass ich jeden Tag etwas Neues dazulernte. Einmal versuchte ich eine Suppe zu kochen, aber die Bohnen wollten nicht weich werden, obwohl sie schon seit Stunden auf dem Herd standen. Plötzlich erwischte ich Frau Marie, die bereits um ihre Holzvorräte fürchtete, dabei, wie sie ein Pulver in die

Suppe kippte. Ich war mir sicher, dass sie uns vergiften wollte, und rief nach Otto, der gerade die Treppe herunterkam. Als er energisch eine Erklärung verlangte, schaute die alte Frau entsetzt auf und erläuterte, dass sie nur etwas Backpulver in die Suppe getan habe, um sie schneller zum Kochen zu bringen. Aber mein Misstrauen gegen die Deutschen saß auch weiterhin tief. Ich weigerte mich, die Suppe zu essen oder sie Otto zu servieren. Stattdessen speisten wir im Hotel, wo man uns unter Garantie nichts in das Essen mischte.

Die meisten von uns begegneten den Deutschen aufgrund der schrecklichen Dinge, die sie uns angetan hatten, mit anhaltender Skepsis. Eine Freundin von mir war schwanger und sogar als ihre Wehen einsetzten, weigerte sie sich zu einem deutschen Arzt zu gehen. Wir schafften sie trotzdem in das örtliche Krankenhaus. Doch jedesmal, wenn ein Arzt auch nur in ihre Nähe kam, schrie sie: »Schafft diesen deutschen Arzt hier raus! Er will mein Baby töten!« Schließlich erlaubte sie uns, eine Krankenschwester zu rufen, die Anweisungen gab, während wir bei der Geburt halfen. Ich hielt meiner Freundin die Hand und ihre Nägel schnitten mir so tief in die Handflächen, dass ich aussah, als hätte ich mit einer Katze gekämpft.

Als ich Mutter erzählte, dass ich eine Geburt miterlebt hatte, sagte sie: »Die Schmerzen sind furchtbar, aber Gott lässt uns die Qualen vergessen, damit wir mehr Kinder in die Welt setzen.«

Ich setzte meine Kochexperimente fort, war auf jeden kleinen Erfolg stolz und begierig, mich vor Ottos Freunden mit meinen Kochkünsten zu präsentieren. Als ich Crèpes backen konnte, lud ich George und Paul zum Abendessen ein. Dem rundlichen kleinen

Paul schmeckten sie so gut, dass er gar nicht mehr aufhörte zu essen. Schließlich lag er auf dem Boden und ich fütterte ihn, wie einen glänzenden, zufriedenen Seelöwen.

Überraschenderweise respektierte Mutter meine neu entdeckte Unabhängigkeit und mischte sich nie in unsere Angelegenheiten ein. Sie vertraute Otto hundertprozentig. Otto konnte machen, was er wollte, es war immer richtig und Otto erzählte ihr alles. Er schrieb ihr ständig, wie glücklich er mit seiner kleinen Ehefrau war.

Unser Leben geriet in ein angenehm ruhiges Fahrwasser. Ottos Freunde sahen, wie ich ihn umsorgte, und so konnte ich sie Stück für Stück für mich gewinnen. Aber erst als unser erstes Kind auf die Welt kam und der »große« George und der »kleine« George seine Taufpaten wurden, akzeptierten sie mich ohne Vorbehalt. Sex war für mich übrigens eher eine Pflicht als eine Freude, aber ich sprach mit niemandem darüber und hoffte, dass Otto nichts davon merkte.

Daheim in Wetzlar versuchte Mutter, so gut es ging zurechtzukommen. Meine Schwester Rose, die immer kränklich gewesen war, hatte lange Zeit gebraucht, um sich vom Hunger, der Erschöpfung und den Infektionen zu erholen, unter denen wir zu leiden hatten. Während der ganzen Zeit im Lager hatte keine von uns ihre Periode gehabt. Erst Monate nach der Befreiung normalisierten sich unsere Zyklen wieder. Die Hauptlast der physischen und psychischen Torturen hatte jedoch mein kleiner Bruder Larry zu tragen, da er mitten im Wachstum zwei Jahre hatte hungern müssen. Dazu hatte er im Lager ein sehr schweres Fieber bekommen. Nach dem Krieg vermuteten die Ärzte, dass es sich um eine leichte Art von Kinderlähmung gehandelt habe, die zu einer bleibenden Verformung seiner Wirbelsäule geführt hatte. Die körperlichen Schäden, die er davongetragen hatte, waren auf jeden Fall deutlich zu erkennen. Er war für sein Alter zu klein und zu leicht, sah sehr jung aus und wirkte immer noch ziemlich schwach. Mutter war sehr besorgt, dass er sich vielleicht nie richtig von den Erlebnissen erholen würde.

Auch emotional schien Larry mehr Wunden davongetragen zu haben als wir. Schließlich hatte er Dinge gesehen und erlebt, die jeden normalen Zehnjährigen zermürbt hätten. Die wenigsten Kinder in seinem Alter hatten die Entbehrungen des Marsches und der Lager überlebt. Aber sie hatten auch nicht so eine Mutter wie wir. Trotzdem machten Larry die Folgen immer noch erheblich zu schaffen.

Otto und ich besuchten meine Familie einmal im Monat und brachten, wann immer es ging, Geschenke mit. Meine Geschwister liebten Otto. Über diese Zuneigung musste ich immer ein wenig schmunzeln, denn als Rose Otto das erste Mal sah, fragte sie nur: »Wo hast du denn diesen Bauern aufgetrieben?« Sie fand ihn damals grob und ungehobelt. Aber er behandelte sie und Larry wie seine eigenen Geschwister. Für Larry muss dies ein großer Einschnitt gewesen sein, da er den Großteil seiner Kindheit ohne ein männliches Vorbild hatte auskommen müssen. Otto war zwar kein Ersatz für den Vater, den er verloren hatte, aber zumindest war er ein großer Bruder – ein lustiger und liebenswerter Bruder noch dazu, der ihn zum Lachen brachte und das Boxen lehrte. Dafür liebte ich Otto. Ich sah, was für ein guter Mann er war, und wie wahrhaftig seine Gefühle waren. Aber er behielt auch eine Menge für sich und wurde, wie so viele Überlebende, von den Dämonen der Vergangenheit heimgesucht. Ich hatte nie das Gefühl, dass Otto wirklich seinen inneren Frieden fand. Auch wenn er lachte, oder gerade wenn er lachte, wurde ich dieses Gefühl nicht los. Andererseits, hatte ich nicht auch meine eigene Maske, die ich nie ablegte? Ich konnte ihm also kaum einen Vorwurf machen.

Ich versuchte, das Leben zu leben, wie meine Mutter es mir geraten hatte. Zu nehmen, was kam, und das Beste daraus zu machen. Otto war ein guter Mann und ein sehr guter Ehemann. Richie wurde noch immer vermisst und vielleicht war er wirklich tot. Also hatte ich doch das Beste aus allem gemacht, oder nicht?

Das Jahr verging sehr schnell. Wir planten alle, nach Amerika auszuwandern, aber unglücklicherweise konnten nicht alle zum gleichen Zeitpunkt fahren. Ottos Einwanderungspapiere erhielten wir im Februar 1948 durch das Vertriebenenlager in Weilheim. Als seine Frau hätte ich mit ihm gehen können, aber die Papiere meiner Familie waren noch nicht da. Trotz meiner neu gewonnenen Selbstständigkeit fand ich es nicht richtig, Mutter mit zwei Kindern zurückzulassen, von denen das eine auch noch derart anfällig war. Ich beschloss zu warten und mit ihr zusammen nachzukommen. Ich hätte mir nie träumen lassen, dass es ein Jahr dauern würde, bevor ich Otto wiedersehen sollte. Andererseits kann ich auch nicht leugnen, dass der Gedanke, von ihm getrennt zu sein, mich freier atmen ließ, so wie vor meiner Heirat. Eine Stimme in meinem Innern sagte: »Vielleicht lernt er in Amerika ja jemand anders kennen, jemanden, der ihn wirklich liebt, und er lässt sich von mir scheiden.«

Als Otto ging, zog ich zurück zu meiner Familie in das Lager in Wetzlar. Otto litt auf der Schifffahrt nach Amerika fürchterlich. Er wurde so seekrank, dass er sich kaum bewegen konnte. Trotzdem schrieb er mir jeden Tag, auch als er schon in New York war. Ich schien ihm nie schnell genug antworten zu können.

Seine Ankunft in New York war der Beginn eines neuen Überlebenskampfs. Er und sein Freund George lernten noch einen George kennen, den sie sofort Big George tauften. Sie beschlossen, sich gemeinsam eine Wohnung zu teilen, um die Kosten niedrig zu halten. Little George arbeitete als Schneider und Big George als Kellner. Beide verdienten mehr Geld als Otto in seinem ersten Job als Bedienungshilfe. Tatsächlich hatte Otto nie Geld, denn das, was nach Abzug seiner Kosten übrig blieb, gab er für mich aus. Ich bat ihn ständig um Sachen, von denen ich annahm, dass sie in Amerika leicht zu bekommen waren. Ich dachte nie daran, was die Sachen wohl kosteten oder ob Otto sich die Dinge überhaupt leisten konnte. In gewisser Weise wollte ich seine Liebe wohl einer Belastungsprobe unterziehen. Ich wartete darauf, dass er einmal nein sagte, damit ich mir dann einreden konnte, dass er mich doch nicht so sehr liebte, wie ich annahm. Aber er sagte nie nein. Ich bat ihn um Mayonnaise oder Kaviar und er schickte mir alles. Einmal schickte er drei Blusen. Sie waren von Woolworth und alle gleich geschnitten: eine in Pink, eine in Weiß, eine in Blau. Er kaufte mir sogar Hosen, weil in Deutschland keine neue Kleidung zu bekommen war. Außerdem fehlte uns das Geld dazu. Ich war ausgehungert nach den kleinen Luxusgütern des Lebens und zu Recht oder zu Unrecht erwartete ich, dass Otto sie mir verschaffte. Erst als ich selbst nach New York kam und mir bewusst wurde, wie er gelebt hatte, begriff ich, dass jeder meiner Luxusartikel auf seine Kosten gegangen war.

Während Otto hart daran arbeitete, sich in New York zu etablieren, warteten wir darauf, dass die amerikanischen Einwanderungsbehörden meinem Bruder die Einreise gestatteten. Man untersuchte ihn immer wieder und sagte, dass er einfach zu dünn und schwächlich sei, um die Reise in die Staaten zu überleben.

Wir verbrachten den Rest des Jahres 1948 und die ersten zwei Monate von 1949 in Wetzlar. Damals fing ich an zu zweifeln, ob mein Leben je eine neue Wendung nehmen würde. Ich hatte versucht, die verbliebene Zeit in Europa dazu zu nutzen, Richie wiederzufinden, aber das Ergebnis blieb dasselbe. Außer der unheilvollen Liste in Kassel, nach der er gestorben war, gab es keine Spur von ihm.

Mutter tat in der Zwischenzeit ihr Möglichstes, um meinen Bruder aufzupäppeln. Er fühlte sich schlecht, weil er merkte, dass er unsere Abreise nach Amerika hinauszögerte. Major Daniel unterstützte uns, indem er uns Milch, Eier und alle reichhaltigen Nahrungsmittel brachte, die er auftreiben konnte. Langsam legte Larry ein paar Kilo zu.

Im Februar 1949 bestiegen wir endlich das Schiff nach Amerika und am 14. März, einige Wochen nach meinem zwanzigsten Geburtstag, legten wir in den Staaten an. Ich kann mich noch immer an den ersten Blick erinnern, den ich von der Freiheitsstatue erhaschte. Die großen Wolkenkratzer hinter New York verhießen eine Stadt voller Versprechungen. Vielleicht würde ich hier endlich Sicherheit und Glück finden.

Kapitel 19

Als das Schiff anlegte, suchte ich mit den Augen den Pier ab. Ich kann wahrlich nicht sagen, dass ich das Schiff ungern verlassen hätte. Das Militär hatte den Dampfer *Marine Shark* ursprünglich für den Transport von fünfhundert Soldaten gebaut. Jetzt aber wurden tausend Flüchtlinge damit transportiert. Bei der Überfahrt herrschte große Enge, und die Unterbringung war nicht gerade luxuriös, aber wir waren alle voller Hoffnungen. Der Gedanke, dass wir nun nach Amerika kamen, übte eine große Faszination aus. Ich blickte auf die Gesichter am Pier hinab und fühlte mich bereit, mein neues Leben zu beginnen.

Dort stand Otto, hoch gewachsen und gut aussehend, in einem Mantel, der ihm einige Nummern zu groß war. Neben ihm warteten meine Tante Rose und mein Onkel Victor. Wir eilten die Gangway hinunter auf sie zu. Mutter und Tante Rose hielten einander lange umarmt und die Tränen liefen ihnen übers Gesicht. Auch wir anderen weinten, da wir wussten, wie sie sich fühlten, sie, die Überlebenden einer einst großen, liebevollen Familie.

Ich lief auf Otto zu, und er breitete die Arme aus. »Du hast mir so gefehlt, Kleines«, flüsterte er mir ins Ohr. Ich konnte die Hitze seines Körpers und die Intensität seiner Empfindungen spüren, denn er hielt mich so eng umschlungen, als wolle er meinen Körper ganz mit dem seinen einhüllen. Ich zwang mich zu reagieren, doch wieder einmal hatte ich das Gefühl zu ersticken.

Sobald wir die Passkontrolle hinter uns hatten, machten wir uns in zwei Taxis auf den Weg zu der kleinen Wohnung von Tante Rose und Onkel Victor in der Bronx. Dort richteten wir uns für die erste Nacht provisorisch ein. Es war nur eine Zweizimmerwohnung, aber Tante Rose hatte eine Couch und einen Sessel gekauft, die sich beide zu Betten ausklappen ließen. So kamen wir für eine Nacht zurecht. Danach wohnten Mutter, Rose und Larry bei meiner Tante Lina, während ich bei Tante Rose blieb. Otto ging zurück in die Wohnung, die er mit seinen zwei Freunden Big George und Little George teilte. So etwas wie Privatsphäre gab es für uns nicht, aber das spielte keine große Rolle, da wir vollauf damit beschäftigt waren, in der neuen Umgebung Fuß zu fassen.

An meinem ersten Wochenende in New York holte Otto mich bei Tante Rose ab und nahm mich mit in seine Wohnung. Er hatte sicher gestellt, dass seine Freunde tagsüber nicht zu Hause waren. Er schlief mit mir und dann noch einmal. Für mich war es genauso wie vorher. Ich hatte gedacht, dass ich mit der Zeit Gefallen daran finden würde, mit Otto verheiratet zu sein, aber ich merkte, dass sich nichts geändert hatte. In seinen Armen fühlte ich mich noch immer wie eine Displaced person – als sei ich am falschen Ort.

In der folgenden Woche sahen wir uns nach Arbeit und nach einer Wohnung um, die Platz für uns alle bot. Durch die Hilfe des Joint Committee for Refugees, des Flüchtlingskomitees, fanden Mutter, Rose und ich Arbeit in einer Schmuckfabrik, die einem Deutschen namens Weltner gehörte. Wir arbeiteten Seite an Seite. Mutter und Rose fingen bald an, in ihrer freien Zeit eigene Schmucksachen zu entwerfen, und bekamen schließlich entsprechende Aufträge. Wir wurden nach Stückzahl entlohnt, sodass es schnell gehen musste, und der Verdienst war nicht üppig – aber zumindest hatten wir Arbeitsstellen. Andernfalls wären wir nicht zurechtgekommen, denn wir hatten auf der Ostseite von Manhattan eine Zweizimmerwohnung gefunden, in der zweiundachtzigsten Straße im Bezirk Yorkville. Wir legten unser Geld zusammen und so reichte es gerade für die hundert Dollar Miete pro Monat, die Lebensmittel, die Nebenkosten und die U-Bahn. Es blieb kaum etwas übrig. Mutter meldete Larry sofort in der Schule an. Sie war froh, dass ihr Traum sich erfüllte und er seine Schulausbildung beenden konnte, die der Krieg unterbrochen hatte.

Otto bekam eine Stelle in einer Lederwarenfabrik. Er machte viele Überstunden, aber seine Arbeit schien ihm viel Freude zu bereiten. Nach außen hin war bei ihm alles in Ordnung, aber mir wurde bald klar, dass er unter der Oberfläche noch immer von Dämonen gepeinigt wurde. Schon bei seiner Ankunft in New York hatte Tante Rose erkannt, dass er unter Depressionen litt. Er war entsetzlich einsam. Tante Rose spürte das und nahm ihn sogleich wie einen Sohn auf. Ihr war aber auch klar, dass Otto mehr als ihre Zuneigung und Aufmerksamkeit brauchte, um mit seinen Schwierigkeiten zurechtzukommen. Sie glaubte zu wissen, wie ihm geholfen werden konnte, wusste aber nicht recht, wie sie ihn dazu bringen sollte, sich darauf einzulassen.

Tante Rose war mit einem bekannten, im Sinne der Freud'schen Psychoanalyse arbeitenden Psychiater befreundet, der im Bellevue Hospital eine große Privatpraxis hatte. Sie bat ihn, sich mit Otto zu treffen und im Gespräch mit ihm in Erfahrung zu bringen, ob er bereit wäre, sich damit auseinanderzusetzen, was ihm so zu schaffen machte.

Als Otto in die Wohnung des Mannes kam, wusste er nur, dass er ein Freund von Tante Rose und ein Arzt mit irgendeinem Spezialgebiet war. Wie Otto mir später erzählte, kam es ihm merkwürdig vor, dass der Mann so viel über seine Gedanken und Gefühle wissen wollte und ihn unter anderem fragte, was er von Deutschen und Ungarn und Amerikanern hielte. Sie sprachen sogar darüber, dass Otto mir all diese Luxusartikel nach Europa schickte. Der Psychiater sagte zu Otto, wenn es ihm gut tue, mir diese Dinge zu schicken, solle er es weiterhin tun, auch wenn es ein finanzielles Opfer für ihn bedeute.

Schließlich begann Otto vom Verlust seiner Familie, von seiner Wut und seinen Depressionen zu sprechen. Daraufhin erklärte ihm der Arzt, dass er Psychiater sei und ihm Hilfe anbieten könne. Zunächst bestand Otto darauf, ihm etwas dafür zu bezahlen, aber der Arzt weigerte sich, Geld anzunehmen, und sagte, er sei nicht nur ein Therapeut, sondern auch ein Freund. Wahrscheinlich rettete es Otto das Leben, dass er mit ihm reden konnte. Jahrelang ging er immer wieder zu ihm und offenbarte ihm sein Innerstes. Er hatte das Gefühl, dass er sich nur dort öffnen konnte. Die Therapie vermochte allerdings nicht zu verhindern, dass Otto auch weiterhin unter Depressionen litt und viele Jahre lang nachts von Albträumen gequält wurde. Selbst heute noch suchen sie ihn oft heim.

Nach unserer Ankunft stritten Otto und ich die ganze Zeit. Vielleicht lag es an der Belastung, die es bedeutete, dass wir in der Wohnung so dicht aufeinandersaßen und sehr wenig Privatsphäre hatten, vielleicht auch an meiner Frustration darüber, dass er in dem Jahr, in dem wir getrennt gewesen waren, keine andere gefunden hatte und noch immer mit mir zusammen sein wollte. Ich dagegen wäre jederzeit bereit gewesen, dieser Ehe mit einem Mann, den ich nicht liebte, ein Ende zu setzen. Otto wollte jedoch, dass wir in New York noch einmal heirateten. In Wetzlar hatte uns ein Rabbi vermählt und in Weilheim hatte es eine kurze standesamtliche Trauung gegeben, aber Otto sagte, er sei sich nicht sicher, ob wir damit auch in den USA vor dem Gesetz verheiratet seien.

»Die Eheschließung durch den Rabbi ist nicht rechtsgültig«, sagte er, »und die Heiratsurkunde aus Weilheim haben wir nie bekommen. Vielleicht liegt sie ja dort im Rathaus im Archiv, aber wir haben keine Abschrift und somit keinen Beweis dafür, dass wir juristisch gesehen auch wirklich verheiratet sind.«

Ich war sehr dafür, alles so zu lassen, wie es war. Wenn wir juristisch gesehen nicht verheiratet waren, bedeutete das, dass es keine Scheidung geben musste. Das Einzige, was ich dann tun musste, um mich von Otto zu trennen, war, von ihm wegzugehen. Er drängte die Sache wie gewohnt voran, unterstützt und ermutigt von Tante Rose. Sie fand einen Richter, der bereit war, eine weitere Trauzeremonie zu vollziehen, und half Otto sogar, einen nagelneuen Ehering für mich zu finden. Er war allerdings nicht viel wertvoller als der erste, da wir für solche Dinge nach wie vor kein Geld hatten. Als ich den neuen Ring sah, sagte ich, er würde mir nicht gefallen, und hoffte, dass sich die Trauung dadurch wenigstens verzögern würde. Doch ich hatte Pech. Otto zuckte mit den Schultern. »Fürs Erste wirst du damit vorlieb nehmen müssen, denn wir werden noch heute getraut.«

Ich war schockiert. Wieder einmal wurde ich von den Ereignissen überrollt. Es war mein Leben, aber ich hatte das Gefühl, dass ich nur vollkommen ohnmächtig zuschauen konnte. An einem sonnigen Tag Ende April 1949 traten wir also ins Dienstzimmer des Richters in Yonkers im Staat New York, mit Tante Rose und Onkel Victor als unseren Trauzeugen.

»Nein, ich will das nicht«, sagte ich zu Otto, als wir auf den Richter warteten. »Ich glaube nicht, dass ich weiter mit dir verheiratet sein will.«

Bevor er überhaupt antworten konnte, schaltete sich Tante Rose ein: »Könntest du bitte aufhören, den Jungen hin und her zu schubsen, als sei er irgendein Spielzeug?«

Ich konnte es nicht fassen, dass sie für ihn Partei ergriff, aber gerade, als ich das sagen wollte, erschien der Richter und fragte: »Wer möchte getraut werden?« Otto hob die Hand und zeigte auf uns beide. »Wo sind die Zeugen?«, fragte der Richter und Tante Rose und Onkel Victor hoben die Hand. Daraufhin vollzog der Richter die Trauungszeremonie, ehe ich irgendetwas sagen oder tun konnte. Sie dauerte genau drei Minuten. Ich war so wütend und enttäuscht, weil Otto und meine Familie mich erneut überrumpelt hatten, dass ich die Heiratsurkunde entzweiriss. Erneut hatte Otto seinen Willen durchgesetzt, und ich saß nun endgültig in der Falle und war auf immer mit ihm verheiratet – in dem neuen Land, von dem ich gehofft hatte, dass es mir eine zweite Chance bieten würde.

Nach der Zeremonie gingen wir in die Wohnung von Tante Rose, die einen Kuchen – eine Erdbeersahnetorte – vorbereitet hatte. Eingeladen waren Mutter, Larry, Rose, Tante Lina und Onkel Ignatz. Sie alle freuten sich sehr, ich aber war bitterböse und blieb es zwei Tage lang.

So lebten wir über ein Jahr lang als eine große Familie in unserer winzigen möblierten Zweizimmerwohnung. Otto und ich stellten uns ein Bett in die Küche. Manchmal machte mich die Situation wahnsinnig. Wir waren in dieser engen Wohnung zusammengepfercht, es gab nie Ruhe, weil mein Bruder ständig das Radio laufen ließ, und Mutter hatte die ganze Zeit ein Auge auf mich. Sobald ich irgendwo hingehen wollte, sagte sie: »Warte, bis dein Mann nach Hause kommt.« Ohne ihn konnte ich nirgendwo hin.

Ich wollte einen Ehemann, mit dem ich mich über vieles unterhalten konnte, aber Otto sprach eigentlich nur über seine Arbeit. Ansonsten war er ein eher langweiliger, verschlossener Mensch. Meine Familie indes nahm Rücksicht. Jeden Samstag gingen sie alle für einige Stunden weg und ließen Otto und mich allein, sodass wir miteinander schlafen konnten. Ich schloss dabei die Augen und seine Liebkosungen erschienen mir so fremd, als würde ich vom Mond aus auf uns hinunterblicken. Wenn wir miteinander schliefen, hatte ich stets das Gefühl, dass es mich gar nicht gab. Und obwohl Otto nichts sagte – wir sprachen nie darüber –, merkte er offenbar, dass sich in mir nichts regte, und es machte ihn wütend. Er hoffte, das Problem lösen zu können, indem er mehr Geld verdiente, um mir mehr Dinge kaufen zu können. Er versuchte wohl, sich auf diese Weise meine Liebe zu erkaufen.

An manchen Samstagen machten wir alle zusammen in unseren besten Kleidern einen langen Spaziergang, genossen das Lichtermeer am Times Square und bummelten die Fifth Avenue entlang, um voller Sehnsucht die Waren in den Schaufenstern zu betrachten, die wir uns nach wie vor nicht leisten konnten. Das Träumen aber konnte uns niemand nehmen.

Da der Samstag für uns Sabbat und damit Ruhetag war, gingen wir immer sonntags in den Waschsalon, um unsere Wäsche zu erledigen. Otto war der perfekte Schwiegersohn. Er ließ es nicht zu, dass Mutter auch nur die kleinste Last trug.

»Ich schaffe das schon, Otto«, sagte sie immer.

Aber Otto lächelte nur, langte hinüber und nahm ihr die Wäsche ab. »Du hast so viel getragen, dass es für ein ganzes Leben reicht«, sagte er.

Die Arbeit in der Schmuckfabrik machte mir Freude und ohne diese Erfahrung hätte ich nicht einige Jahre später ernsthaft ins Schmuckdesign einsteigen können. Als sich aber eine besser bezahlte Stelle anbot, verließ ich Weltner, um in einer Fabrik anzufangen, in der teure handbemalte Schals hergestellt wurden. Ich reproduzierte nicht nur die vorgegebenen komplizierten Muster, sondern kreierte manchmal auch eigene Motive, und man bat mich oft, als Mannequin die Schals potenziellen Käufern vorzuführen.

Meine Arbeitsstelle gefiel mir und zumindest vorläufig hatte ich mich mit meiner Ehe arrangiert. Doch ich hatte ein Geheimnis. Ich fühlte mich körperlich nicht wohl und mir war bewusst, dass ich seit etwa vier Monaten keine Blutung mehr gehabt hatte. Schließlich sagte ich es Otto und Mutter und sie suchten sogleich einen ungarischen Arzt für mich. Otto ging mit mir zu Fuß zu der recht weit entfernten Praxis. Mir war klar, dass ich möglicherweise schwanger war, aber als der Arzt sagte, ich sei bereits im fünften oder sechsten Monat, erschrak ich. Das konnte gar nicht sein! Ich war noch nicht lange genug hier, und ich hatte gewiss mit keinem anderem als mit Otto geschlafen. Der Arzt aber blieb dabei. Das brachte mich völlig aus der Fassung und ich fing an zu weinen. Ich war doch erst seit März in Amerika und jetzt eröffnete der Arzt mir, dass ich im November oder Dezember niederkommen würde! Ich sagte ihm, dass er sich mit dem Geburtstermin irren müsse.

Den ganzen Heimweg über konnte ich Ottos Augen ansehen, wie glücklich er war. Er hielt meine Hand und sagte: »Ich habe meine Familie verloren, aber jetzt gründen wir eine neue, Kleines – für mich gibt es nichts Wichtigeres auf der Welt.«

Ich arbeitete in der Schalfabrik, bis nicht mehr zu übersehen war, dass ich ein Kind bekam. Man kündigte mir, da ich nicht länger Schals im Ausstellungsraum vorführen konnte. Damals waren in dieser Fabrik keine schwangeren Frauen zugelassen. Mein alter Chef aber, Mr. Weltner, stellte mich gern wieder in seiner Schmuckfabrik ein und dort konnte ich bis zum letzten Tag vor der Entbindung arbeiten.

Eines Morgens in der zweiten Dezemberwoche wachte ich von Wehenschmerzen auf. Ich ging zu Fuß zur Praxis des Arztes in der westlichen 105. Straße. Von unserer Wohnung in der östlichen 82. Straße waren das dreiundzwanzig Blocks nach Norden und zehn Blocks nach Westen. Es war ein Sonntagmorgen. Der Arzt untersuchte mich und sagte dann, der Muttermund sei zwei Zentimeter geöffnet. Ich solle einfach im Vorraum der Praxis warten, bis die nächste Stufe der Wehen anfange. Ich setzte mich also in den Vorraum, aber es veränderte sich nichts, und so rief er mich schließlich herein und gab mir eine Spritze, um die Wehen einzuleiten. Ich saß noch einige Stunden lang in der Praxis, und obwohl der Arzt mir weitere Spritzen gab – insgesamt waren es elf –, ging es nicht vorwärts. Am Ende schickte er mich nach Hause und bestellte mich für später ins Krankenhaus.

Ich ging also zu Fuß von seiner Praxis wieder nach Hause, diesmal ganz ohne Wehenschmerzen. Er rief nachmittag und abends immer wieder an, was einige Umstände machte, da wir in unserer Wohnung kein Telefon hatten. Seine Anrufe landeten bei unserem Nachbarn, der uns dann extra holen musste. Irgendwann schlief ich ein.

Als ich am nächsten Morgen erwachte, ging es mir gut, und zwar so gut, dass ich beschloss, zur Arbeit zu gehen. Ich arbeitete noch etwa einen Monat lang, bis dann am 15. Januar die Wehen wirklich einsetzten. Auch dies geschah an einem Sonntag, und Otto brachte mich in ein Wohlfahrtskrankenhaus, ins William Booth Memorial Hospital in Manhattan, denn für eine andere Klinik hatten wir kein Geld. Man brachte mich in ein Wehenzimmer, in dem noch eine andere schwangere Frau lag, und nach einer Weile forderte man Otto auf zu gehen. Er war sehr traurig, denn er wollte bei mir bleiben. Inzwischen war es nach Mitternacht, und ich schrie vor Schmerzen, aber der Arzt sagte, dass er mit der Entbindung warten müsse, weil mein Baby in Steißlage sei. Die Wehen schienen sich eine Ewigkeit hinzuziehen, aber um drei Uhr morgens schob der Arzt mich schließlich in den Kreißsaal. Ich flehte ihn an, mir etwas gegen die Schmerzen zu geben. Ursprünglich hatte ich eine natürliche Geburt gewollt, doch die Schmerzen waren zu groß. Er gab mir etwas, das mich betäubte, aber die Wirkung war nicht stark genug. Ich spürte, wie der Dammschnitt gesetzt wurde und wie eine Hand in mir das Baby drehte. Danach ging die Geburt meines Sohnes rasch voran und ich verspürte sogleich Erleichterung. Sie währte aber nur einen Augenblick, kurz darauf bereitete mir das Vernähen der Wunde große Schmerzen.

All das war jedoch im nächsten Moment nicht mehr wichtig. Ich sah meinen Sohn Robert, und es war Liebe auf den ersten Blick. Er war eher klein und wog nur 2750 Gramm, aber schließlich war auch ich nicht groß, und es war mein erstes Kind. Viel später sagte man mir allerdings, dass die vielen Spritzen zum Einleiten der Wehen mein Baby sehr wohl hätten umbringen können.

Ich blieb eine Woche im Krankenhaus und hatte durch die Wundnaht starke Schmerzen. Bobby weinte viel. Als ich nach Hause kam, packten alle mit an, um ihn zu versorgen. Beim Briß-Míle, der Feier seiner Beschneidung, durfte ich nicht dabei sein, denn es hieß, das bringe der Mutter Unglück. Zur Feier gab es ein kleines Frühstück und wir hatten in die jüdische Zeitung von Yorkville eine Anzeige setzen lassen, mit der wir alle aus unserer Gemeinde einluden. Otto war glücklich. Er sagte, er könne bei unserem Sohn bereits Züge seines älteren Bruders entdecken.

Ich klagte und jammerte viel und weinte sehr oft. Ewig musste ich Windeln waschen und mich um einen quengeligen Säugling kümmern und auf all das war ich nicht vorbereitet. Die Arbeit in der Fabrik hatte mir gefallen, und ich wollte gerne weiterarbeiten. Da ich aber niemanden finden konnte, der tagsüber für das Baby sorgte, blieb ich zu Hause. Ich bat meine Mutter, mir Arbeit aus der Fabrik mitzubringen, und abends, wenn die anderen da waren und sich um Bobby kümmern konnten, machte ich mich ans Werk.

Da wir so beengt wohnten, veränderte das Baby unser aller Leben. Larry konnte nicht mehr so oft Radio hören, denn zwischen der Küche, wo das Baby schlief, und dem Wohnzimmer, wo das Radio stand, gab es keine Tür. Meine Schwester, die von einem kleinen, dürren Mädchen zu einer gertenschlanken jungen Frau mit einer hinreißenden Figur erblüht war, hatte mittlerweile Rendezvous mit jungen Männern, die sie nun aber nicht mehr mit nach Hause bringen konnte, weil bei uns überall Windeln herumhingen. Außerdem war Bobby ein schwieriges Baby – er war empfindlich, was Ernährung und Schlaf anging, wachte oft auf und schrie und quengelte viel. Und ich war eine unerfahrene, unglücklich verheiratete Mutter, die sich abmühte, all das zu bewältigen. Die Situation zerrte an unseren Nerven.

In gewisser Weise war es paradox. In einem Konzentrationslager und dann im Vertriebenenlager hatten wir lernen müssen, uns mit Fremden zu vertragen, aber jetzt, wo nur noch unsere eigene Familie unter einem Dach wohnte, schafften wir es nicht, miteinander auszukommen. Es gab beispielsweise Streit, wenn ich das Badezimmer nicht geputzt oder kein Abendessen gekocht hatte; das Kochen war zu meiner tagtäglichen Aufgabe geworden, überstieg aber eigentlich meine Fähigkeiten. Bei jedem Streit schienen wir einen Schlichter zu brauchen. Wir gingen einander geradezu an die Gurgel.

So konnte es nicht weitergehen. Als Bobby ungefähr acht Monate alt war, hielt es keiner von uns länger aus, und so zogen Otto, Bobby und ich in eine eigene Wohnung im vierten Stockwerk desselben Hauses, obwohl dies eine erhebliche finanzielle Belastung für uns alle bedeutete, auch für meine Mutter und meine

Schwester. Ich hatte Schuldgefühle, von ihnen wegzugehen, aber es blieb mir keine Wahl. Ich brauchte Raum zum Denken und zum Atmen. Außerdem stritten Otto und ich nach wie vor andauernd und es war schwierig, mich mit ihm auseinanderzusetzen, wenn die anderen immer Partei für ihn ergriffen.

Auch in der neuen Wohnung stritten wir uns, hauptsächlich weil Otto so viel arbeitete. Unter der Woche arbeitete er jeden Tag zwölf Stunden und mehr und auch samstags ging er meistens in die Fabrik und ließ mich mit dem Säugling allein. Um die Windeln zu waschen, musste ich die vier Stockwerke in den Keller hinunter und anschließend musste ich wieder ganz hinauf, um sie auf dem Dachboden zum Trocknen aufzuhängen. Und Bobby hatte ich stets bei mir. Es war eine unmögliche Situation, und ich hasste es, mit einem kleinen Kind eingesperrt zu sein, abgeschnitten von allem, von der Arbeit in der Fabrik und ohne jede Möglichkeit, neue Freunde zu gewinnen.

Wenn ich den quengelnden Bobby in den Schlaf wiegte, fragte ich mich oft: Was ist nur aus meinem Leben geworden?

Kapitel 20

Wir lebten zwar in getrennten Wohnungen, aber was das Geld anging, waren alle Familienmitglieder immer noch eng miteinander verbunden, denn es gab nur ein Bankkonto für beide Haushalte. Wer Geld benötigte, hob es von dem Konto ab. Diese Regelung hatte noch mehr Spannungen zur Folge, denn da wir so lange überhaupt nichts besessen hatten, verband jetzt jeder von uns seine eigenen Träume mit dem Geld. Ich selbst wollte auf eine größere Wohnung mit eigenen Möbeln sparen, meine Schwester wollte sich Kleider, mein Bruder einen Plattenspieler kaufen, und meine arme Mutter und Otto wollten einfach nur, dass ich glücklich war. Aber wie hätte ich glücklich sein sollen? Mein kleiner Sohn war mein einziger Freund, dem ich Tag für Tag erzählen konnte, wie traurig mein Leben gewesen war und in mancher Hinsicht noch immer war. Bobby gluckste nur und lächelte mich an, als wollte er mir sagen, dass sich schon noch alles zum Guten wenden würde.

Ich war zwar unglücklich und sehnte mich immer noch nach Richie, aber ich wollte auch, dass meine neue Familie ein schöneres Leben hatte. Am Ende des Jahres hatte ich genügend Geld gespart, damit wir in eine möblierte Wohnung in der Bronx ziehen konnten, abermals im vierten Stock eines Hauses ohne Aufzug. Die Monatsmiete betrug nur 45 Dollar und nicht mehr 100 Dollar wie in der östlichen 82. Straße. Wenn ich den Differenzbetrag sparte, würde ich mir bald eine schöne Wohnung und eigene Möbel leisten können. Wir mussten in der Bronx anstatt in Manhattan leben, ja, aber wir hatten Aussicht auf eine bessere Wohnung, und das war wichtiger.

Otto arbeitete so hart wie eh und je, obwohl er inzwischen versuchte, sich die Samstage freizuhalten (außer unmittelbar vor Weihnachten, wenn er sowohl samstags als auch sonntags arbeitete). Er hatte eine neue Stelle bei zwei Brüdern angetreten, die Vertreter für die bekannte Lederwarenfirma Buxton gewesen waren und nun ihr eigenes Unternehmen gründeten, die Carter Leather Goods Company. Als Vertreter waren sie erfolgreich, aber vom Produktionsprozess hatten sie keine Ahnung und kamen deshalb auf Otto zu. Sie stellten ihn ein, damit er für sie Lederwaren entwarf und herstellte, und er wurde für sie zu einer Goldgrube. Otto arbeitete Tag und Nacht und richtete die gesamte Fabrik ein. Er sperrte sie am Morgen auf und schloss sie am Abend wieder ab, war also der Erste, der kam, und der Letzte, der ging.

Er verdiente mehr Geld als auf seiner vorherigen Stelle, war aber noch weniger zu Hause. Und wenn er dann nach Hause kam, war er so erschöpft, dass er nur noch schlief. In den Jahren, als er für Carter arbeitete, zankten wir am meisten, weil für mich und Bobby überhaupt keine Zeit hatte.

»Ich habe nichts zu tun und keinen Menschen, mit dem ich reden kann«, sagte ich immer und immer wieder.

Ottos Lösung bestand darin, dass er uns in jenem Jahr zu Chanukka, dem Lichterfest, ein Fernsehgerät kaufte. Wir waren unter den vielen Einwanderern eine der ersten Familien, die ein Fernsehgerät hatten, und es kostete unerhörte fünfhundert Dollar. Das war

Ottos gesamte Weihnachtsgratifikation, aber er war äußerst zufrieden mit sich.

»Jetzt hast du Gesellschaft«, sagte er stolz zu mir.

Ich schüttelte nur den Kopf. Nach ein paar Monaten musste ich aber zugeben, dass Otto gut daran getan hatte, uns das Gerät zu kaufen. Bobby verliebte sich sofort in den Fernseher, lernte akzentfreies Englisch und jeden Werbespruch, den es gab. Er machte sehr gern den Komiker Jackie Gleason nach, der seine Sendung stets mit »And away we go!« einleitete. Vielleicht ist das der Grund, warum Bobby heute ein bekannter Komiker ist. Er ist ein echter Babyboomer, großgezogen mit Muttermilch und Mattscheibe.

Auch ich lernte durchs Fernsehen: Mein Englisch wurde viel besser, ich schnappte Ausdrücke aus Slang und Umgangssprache auf und erweiterte mein Vokabular.

Andererseits war der Fernseher kein Ersatz für ein leibhaftiges Gegenüber. Das sagte ich Otto immer wieder. Er nickte verständnisvoll, kam aber nach wie vor erst um acht Uhr abends nach Hause, um sich vor den Fernseher zu setzen und einzuschlafen. Weil ich mich so sehr nach Kontakt mit anderen Menschen sehnte, brachte ich manchmal Bobby abends ins Bett, ging dann einkaufen und überließ es Otto, auf das schlafende Kind aufzupassen. Es ging aber nicht gut. Wenn ich ein paar Stunden später nach Hause kam, schlief Otto tief und fest in seinem Sessel, und der kleine Bobby war wach und sah fern.

Ich stellte Otto zur Rede. »Wie kann es sein, dass ich dich bei einem schlafenden Kind zurücklasse, und wenn ich heimkomme, schläfst du, und der Kleine sieht fern?«

Otto hatte immerhin den Anstand zu erröten. »Er

kann wohl schon aus dem Kinderbett klettern«, sagte er. »Und das Fernsehen hat es ihm wirklich angetan.«

Von da an bestand ich darauf, dass Otto den Ton abdrehte, damit Bobby den Fernseher nicht hörte und nicht aus seinem Bett kam. Unsere Art zu leben war verrückt. Ich verlangte von Otto, dass er einen Teil des Wochenendes mit uns verbrachte. Samstags musste er mir bei der Wäsche helfen und die Windeln und Bettlaken und Handtücher die vier Stockwerke abwärts und vier Blocks weit in den Waschsalon schleppen, wo wir dann mit Bobby saßen und zuschauten, bis alles trockengeschleudert war. Das Ganze dauerte Stunden, da wir immer einige Maschinenladungen zu waschen hatten. Sonntags zog Otto ein Jackett und eine Krawatte an und ging mit Bobby und mir spazieren, so wie mein Vater es mit uns vor so vielen Jahren in Budapest getan hatte.

Otto beklagte sich nie, aber ich hatte nicht das Gefühl, dass ihm das alles wirklich Freude bereitete. Er lebte in sich zurückgezogen und rang dort mit seinen Dämonen. Wenn wir abends nach dem Essen allein waren, saßen wir da, ohne miteinander zu sprechen. Ich konnte es kaum ertragen. Jeden Werktag ging Otto um sechs Uhr morgens aus dem Haus, nahm am Broadway die U-Bahn und stieg an der 14. Straße um. Abends kam er nicht vor halb sieben oder acht Uhr nach Hause. Ich hatte das Gefühl, an meiner Einsamkeit zugrunde zu gehen.

Eines Tages sagte ich, dass ein ungarischer Tanzabend geplant sei, zu dem ich gern gehen würde. Otto wollte nicht. Sein Hass auf die Ungarn war noch immer groß.

»Sie hätten nicht zulassen dürfen, dass die Pfeilkreuzler und die Nazis uns das antaten«, sagte er immer und immer wieder.

Ich wollte aber trotzdem tanzen gehen. Ich liebte die ungarischen Lieder und die Zigeunermusik und mich hungerte danach, mit anderen lebenslustigen jungen Leuten zusammen zu sein, die meine Sprache sprachen und von derselben Kultur geprägt waren wie ich. Schließlich ließ Otto sich erweichen, aber auf dem Weg dorthin stritten wir uns noch immer. Mir war gleichgültig, was er sagte. »In meinem Leben muss es noch etwas anderes geben als nur das Kind«, sagte ich, aber er verstand das einfach nicht. Er kam zwar mit zu dem Tanzabend, war aber so wütend, dass er partout nicht mit mir tanzen wollte.

Meine Schwester Rose und ihre Freundin waren auch mitgekommen. Sie sahen in ihren identisch geschnittenen Kleidern, die eine in Schwarz, die andere in Weiß, umwerfend aus. Die Freundin meiner Schwester war eine Blondine und hatte das schwarze Kleid an und meine Schwester, eine Brünette, trug das weiße. Es war ein sehr ästhetischer Anblick – sie sahen aus wie zwei Art-deco-Figuren. Ich selbst trug ein einfaches und elegantes schwarzes Samtkostüm.

Die Musik setzte ein und ich begann mit den Füßen den Takt zu klopfen. Ich wiegte mit den Schultern vor und zurück und sang leise mit. Otto aber weigerte sich immer noch, mit mir zu tanzen.

»Also gut«, sagte ich und hob trotzig den Kopf. Ich schaute mich um und entdeckte einen sehr gut aussehenden Mann auf der anderen Seite des Saales. Ich ging zu ihm hin und fragte ihn, ob er mit mir tanzen wolle. Mit einem strahlenden Lächeln erwiderte er: »Es wäre mir ein Vergnügen.«

Er war ein geborener Tänzer und auch ich konnte

mich gut bewegen. Während wir übers Parkett schwebten, redeten wir die ganze Zeit und lächelten uns an. Sein Name war Jerry Horvath. Als der Tanz vorüber war, fragte er mich, ob ich mit jemandem hergekommen sei, und ich erwiderte, dass ich mit Otto verheiratet sei. Er schien ein bisschen enttäuscht zu sein, freute sich aber sehr, dass Otto der Glückliche war, denn er und Otto waren gute Freunde.

Ich schaute ihn forschend an. »Ich würde Ihnen gern jemanden vorstellen«, sagte ich, nahm ihn an der Hand und führte ihn zu meiner Schwester.

So lernte Rose ihren Ehemann Jerry kennen, der ihr heute noch immer so treu ergeben ist wie an jenem Abend des Jahres 1951, als sie sich kennen lernten. Und mir ist er so nahe und lieb wie ein Bruder.

Jerry arbeitete als Optiker, wollte aber nicht in dieser Branche bleiben. Er besuchte deshalb die Hotelfachschule und war schließlich fünfundzwanzig Jahre lang als Manager des Park Lane Hotel in New York tätig, als rechte Hand von Leona Helmsley. Rose und er haben einen Sohn, der heute ein bekannter Bluesgitarrist ist und in der ganzen Welt auftritt.

Sobald ich die beiden zusammen sah, wusste ich, dass sie voneinander verzaubert waren. Ich freute mich für meine Schwester, die in ihrem jungen Leben schon so viel gelitten hatte, aber ich war gleichzeitig auch traurig, denn auch ich hatte diesen Zauber einst erlebt und ihn dann verloren. Meine Gedanken wanderten zurück nach Budapest und zu Richies erstem Kuss. Seine Lippen auf den meinen zu spüren war das Natürlichste von der Welt gewesen. Mir kam in den Sinn, was er an jenem Tag zu mir gesagt hatte: »Du bist mein, Kis Pofa, und niemand sonst wird mit dir oder mit mir je einen solchen Kuss erleben.«

Ich schloss die Augen, und mir wurde plötzlich ganz schwindelig, weil die Erinnerung so machtvoll war. Ich hatte Richies Lippen geliebt – nach jedem seelenvollen Kuss berührte ich sie und fuhr ihre Linie nach, als wollte ich mir die Form dieses Mundes für immer einprägen. Nach wie vor hielt ich die Augen geschlossen und ich konnte uns sehen, konnte sehen, wie Richie meine Hand küsste, dann ein Stückchen Brot nahm und es mit mir teilte, indem er es mir mit dem Mund hinstreckte. Er war immer so romantisch gewesen! Wir hatten sogar unsere eigene Geheimsprache erfunden, damit wir uns »küssen« konnten, ohne dass jemand es mitbekam, selbst wenn wir uns mitten in einer Menschenmenge befanden. Richie zwinkerte mir dann zu und ich zwinkerte zurück – in unserer Geheimsprache bedeutete das einen Kuss.

Ich musste den Blick abwenden, weil ich das Leuchten in den Augen meiner Schwester nicht sehen mochte. Mit einemmal war mir das Vergnügen am Tanzen vergangen. Ich konnte mir nicht vorstellen, dass ich jemals wieder von ganzem Herzen vergnügt sein würde, weil mein Geliebter mir genommen worden war. Da ich all die Jahre nie etwas von ihm gehört hatte, konnte ich mich des Gedankens nicht erwehren, dass Richie tatsächlich tot war. Andernfalls hätte er mich doch inzwischen längst gefunden!

Auf dem Heimweg war ich sehr still, doch Otto stellte mir keine Fragen, denn er war noch immer wütend. Gut, dachte ich, dann wird er wenigstens heute Nacht nicht versuchen, mit mir zu schlafen. Das hätte ich nicht ertragen.

Das Leben ging weiter. Otto verließ weiterhin im Morgengrauen das Haus und kam erst wieder, wenn es schon dunkel war. Er half mir mit der Wäsche und ging mit mir und Bobby im Park spazieren, aber weiter reichte der Horizont unseres Lebens nicht. Ich hatte keine Freunde und konnte mit keiner Menschenseele darüber reden, wie abgeschnitten von allem ich war und wie unglücklich. Ich versuchte einfach, einen Tag nach dem anderen zu bewältigen und mir zu sagen, dass ich großes Glück hatte und mich nicht beklagen konnte. Mit einem Darlehen von Ottos Chef kauften wir einige Möbel. Ich bekam also nach und nach einige der materiellen Dinge, die ich mir gewünscht hatte, aber innerlich fühlte ich mich immer noch leer. Otto und ich lebten zwar zusammen, aber es gab kein echtes Miteinander.

Als ich eines Tages den Kinderwagen die letzte Treppe in den vierten Stock hochgezerrt hatte, mit Bobby auf dem anderen Arm, brach es plötzlich aus mir heraus. »Das ist doch kein Leben! Ich will endlich leben!«

Ich rief einen Ungarn an, den ich recht gut kannte – er liebte Amerika so sehr, dass er sich freiwillig zum Militärdienst gemeldet hatte –, und fragte ihn, ob er mich zu meiner Mutter fahren könne. Es war das Jahr 1952 und meine Mutter und Larry wohnten mittlerweile in Sunnyside im Stadtteil Queens. Ich packte alles, was mir gehörte, in einen Koffer und suchte Bobbys Sachen zusammen. Der Ungar holte mich an der Haustür ab und war so nett, mich von der Bronx bis nach Queens zu fahren. Es war schon dunkel, als ich bei Mutter vor der Tür stand. Sie öffnete und ließ ihren Blick über Bobby, das Gepäck und mich schweifen. »Was willst du hier?«, fragte sie.

Ich stand kerzengerade und stocksteif da und schaute Mutter direkt in die Augen. »Ich bin am Ende«, sagte ich. »Ich halte diese Einsamkeit nicht mehr aus. Ich habe keine Freunde, mit denen ich reden kann. Alles, was ich im Leben habe, ist Bobby, und ich liebe ihn von ganzem Herzen. Aber das ist einfach nicht genug.«

Mutter schaute mich an, als hätte ich den Verstand verloren. Heute ist mir klar, dass ihr wohl tausend Dinge durch den Kopf gegangen sein müssen – dass ihre Wohnung sehr klein war, dass ich eine verheiratete Frau war und zu meinem Mann gehörte, dass sie eigentlich nicht wusste, was sie tun sollte.

»Wenn ich heute Nacht hier bleiben darf, dann können wir morgen überlegen, wie es weitergeht«, sagte ich voller Hoffnung.

Aber meine Mutter schüttelte den Kopf. »Wie konntest du das nur tun? Ist dir klar, dass Otto verrückt sein wird vor Sorge? Ihr habt nicht einmal ein Telefon, damit wir ihn anrufen könnten, um ihm zu sagen, wo ihr seid! Das ist eine untragbare Situation.«

Ich starrte meine Mutter an. Sie hatte mich in meinem ganzen Leben noch nie enttäuscht. Jetzt aber fühlte ich mich von ihr im Stich gelassen.

»Du musst sofort nach Hause zurück, bevor er sich zu viele Sorgen macht«, sagte sie und gab mir das Geld für den Bus. Ich ging also, mit Bobby auf dem Arm und dem Koffer in der Hand zur Bushaltestelle und fuhr nach Hause in meine Wohnung in der Bronx. Es gab einfach keinen anderen Ort, wo ich hätte hingehen können.

Als ich dort ankam, war es schon nach elf, und ich musste an die Tür klopfen, damit Otto mir aufmachte. Ich hatte meinen Schlüssel dagelassen, weil ich nicht wieder zurückkommen wollte.

Als erstes blickte ich in Ottos müdes, verzweifeltes Gesicht. »Wo warst du?«

Ich ging an ihm vorbei und legte meinen erschöpften Sohn in sein Bettchen, ehe ich ins Wohnzimmer zurückkehrte.

»Ich wollte dich heute verlassen, Otto. Ich bin mit Bobby und allem, was mir gehört, zu meiner Mutter gegangen.« Ich lachte auf, aber das Lachen klang müde und verzagt. »Allerdings wollte sie mich nicht bei sich haben. Sie hat mich zurückgeschickt. Mit dem Bus.« Ich goss mir aus einem Krug ein Glas Wasser ein. »Vielleicht käme sie damit zurecht, wenn du bei ihr wohnst, denn sie liebt dich wirklich sehr. Vielleicht ist es am besten, du ziehst bei ihr ein, und ich bleibe mit Bobby hier.«

Otto saß da, den Kopf auf die Hände gestützt, und seine Schultern bebten. Als er zu mir aufschaute, glänzten seine Augen von ungeweinten Tränen. »Ich weiß nicht, was du von mir willst, Kleines. Ich tue für dich, soviel ich nur kann. Ich nehme keinen Urlaub, ich nehme nicht einmal einen einzigen Tag frei. Ich arbeite die ganze Zeit, um dir und Bobby ein schöneres Leben zu ermöglichen, aber nie ist es genug.«

Da begann ich zu weinen, denn es stimmte, was er sagte. Er arbeitete hart für uns, aber er als Mensch blieb im Verborgenen, weil so viele Mauern ihn umgaben. Die eigentliche Wahrheit aber war, dass ich ihn schlicht und einfach nicht so liebte, wie er geliebt werden wollte, und das lag nicht an ihm, sondern an mir.

Ich wischte mir die Tränen ab, ging zu ihm hinüber und legte die Arme um ihn. »Vielleicht wird ja doch alles gut werden, Otto, lass uns einen neuen Anlauf nehmen«, sagte ich und strich ihm das Haar glatt. »Aber könntest du nicht versuchen, etwas mehr Zeit mit uns zu verbringen?«

Er versprach es und eine Weile lang blieb er an den Wochenenden zu Hause. Bald aber ging die Arbeitswut wieder mit ihm durch. Ich tat, was ich zu tun hatte. Ich passte mich an und wir machten weiter, so gut es ging.

Otto stieg in seiner Firma auf, und Bobby hielt mich die ganze Zeit auf Trab. Er hatte extrem viel Energie. Heute ist mir klar, dass er hyperaktiv war, aber damals hatte ich keine Vergleichsmöglichkeiten und dachte einfach, dass alle Kinder so wären. Ich musste rennen, um mit ihm Schritt zu halten, und am Ende eines jeden langen Tages war ich ausgelaugt. Mittlerweile lebten wir in einer größeren und schöneren Wohnung in der Bronx und alle Möbel waren unsere eigenen. Otto erwies sich für seine Firma als unentbehrlich und übernahm immer mehr leitende Aufgaben. Allerdings war aus den Gehaltserhöhungen und den Anteilen an der Firma, die die beiden Brüder ihm versprochen hatten, nie etwas geworden, und Otto stellte nie entsprechende Forderungen.

Ich war wieder schwanger. Unsere Tochter Sandy kam am 7. August 1954 zur Welt. Ich werde nie den Moment vergessen, als Otto sie zum ersten Mal sah. Er schaute sie lange an, und dann liefen ihm die Tränen über die Wangen. »Sie sieht ganz wie meine Mutter aus. Danke, Kleines, danke, dass du mir ein weiteres Mitglied meiner Familie zurückgegeben hast.«

In diesem Augenblick rührte er mich zutiefst. Ich wusste, wie sehr er jeden Tag unter seinen Erinnerungen litt. Und ich wusste, was für ein guter Mensch er war, ein liebender, großzügiger Ehemann und Vater und ein liebender Sohn für meine Mutter. Mir war klar, dass es sein größter und einziger Wunsch war, von der Liebe seiner Frau und seiner Familie umgeben zu sein. Ich gelobte im Stillen, dass ich mich mehr anstrengen würde, ihm diese Liebe zu geben.

Am nächsten Tag kam Mutter ins Krankenhaus und begrüßte mit vielen Ohs und Ahs die kleine Sandy. Irgendwie hatte sie es geschafft, Bobby hereinzuschmuggeln, und sie ließ ihn sogar seine kleine Schwester halten. Er saß eine ganze Weile mit ihr auf dem Arm da und war sehr, sehr still.

»So viele Male habe ich gedacht, ich würde es nie erleben, wie meine Kinder groß werden, dass sie sterben würden, ehe sie mir Enkel schenken könnten. Heute ist ein Freudentag«, sagte meine Mutter und ihre Augen füllten sich mit Tränen. »Ich danke Gott jeden Tag für alles, was er mir geschenkt hat.« Dann richtete sie sich auf und wischte die Tränen weg. »Ich kümmere mich um dich, wenn du nach Hause kommst«, sagte sie.

Was hätte ich nur ohne Mutter gemacht? Sie war eine so eigenständige Frau! Sie lebte zufrieden in ihrem Wohnblock in Sunnyside, wo auch andere ungarische Einwanderer untergekommen waren, sie engagierte sich bei den wohltätigen Aktivitäten ihrer Synagoge, sie war mit dem Herstellen und Entwerfen von Schmuck beschäftigt und sie weigerte sich nach wie vor standhaft, auch nur daran zu denken, mit irgendeinem Mann auszugehen. »Ich habe deinen Vater geliebt und nach ihm könnte es nie einen anderen Mann für mich geben«, sagte sie nüchtern, sobald das Thema zur Sprache kam. Sie hatte ihren koscheren Fleischer gefunden, konnte gute Werke tun und war von ihren Kindern und Enkelkindern umgeben. Was hätte sie sich sonst noch wünschen sollen? Ihr Gott hatte sie nicht enttäuscht.

Eines Abends Anfang 1955 erhielt Otto einen Anruf, der unser aller Leben veränderte. Der Besitzer der Lederwarenfirma Baronet wollte, dass Otto nach Reading in Pennsylvania kam, um dort für ihn zu arbeiten. Otto wusste nicht, was er tun sollte. Einerseits arbeitete er seit fast sechs Jahren für die beiden Brüder, andererseits bot Baronet ihm viel mehr Geld, und die Brüder hatten keines der Versprechen gehalten, die sie ihm gemacht hatten. Otto berichtete ihnen von dem Angebot. Zunächst dachten sie, er würde nur bluffen. Als sie jedoch sahen, dass es ihm ernst war, boten sie ihm mehr Geld an.

Doch diesmal ließ Otto sich nicht übervorteilen. »Es tut mir leid, aber das ist nicht genug«, sagte er zu den beiden. »Man bietet mir eine Chance, wirklich Karriere zu machen.«

Die Brüder wurden böse. »Wir waren doch so großzügig zu Ihnen«, sagten sie. »Wir haben Ihnen immerhin sogar die Schlüssel zur Fabrik überlassen!«

Da musste selbst Otto lachen, denn schließlich hatten sie ihm die Schlüssel gegeben, weil er immer vor allen anderen da war und erst nach Hause ging, wenn sie alle schon weg waren. Ihm wurde klar, was den beiden zu schaffen machte: Sie wussten, dass sie nie wieder jemanden finden würden, der gewillt war, derart hart für sie zu arbeiten. Aber sein Entschluss stand fest. Er würde zu Baronet wechseln. Am selben Abend kam er nach Hause und verkündete die Neuigkeit. Er würde Hauptgeschäftsführer einer Fabrik sein, was einen großen Karrieresprung bedeutete – aber wir waren gezwungen, nach Pennsylvania umzuziehen.

Ich war wie benommen. Wir hatten uns in New York etwas aufgebaut. Bobby ging zur Schule und ich hatte mich mit anderen jungen Müttern angefreundet. Ich brauchte mich nur in den Bus oder in die U-Bahn setzen, um meine Schwester, meine Mutter, meinen Bruder oder Tante Rose und Onkel Victor zu besuchen. Wie konnte ich all das aufgeben, um nach Pennsylvania in irgendeinen Provinzort namens Reading zu ziehen, wo bislang vielleicht gerade mal eine Handvoll Juden wohnten?

Aber im Grunde hatte ich keine Wahl. An einem Wochenende fuhr Otto mit mir nach Reading und wir mieteten ein Haus. Dann ging ich zurück nach New York, packte unsere ganze Habe zusammen und nahm mit zwei kleinen Kindern im Schlepptau den Umzug in Angriff.

Nach demselben Muster verliefen übrigens auch alle weiteren Umzüge während unseres Ehelebens. Ich erledigte das Zusammenpacken und Umziehen, während Otto seiner Arbeit nachging.

Und wie er arbeitete! Er schuftete für zwei, wollte aber nie nach einer Gehaltserhöhung oder irgendwelchen Zulagen fragen. Ich verwaltete unser Geld und ich wusste, dass wir sehr gut etwas mehr hätten brauchen können und dass Ottos Leistung auch mehr wert war. Ich sagte das zu seinem Chef, als er mit mir über den Umzug nach Reading sprach.

»Ja, Sie haben wahrscheinlich recht, Betty«, sagte er. »Aber es ist an ihm, zu mir zu kommen und mir zu sagen, was er braucht.«

Ich nickte, aber ich war noch nicht fertig. Es gab noch etwas, worum Otto niemals bitten würde. »Ich brauche in dem neuen Haus eine Waschmaschine und einen Wäschetrockner und einen neuen Kühlschrank und eine Antenne für unseren Fernseher.«

Der Chef, ein deutscher Jude, starrte mich einen Augenblick lang an. Dann lächelte er und schüttelte mir die Hand. »Abgemacht. Ich werde Otto einen Scheck über zweitausend Dollar geben. Das müsste reichen, nicht wahr, Betty?«

Kapitel 21

Unser erstes Haus in Reading lag im absolut falschen Stadtviertel nahe an der Bahnlinie und ich hörte ständig die Züge vorbeifahren. Jeder Zug weckte in mir die Erinnerungen an die Deportationen aus Budapest. Es war fast unerträglich, und ich konnte in diesem Haus nur schlecht schlafen, doch ich zwang mich, stark zu sein, denn zu dem Zeitpunkt hatte ich keinen Einfluss darauf, wo wir wohnten.

Ich war ganz von meiner Mutterrolle in Anspruch genommen. Bald aber wurde mir klar, dass die Kinder so auf mich fixiert waren, weil Otto kaum da war und fast nie etwas mit ihnen unternahm. Eines Tages ging er endlich einmal mit Sandy und Bobby auf dem nahe gelegenen See Schlittschuh laufen und sie waren völlig begeistert. Ich blieb zu Hause, weil ich wollte, dass dies sein Tag mit den Kindern war und dass sie ihren Papa als einen Helden bewundern konnten.

Otto leistete in jenem Jahr für Baronet so ausgezeichnete Arbeit, dass sein Chef, ein großzügiger Mann, ihm einen Prämienscheck über tausend Dollar gab und am selben Tag noch einmal zu ihm kam, um ihm noch einen zweiten Scheck über tausend Dollar auszuhändigen. Er sagte: »Das ist dafür, dass Sie sich so besonders engagiert haben.«

Als Otto an dem Abend nach Hause kam, strahlte er übers ganze Gesicht, so stolz war er auf diese Schecks und das, was sie symbolisierten. Er liebte seine Arbeit und er genoss es, Anerkennung zu bekommen. Ich lobte ihn und nahm ihn in den Arm, um ihm einen Kuss zu geben. Mit den Schecks eröffnete ich ein Sparkonto.

»Bald werden wir in ein besseres Haus in einem anderen Viertel ziehen können«, sagte ich zu ihm.

1957 zogen wir in ein besseres Stadtviertel und wohnten zur Miete in einer Dreizimmerwohnung in einer umgebauten Garage, die einem in Reading ansässigen Millionär gehörte.

Bobby besuchte die Hebräischschule und Sandy ging zum Sonntagskindergarten in die Synagoge. Ich war mittlerweile sehr bei B'nai B'rith engagiert und half eingewanderten jüdischen Familien dabei, sich in Reading niederzulassen. Nach dem Ungarnaufstand im Jahr 1956 war ich nach Camp Kilmer in New Jersey gefahren, um die Flüchtlinge dort zu besuchen. Zu Otto sagte ich, dass ich gern einigen Familien helfen wolle, in den USA Fuß zu fassen, und das stimmte auch. Ich fuhr aber auch in der Hoffnung hin, unter den Flüchtlingen Richie zu finden. Ich konnte mir gut vorstellen, dass er sich, falls er noch am Leben war und in Ungarn lebte, gegen die Unterdrückung durch das kommunistische Regime aufgelehnt hatte.

Ich schaute in jedes Gesicht und stellte sogar einige vorsichtige Fragen, aber auch diesmal waren meine Bemühungen umsonst. Anscheinend war Richie Kovacs genauso unauffindbar wie mein Vater, und vielleicht war der Grund bei beiden derselbe: Sie waren tot, Opfer eines Weltkrieges. Doch ich brachte es noch immer nicht fertig, das zu glauben.

An den meisten Tagen blieb mir keine Zeit, darüber nachzudenken, was in meinem Leben fehlte. Am 24. Juni 1957 gebar ich unser drittes Kind, Jeffrey. Ich weiß noch, wie ich meinen wunderschönen Sohn betrachtete und dabei dachte, dass ich jetzt endgültig keine Zeit mehr haben würde, meinen Erinnerungen nachzuhängen. Es gab nur noch die Gegenwart, meine drei kleinen Kinder, die mich brauchten, und meine karitative Arbeit.

Ich hatte auch eine wunderbare Freundin gewonnen. Sie hieß Gerta und war eine Wiener Jüdin, verheiratet mit einem tschechischen Juden. Sie waren sehr wohlhabend. Ihre Familie besaß eine Firma, die Herrenstrümpfe produzierte. Wichtiger aber war, dass Gerta und ich uns so gut verstanden. Auch sie war eine Überlebende des Holocaust – zuerst war sie in Theresienstadt, dann in Dachau gewesen. Außerdem hatte sie eine Tochter im selben Alter wie Sandy und einen Sohn, der ebenso alt wie mein Jüngster war. Die Übereinstimmung hätte perfekter nicht sein können. Dass sie und ihr Mann so reich waren, hinderte sie nicht daran, sich jeden Samstagabend bei uns zum Essen einzufinden, obwohl Otto noch immer an den meisten Samstagen arbeitete und oft dementsprechend müde war. Trotzdem war auch er gern mit ihnen zusammen. Gerta war für mich wie eine Schwester.

Eines Tages kam sie vorbei und war ganz aufgeregt. Sie erzählte mir, dass sie ein neues Haus im Pagoda-Viertel gekauft hätten, dem exklusivsten und durchweg nichtjüdischen Teil von Reading. Es war mehr als nur ein Haus, es war eine Villa, und Gerta wollte, dass ich ihr beim Aussuchen der Möbel und bei der Innenausstattung half. Mit den Jahren hatte ich dafür ein Auge entwickelt und war geschickt im Entwerfen von dekorativen Vorhängen und Ähnlichem.

Ich widmete mich diesen Aufgaben mit einer Liebe und Sorgfalt, als ob es mein eigenes Haus gewesen wäre. Eines Morgens saßen wir beisammen, während unsere Kinder draußen im Garten zufrieden miteinander spielten. Wir konnten sie ohne weiteres im Auge behalten, da die Fenster zum Garten hin riesig waren. Wir machten uns Notizen, was wir noch kaufen mussten und welche elektrischen Anschlüsse noch zu verändern waren. Als wir damit fertig waren, bat Gerta mich, mit ihr zum Lebensmittelhändler zu fahren.

»Du bist doch eine wunderbare Köchin, Betty, und ich hätte gern deinen Rat, was wir bei der Party servieren sollen.«

Ich lächelte. Wir sammelten die Kinder ein und fuhren dann zusammen zu dem Lieferservice, wo wir ein fantastisches Menü für die geplante Einzugsparty zusammenstellten. Anschließend fuhren wir noch einmal auf eine Tasse Tee und ein Stück Kuchen zurück zu Gerta.

Gerta beugte sich über den Tisch und berührte mich am Arm. »Kleines, da ist nur noch eine Sache. Bei der Einzugsparty erwähne bitte nicht, dass du Jüdin bist. Das ist hier eine rein nichtjüdische Gegend und wir werden ihnen nicht sagen, dass wir Juden sind.«

Ich konnte es nicht fassen, dass sie so etwas sagte. Ich sprang auf und warf dabei in meinem Zorn fast die zerbrechliche Teetasse aus dem neunzehnten Jahrhundert um. »Du brauchst dir keine Sorgen zu machen, dass ich irgendwas sagen und dein Geheimnis ausplaudern könnte, denn ich werde gar nicht auf eurer Party erscheinen. Und sei versichert, dass ich kein Wort mehr mit dir reden werde!« Ich wandte mich zum Gehen.

Gerta brach in Tränen aus und hielt mich am Arm fest. »Bitte, Kleines! Du verstehst das nicht. Ich will nur in Frieden leben nach all dem Schrecklichen, was ich durchgemacht habe. Dass wir Juden sind, geht doch niemanden etwas an!«

Ich sah sie an und versuchte ihr zu erklären, warum ich so wütend war, aber es fiel mir schwer. Es brach mir das Herz, dass ich meine Freundin wegen solch einer Geschichte verlieren sollte. »Schau, Gerta, du warst in einem Konzentrationslager, so wie ich auch. Ich musste zusehen, wie ein Judenhasser meine beste Freundin tötete. Damals habe ich mir geschworen, dass ich meinen Glauben nie verschweigen würde.« Ich wand meinen Arm aus der Umklammerung. »Du hingegen bist heuchlerisch und ich möchte nichts mehr mit dir zu tun haben.«

Ich nahm meine Kinder und ging. Danach habe ich nie mehr mit ihr gesprochen, obwohl sie bald darauf vorbeikam und mich anflehte, es mir noch einmal zu überlegen. Was diesen Punkt anging, waren Otto und ich uns vollkommen einig. Nie wieder, sagten wir. Und wir taten alles, was in unserer Macht stand, um unsere Kinder so zu erziehen, dass sie keine Vorurteile entwickeln konnten. Schon in der Zeit, als wir selbst noch nicht viel besaßen, standen wir anderen Juden bei, die Hilfe brauchten, und unterstützten jüdische Hilfsorganisationen. Ich mochte mit Gott im Streit liegen, aber ich war mit trotzigem Stolz und mit jeder Faser meines Herzens Jüdin.

Obwohl ich unser Geld verwaltete, war ich in finanziellen Dingen ziemlich unbedarft. Ich hatte noch nicht recht begriffen, wie man in Amerika an so etwas heranging. Doch dank der Hilfe einiger Freundinnen aus dem Jewish Center wurde mir klar, dass Otto und ich es uns durchaus leisten konnten, ein Haus zu kaufen. Darlehen hatte es in Ungarn nicht gegeben – wollte man ein Haus erwerben, so hatte man es auf einen Schlag in bar zu bezahlen. Unter solchen Umständen, hatte ich ausgerechnet, würden wir noch zwanzig Jahre weitersparen müssen, ehe wir uns ein Haus leisten konnten, denn wir lebten praktisch von einem Gehaltsscheck zum anderen. Mit einem Darlehen aber konnten wir uns, laut meinen Freundinnen, schon morgen ein eigenes Haus kaufen. In Reading in Pennsylvania bekam man 1958 für 19000 Dollar ein sehr schönes Haus und musste nur zehn Prozent davon anzahlen. Eines Abends erklärte ich Otto alles. Am nächsten Tag bat er seinen Chef, einen Brief an die Bank zu schreiben und ihm, Otto, darin zu bescheinigen, dass er eine feste Arbeitsstelle habe. Und so bekamen wir unser Haus.

Ich entwickelte mich schnell zu einer ausgezeichneten Köchin. Mutter hatte mir zwei von Hand geschriebene Kochbücher geschenkt, eines mit Hauptspeisen und eines mit ihrem leckeren Gebäck und anderen Köstlichkeiten aus dem Backofen. Wenn ich darüber hinaus Ratschläge oder Anregungen brauchte, rief ich sie an, und ich machte alles von Anfang bis zum Ende selbst, ganz wie sie es mir beigebracht hatte. Wenn sie zu Besuch kam, buken und kochten wir gemeinsam. Es war wie ein Fortgeschrittenenkurs in der Kunst des Kochens, nur am heimischen Herd. Ich lernte Plätzchen und Strudel zu backen, luftiges Wiener Gebäck sowie traditionelle ungarische Gerichte wie etwa ihren köstlichen Tscholent zuzubereiten. Meine Mutter brachte mir auch bei, wie man Kohlrouladen macht. »Das Geheimnis«, sagte sie, »besteht darin, dass man sie nie mit einem Zahnstocher zusammenhält. Das erreicht man allein dadurch, wie man die Kohlblätter einschlägt.« Sie führte es mir geduldig vor, bis ich es perfekt konnte.

Es dauerte nicht lange und alle Leute wollten gern zu uns zum Essen eingeladen werden. Nach und nach fand ich Gefallen daran, Gäste zu bewirten, und ich lernte, es mit Geschmack und Stil zu tun.

In den zehn Jahren in Reading war mein Leben ausgefüllt: mit meinem Mann und meinen Kindern, meinem Heim und meiner ehrenamtlichen Arbeit für B'nai B'rith. Ich arbeitete auch unentgeltlich in einer staatlichen Klinik für geistig behinderte Kinder und Erwachsene. Selbst an Sonntagen ging ich manchmal dorthin – die Kinder ließ ich dann bei Otto. Ich nahm auch Malstunden am College der Stadt. Es bekümmerte mich, dass ich durch den Krieg die Schule hatte abbrechen müssen, und auch in Amerika hatte ich wegen meiner eiligen Heirat und der drei Kinder, die ich innerhalb von sieben Jahren bekam, keine Ausbildung abgeschlossen. In mir steckten viel kreative Energie und viel Wissbegierde. Ich liebte das Malen, aber Otto wollte nicht, dass ich im Haus malte. Er, der in einer Branche arbeitete, in der er ständig mit schädlichen und übelriechenden Chemikalien zu tun hatte, konnte den Geruch von Ölfarben nicht ausstehen. »Von den Farben bekomme ich Kopfschmerzen«, sagte er.

Ich wich auf Acrylfarben aus und malte weiter, aber die Bilder hatten kein Leben in sich – genau wie ich. Ich kam meinen Pflichten nach, ich versuchte eine gute Ehefrau und Mutter zu sein, aber innerlich war ich leer. Ich war Tausende von Meilen, ja Lichtjahre entfernt von dem fröhlichen Mädchen, das Richie seine Kis Pofa genannt hatte.

Otto hatte zu wenig Zeit, als dass er es bemerkt

hätte. Baronet wuchs und er wuchs mit. Sein Chef wollte von ihm, dass er in Puerto Rico eine Fabrik aufbaute, die 1.800 Menschen beschäftigen würde. Wie üblich leistete Otto hervorragende Arbeit und wie üblich opferte er dafür Zeit, die er sonst mit der Familie verbracht hätte. Er war ständig auf Reisen und verbrachte manchmal sechs Wochen hintereinander in Puerto Rico. Ich hatte oft das Gefühl, ich würde die Kinder ganz allein aufziehen, auch wenn wir Otto ab und zu nach Puerto Rico begleiteten, zum Beispiel während der Schulferien. Natürlich war er dann den ganzen Tag über in der Fabrik, während die Kinder und ich am Strand umhertollten und warteten, bis Otto von der Arbeit kam. Aber zumindest sah ich so etwas von der Welt und genau wie ich es erwartet hatte, gefiel mir das Reisen ausnehmend gut.

Einige Jahre später zogen wir erneut um. Baronet eröffnete eine weitere große Fabrik, diesmal in New Jersey, und Otto musste nun sehr viel Zeit in New York verbringen, um den Ablauf des Ganzen zu beaufsichtigen. Es war letzten Endes also am sinnvollsten, dass wir wieder in die Gegend von New York zogen. Otto bestand allerdings darauf, dass wir nicht im Zentrum, sondern in einem Vorort wohnten. Ich stimmte zu, war aber wieder einmal aufgebracht, dass ich auch diesen Umzug, diesmal mit drei Kindern im Schlepptau, allein zu bewältigen hatte, weil Otto in New York gebraucht wurde. Es war alles wie gehabt.

Zumindest konnten wir gemeinsam auf Haussuche gehen. Nachdem wir uns einige ältere Gebäude angeschaut hatten, wurden wir auf eine neue Siedlung in Spring Valley im Staat New York aufmerksam, wo gerade Häuser in Sonderausführung für nur 34 000 Dollar errichtet wurden. Wieder gerieten Otto und ich fürchterlich in Streit, weil er dachte, wir könnten uns ein solches Haus nicht leisten, während ich darauf beharrte, das könnten wir sehr wohl. Am Ende gab er nach.

Das war im Jahr 1965, und dieses Haus im Kolonialstil mit fünf Zimmern war mein Wunschhaus. Genau davon hatte ich seit vielen Jahren geträumt. Nur war der Mann, mit dem ich diesen Traum geteilt hatte, nicht bei mir. Ich versuchte, nicht darüber nachzudenken.

Der Umzug selbst war fürchterlich. Die Firma bezahlte ihn zwar, aber all die zerbrechlichen Antiquitäten und Sammlerstücke, die ich im Laufe der Zeit hatte anschaffen können, musste ich allein einpacken, und als die Leute von der Firma die anderen Dinge verpackten, musste ich allein alles bis ins Kleinste beaufsichtigen. Ich musste auch das Haus allein verkaufen und die Möbel veräußern, die wir nicht mitnehmen wollten, während ich zugleich Entscheidungen über das Haus, das wir bauen ließen, zu fällen und mich um drei Kinder zu kümmern hatte. Bobby, der ohnehin ein schwieriges Kind war, hatte unter dem Umzug besonders zu leiden, denn er musste während der Highschool auf eine neue Schule wechseln. Ich haderte und schimpfte mit Otto, aber er hörte mir kaum zu. Er wollte sich um seine Arbeit kümmern.

Noch immer sehnte ich mich nach erwachsenen Menschen, denen ich meine innersten Gedanken hätte mitteilen können, aber nach dem katastrophalen Ende der Freundschaft mit Gerta hielt ich mich zurück. Das schien mir eine gute Strategie zu sein. Ich wollte nicht riskieren, noch einmal so enttäuscht zu werden.

Mein kleiner Bruder Larry war erwachsen geworden. Bis 1957 lebte er bei meiner Mutter und es fiel ihr schwer, ihn allein zu lassen, um mich oder meine Schwester zu besuchen. Er erwartete von ihr, dass sie ihm den Haushalt führte, wie sie es immer getan hatte. Im Jahr 1957 aber verliebte er sich in Eva, eine wunderschöne ungarische Freiheitskämpferin, und heiratete sie. Sie zogen nach Kalifornien, was für meine Mutter das Beste war. Rose wohnte immer noch in ihrer Nähe, ich wohnte erst in Reading, dann in Spring Valley, und sie musste nicht mehr für Larry sorgen. Mein Bruder und seine Frau zogen nach Los Angeles, wo er ein Juweliergeschäft eröffnete und sie als Immobilienmaklerin arbeitete. Meine Mutter besuchte sie jedes Jahr zur Weihnachtszeit, um ihnen im Juweliergeschäft behilflich zu sein.

Aus dem Haus in Spring Valley machte ich ein Glanzstück. Ich richtete es genauso ein, wie ich es haben wollte, und schwelgte in dem Luxus, so viel Platz zu haben. Ich half den Kindern, sich in der Schule einzugewöhnen, und selbst Bobby hatte sich bald zurechtgefunden. Meine Ehe mit Otto war nicht besser, aber sicherlich auch nicht schlechter geworden. Manche Leute, die uns bei gesellschaftlichen Anlässen kennenlernten, hielten uns für das perfekte Paar. Otto verbrachte nach wie vor nicht viel Zeit mit den Kindern. Er war nie Trainer einer Baseballmannschaft, ging nie mit den Kindern ins Kino oder zum Bowling und tat nichts von alldem, was normale Vorort-Familienväter angeblich taten. Die Kinder beklagten sich freilich nicht über seinen Mangel an Interesse. Sie nahmen uns so, wie wir waren, obwohl wir ihnen nie von den entsetzlichen Ereignissen während des Krieges und des Holocaust erzählten, die uns geprägt und in mancher Hinsicht auch krank gemacht hatten. Wie so viele Überlebende waren wir nicht imstande, über die Vergangenheit zu sprechen, obwohl wir tagtäglich unter ihren Nachwirkungen litten.

Wir hatten bald gelernt, so zu tun, als seien wir glücklich. Doch ich wachte immer noch mitten in der Nacht von Ottos Schreien auf und er wachte von meinen auf. Die Vergangenheit ließ uns nicht los. Uns fehlte die Art heilsame Liebe, durch die wir zu einer dauerhaften Zufriedenheit in der Gegenwart hätten finden können. Wenn wir allein waren, machte sich zwischen uns sehr oft ein Schweigen breit, das keineswegs entspannt und gelassen war. Wir versuchten mit dieser Misere zurechtzukommen, so gut es ging: Otto verlor sich in seiner Arbeit und ich ging ganz in der Sorge für meine Kinder auf und engagierte mich bei einer für mich neuen Gruppe, der Hadassah, dem Frauenzweig der Zionist Organization of America.

Und doch war es nicht genug.

Kapitel 22

Der März scheint mein Unglücksmonat zu sein. An einem sonnigen Tag im März 1965, der eher frühlingshaft als winterlich war, erlitt ich einen Nervenzusammenbruch. In Vorbereitung auf den Frühling harkte ich im Garten Laub und packte es in Säcke. Als ich etwa zehn Säcke gefüllt hatte, starrte ich sie an, und plötzlich kam es mir vor, als seien es Hunderte. Ich warf die Harke hin. Mein Herz hämmerte so heftig und wild, dass ich dachte, es würde bersten. Irgendwie schaffte ich es, mich ins Haus zu schleppen und Otto in der Firma anzurufen.

Ich konnte nur mit Mühe sprechen. »Du musst nach Hause kommen«, stammelte ich. »Ich glaube, ich habe einen Herzanfall. Du musst mich ins Krankenhaus bringen.«

Sie behielten mich für eine Woche dort. Als ich ankam, hatte ich einen enorm hohen Puls und Blutdruck. Beides bekam man mit Medikamenten unter Kontrolle, aber der Arzt glaubte, dass dies nur Symptome seien und die Ursache woanders lag.

»Fahren Sie mit Betty in Urlaub, damit sie sich erholen kann«, sagte er zu Otto. Ich wäre lieber allein weggefahren, um mich mit der Frage zu beschäftigen, was in mir entzweigegangen war und die massive Angstattacke ausgelöst hatte, von der der Arzt sprach. Ich sträubte mich gegen den Gedanken, dass ich aufgrund meiner ganzen ungelösten inneren Konflikte krank geworden war. Ich hatte damals kein Interesse daran, mein Seelenleben zu erkunden. Das wäre einfach zu schmerzlich gewesen. Ich hätte es also vorgezogen, ohne Begleitung wegzufahren, aber ich war ganz einfach noch nie allein auf Reisen gewesen und hatte nicht vor, es gerade jetzt auszuprobieren, wenn ich derart aus dem Gleichgewicht war. Otto erklärte sich bereit, mit mir zu verreisen – daran ließ sich ablesen, wie besorgt er sein musste, denn es war das erste Mal, dass er Urlaub von seiner heiligen Arbeit nahm.

Wir beschlossen, nach Florida zu fliegen. Onkel Ignatz hatte sich dort zur Ruhe gesetzt und wir dachten, wir könnten den Besuch bei ihm damit verbinden, uns auszuruhen und in der Sonne zu liegen. Mutter kam nach Spring Valley und kümmerte sich um die Kinder.

Der Tag, an dem wir wegfuhren, war völlig anders als der Tag, an dem ich die Angstattacke gehabt hatte. Das warme Wetter war vorüber und die Kälte war mit Macht zurückgekehrt. Während unser Flugzeug auf dem Rollfeld des Flughafens La Guardia auf die Starterlaubnis wartete, breitete sich eine dicke Schneedecke über den Boden. Die Tragflächen des Flugzeugs mussten während des Wartens immer wieder enteist werden. Ehe wir an Bord gingen, hatte ich zu Otto gesagt, dass mir nicht danach zumute sei, mit anderen Passagieren in Kontakt zu kommen und zu reden. Otto gehört zu den Menschen, die mit jedem ein Gespräch anfangen und mit Fremden sofort Bekanntschaft schließen. Das war nie meine Art gewesen und nun war ich ganz gewiss nicht dazu aufgelegt, mit jemandem zu plaudern. Ich wollte für mich sein und für mich bleiben.

Während ich neben Otto saß und aus dem Fenster auf das Eis und den Schnee blickte, fühlte ich mich innerlich stumpf und wie erstarrt. Ich weiß noch, dass mir – Gott möge mir verzeihen – durch den Kopf ging: »Wenn das Flugzeug doch nur abstürzen würde!« Dann wäre mein Leben vorbei, und der Schmerz, den ich all die Jahre in mir getragen hatte, würde aufhören. Ich wollte nicht mehr weiterleben, weil ich so unglücklich war. Es gab dafür keinen einzelnen und ganz bestimmten Grund – der Grund war mein Leben als Ganzes. Als mir das klar wurde, war ich entsetzt. Ich hatte das Haus meiner Träume bekommen, ich hatte meine Kinder, wir führten ein schönes und angenehmes Leben – und trotzdem wollte ich, dass es aufhörte. Vielleicht hätte ich all das genießen können, wenn ich es mit einem anderen Mann erlebt hätte – wenn ich Richie geheiratet hätte, der mir immer das Gefühl gegeben hatte, eine Frau zu sein. Dieses Gefühl gab mir Otto nie. »Könnte das daran liegen«, fragte eine leise Stimme in mir, »dass ich nie zulasse, dass er mir dieses Gefühl gibt?« Ich wusste keine Antwort darauf. So ging mir wieder einmal auf, dass ich an Otto schuldig wurde, aber ich glaubte nicht, dass ich aus eigener Kraft etwas dagegen ausrichten konnte. Zu sterben erschien mir also als der leichtere Weg. Ich war sechsunddreißig Jahre alt.

Am Flughafen von Fort Lauderdale erwartete uns Onkel Ignatz. »Du siehst ja furchtbar aus, Kleines«, sagte er, als er mich sah. »Was ist denn mit dir passiert?«

»Ich hatte einen Nervenzusammenbruch«, sagte ich müde.

Onkel Ignatz betrachtete mich eine Weile lang sehr genau. »Nerven können nicht brechen«, sagte er dann in bestimmtem Ton.

Und wieder hatte ich Schuldgefühle. Die Nazis hatten Frau und Kinder von Onkel Ignatz umgebracht, aber er hatte keinen Nervenzusammenbruch gehabt. Er war weitergegangen. Was stimmte also nicht mit mir, warum konnte ich nicht genauso stark sein wie er?

Als wir gerade den Flughafen verlassen wollten, kam ein Immobilienhändler auf uns zu und fragte, ob wir nicht einen kostenlosen Abstecher nach St. Petersburg machen wollten.

»Das solltet ihr euch nicht entgehen lassen«, sagte Onkel Ignatz. »Diese Leute verkaufen dort Eigentumswohnungen. Sie fliegen euch gratis hin und zurück, bringen euch in einem Hotel unter und laden euch zu einem guten Abendessen ein. Der einzige Haken ist, dass ihr euch ihren Sermon über die Eigentumswohnungen anhören müßt.«

»Lass uns das doch machen«, sagte Otto zu mir. »Dann haben wir wenigstens etwas zu tun, während wir hier sind.«

Ich wollte nicht, aber Otto schien so erpicht darauf zu sein, dass ich zustimmte. Wir meldeten uns für den Flug am nächsten Tag an.

Als ich aber am nächsten Morgen erwachte, fühlte ich mich furchtbar. Mein Kopf war schwer von dem Valium, das ich nahm, um meine Nerven zu beruhigen.

»Ich kann unmöglich mitfliegen«, sagte ich zu Otto.

Er machte ein so enttäuschtes Gesicht, dass ich ihm vorschlug, Onkel Ignatz zu fragen, ob er nicht an meiner Stelle mitfliegen wolle. Es war erst halb sieben, aber ich wusste, dass mein Onkel ein Frühaufsteher war.

Mit einem Lächeln sagte Otto: »Gute Idee.« Er rief Onkel Ignatz an und fragte ihn. Dann war er eine Zeitlang still und runzelte die Stirn, während mein Onkel am anderen Ende der Leitung sprach.

»Kommt er mit?«, fragte ich, als Otto aufgelegt hatte.

»Das hängt ganz von seinem Schmorbraten ab«, sagte Otto. Er hatte große Mühe, ernst zu bleiben.

»Was hat denn ein Schmorbraten damit zu tun?«, fragte ich.

Otto erzählte mir alles haarklein. Onkel Ignatz hatte ihm geduldig erklärt, dass er am Morgen zuvor einen Schmorbraten zubereitet habe. Nach unserer Ankunft aber luden wir ihn zum Essen ein, also hatte er den Schmorbraten nicht verspeisen können. Wenn er nun mit Otto über Nacht weg blieb, würde er in den nächsten zwei Tagen wieder nicht dazu kommen, den Schmorbraten zu essen, und bis dahin würde er verderben. Er brachte es nicht über sich, den Schmorbraten wegzuwerfen, und würde nur mitkommen, wenn er ihn jemandem überlassen konnte.

Sogleich nach dem Telefonat mit Otto holte Onkel Ignatz die schwere Kasserolle mit dem Schmorbraten aus dem Kühlschrank und lief, nur mit seinen Hosen bekleidet, zum Haus seines besten Freundes und klopfte an die Tür. Nach einem kurzen Moment brüllte drinnen jemand: »Wer ist denn da und was wollen Sie?«

»Ich bin's, Iggy – ich habe einen Schmorbraten für dich«, erwiderte mein Onkel.

Die Tür ging auf. Ein massiger Kerl trat heraus und starrte auf meinen recht zerzaust aussehenden Onkel und den schweren Kochtopf hinunter, den er vor sich hertrug. Onkel Ignatz hatte diesen Menschen noch nie zuvor gesehen.

»Sie sind wohl irgendein Perverser, was?«, rief der Mann und schlug ihm die Tür vor der Nase zu.

Onkel Ignatz schaute zur Hausnummer hoch und begriff, dass er sich vertan und den Schmorbraten einem vollkommen Fremden angeboten hatte. Er fasste sich, lief ein Stück zurück und klingelte schließlich an der richtigen Tür. Sein Freund freute sich sehr über den Schmorbraten.

Einige Minuten später klingelte das Telefon in unserem Hotelzimmer, und Otto nahm ab. »Sehr schön«, sagte er lächelnd, nachdem er ein paar Sekunden zugehört hatte.

»Es kann losgehen«, sagte er zu mir. »Onkel Ignatz erwartet mich und von seinem Haus aus fahren wir dann zum Flughafen.«

Am Flughafen setzten sie sich in den Warteraum, bis ihr Flug an der Reihe war und die Immobilienhändler nacheinander die Namen der Passagiere aufriefen. »Mr. und Mrs. Schimmel!« Otto und mein Onkel standen auf und steuerten auf die Tür zu.

»Entschuldigen Sie«, sagte die junge Vertreterin nervös. »Dieser Ausflug ist nur für Ehepaare gedacht.« Sie starrte den kleinen alten Mann und den langen, gutaussehenden Kerl an seiner Seite an. »Sie sind doch nicht verheiratet, oder?«, fragte sie unsicher.

Otto lachte immer noch, als er und Onkel Ignatz in unser Hotelzimmer zurückkamen.

»Aber was ist jetzt mit meinem Schmorbraten?«, jammerte Onkel Ignatz. »Jetzt habe ich nichts mehr zum Mittagessen.«

»Ich lade dich zum Essen ein«, sagte Otto, der noch immer nach Luft schnappte, weil er nicht aufhören konnte zu lachen. Auch ich amüsierte mich sehr.

Das war der Höhepunkt der Reise, denn davon abgesehen war Florida für uns eine Katastrophe. Es war schön, Onkel Ignatz zu besuchen, der sich sehr darüber freute. Otto aber fühlte sich wie ein Tier, das man in einen Käfig gesperrt hat. Ich sah das an seinem Gesichtsausdruck und daran, wie er auf dem weichen Teppichboden unseres Hotelzimmers auf und ab ging. Seine Gedanken waren bei der Arbeit. Er war hier, weil der Arzt es angeordnet hatte, aber er selbst hatte keinen Urlaub machen wollen. Er wollte so leben wie immer und er wollte, dass seine Betty wieder die alte war, die den Haushalt in Schuss hielt und sich um die Kinder kümmerte. Er liebte mich, aber er wollte nicht, dass unser Leben durcheinandergeriet. Und ich spürte die Angst, die unter der Oberfläche seines Unmuts und seiner Verärgerung schwelte. Ich konnte sehen, dass er dachte: Was soll nur werden, wenn die alte Betty nie mehr zurückkommt?

Ich saß also zwei Tage in der heißen Sonne Floridas, und am dritten Tag blickte ich zu Otto auf, streckte die Hand aus und sagte: »Mir geht es jetzt besser. Lass uns nach Hause fliegen.«

Er sah derart erleichtert aus, dass ich am liebsten aufgelacht hätte, aber ich bezähmte mich. »Bist du dir sicher, Kleines?«, fragte er.

Ich nickte nur und das reichte ihm. Er machte sich daran, ordentlich und akkurat seine Tasche zu packen. Er bat mich, die Fluggesellschaften anzurufen, und noch am selben Nachmittag saßen wir im Flugzeug. Meine Krise war vorbei – zumindest tat ich so.

Mutter musterte mich eingehend, als wir zur Tür hereinkamen, nahm mich dann in die Arme und drückte mich an sich, um mich daraufhin noch einmal prüfend zu betrachten. »Geht es dir wieder gut, Kleines?«

Ich nickte. Ich schämte mich ein wenig vor Mutter, die nie Schwäche gezeigt hatte, nicht einmal angesichts von Eichmann, der SS und dem Vernichtungslager. Was musste sie nur über ihre verwöhnte Tochter denken, die in ihrem Luxushaus wohnte und zusammenbrach, wenn es ans Laubharken ging?

Doch sie sagte nie etwas dazu und kritisierte mich nie. Sie nahm mich jedoch zur Seite und erzählte mir, dass Bobby in unserer Abwesenheit eine Flasche von unseren Spirituosen in einem Schirmständer nahe der Haustür versteckt hatte, um sie von dort mitzunehmen, wenn seine Freunde ihn abholten. Mutter sah, wie er die Flasche versteckte, wartete, bis er in einem anderen Raum war, und stellte die Flasche dann einfach an ihren Platz zurück, ohne ihn je darauf anzusprechen.

Ich unterdrückte einen Seufzer. Bobby gehörte zu den Kindern, die immer ausprobieren müssen, wieweit sie gehen können. Aber vielleicht lag das nicht nur an ihm. Vielleicht lag es auch daran, dass sein Vater immer nur arbeitete und mein Innerstes so verschlossen war. Vielleicht brauchte er einfach mehr Aufmerksamkeit. Ich gelobte auf der Stelle, es von nun an besser zu machen. Ich würde meine ganze Kraft für meine Familie und für karitative Arbeit aufbieten, ich würde mein Leben in den Griff bekommen.

In den nächsten drei Monaten wandelte ich umher wie eine lebende Tote. Ich nahm gehorsam die hohe Valiumdosis ein, die mir der Arzt verordnet hatte, und sie legte mich derart lahm, dass ich meine Aufgaben kaum wahrnehmen konnte. Eines Morgens stand ich auf und warf die Tabletten einfach weg. Sie waren keine Lösung. Meine Familie brauchte mich und ich brauchte etwas, worauf ich meine Energien konzentrieren konnte.

Zu meinen neuen Vorsätzen gehörte, mich bei Hadassah stärker zu engagieren. Ich rückte innerhalb der Organisation auf und wurde zunächst Beauftragte für

Neumitglieder. Dann bekam ich die Leitung der Auktionen übertragen, war eine erfolgreiche Spendenbeschafferin und wurde schließlich zur Vorsitzenden gewählt. Im Laufe der Jahre bekam ich viele Auszeichnungen dafür, dass ich zum einen Spendengelder auftrieb und zum anderen half, das Anliegen der Juden ins öffentliche Bewusstsein zu rücken.

Die Kinder waren nun schon viel größer und ich hatte viel mehr freie Zeit. Ich nutzte sie, um an der New Yorker New School for Social Research Töpfer- und Malkurse zu belegen. Das Malen lag mir zwar, aber meine Schwester Rose hatte tatsächlich großes künstlerisches Talent. Tragischerweise hatte der Krieg sie an der Entfaltung jenes enormen Potentials gehindert, das man bereits an ihren Kinderzeichnungen ablesen konnte. Sie wurde aber eine hervorragende Schmuckdesignerin und verdiente gut damit. Ich selbst malte recht viel, als die Kinder eigenständiger wurden, und sorgte dafür, dass meine Tochter Sandy Kunst- und Töpferkurse besuchte, denn auch sie war ungemein talentiert. Oft saßen Sandy und ich nebeneinander, ich an meiner großen, sie an ihrer kleinen Staffelei, und wir malten mit Acrylfarben, damit Otto keine Kopfschmerzen bekam. Sandy ist noch immer eine gute Malerin und ihre Porträts sind großartig. Ich glaube, dass es mir gelungen ist, ihr meine Liebe zur Kunst weiterzugeben.

Die Liebe zur Kunst ist eigentlich bei all unseren Kindern deutlich sichtbar. Bobby ist Komiker, Sandy ist Künstlerin und Public-Relations-Expertin und Jeffrey lebt vom Schreiben. Die Begabung zum Schreiben könnte er natürlich auch aus Ottos Familie geerbt haben. Ottos ungarische Cousine Hattie hat eine Reihe beliebter Kinderbücher verfasst.

Nachdem ich zwei Jahre lang Vorsitzende unserer Hadassah-Gruppe gewesen war, baten die anderen mich, für das gesamte Gebiet des Staates New York als Vorsitzende zu kandidieren. Den Wunsch konnte ich jedoch nicht erfüllen. Es war das Jahr 1973 und wir zogen wieder einmal um.

Ein Geschäftsfreund hatte Otto mit einem Mann bekannt gemacht, der einen Kompagnon brauchte. Er war Fachmann für die Herstellung von Kleinlederwaren und wollte eine neue Firma mit Sitz in Phoenix aufbauen. Bobby und Sandy waren zu der Zeit bereits auf dem College. Otto ging schon bald nach Arizona, ganz in Anspruch genommen von diesem neuen Projekt, während ich zurückblieb, um das Haus zu verkaufen, unsere Sachen zusammenzupacken und den Umzug zu bewerkstelligen. Hilfe hatte ich nur von Jeffrey, der die Oberstufe der Highschool besuchte.

Zunächst war ich entsetzt darüber, dass wir so weit wegziehen würden. Mutter war nicht mehr die Jüngste, Bobby und Sandy besuchten ein College an der Ostküste und ich war noch nie in Arizona gewesen. Otto versicherte mir aber, dass wir die Gelegenheit nutzen würden, den ganzen Bundesstaat und sogar den gesamten Westen zu bereisen. Das reizte meine Abenteuerlust.

Ich flog nach Phoenix und wir kauften ein nagelneues Haus, das mir überhaupt nicht gefiel. Otto hatte aber keine Zeit, mit mir nach einem älteren Haus mit etwas Charakter zu suchen, das ich zu finden gehofft hatte. Wieder einmal ärgerte ich mich fürchterlich über ihn, weil er sich für Dinge, die mir im Leben wichtig waren, einfach keine Zeit nahm. Wie eh und je stand die Arbeit für ihn im Mittelpunkt. Ein Standardwitz von Bobby war: »Wann kriegt Dad einen Orgasmus? – Wenn er in ein Lederwarengeschäft kommt.« Da war etwas dran. Ottos Leidenschaft war seine Arbeit.

Ich hatte natürlich Fotos von der Wüste gesehen, war aber in keiner Weise vorbereitet auf ihre karge Schönheit, den dramatischen Anblick von nackten, zerklüfteten Felsstümpfen und riesigen Kakteen, die sich wie von der Natur gestaltete Skulpturen gegen den Himmel abheben. Und es lag etwas in der Luft, das mich innerlich zur Ruhe kommen ließ, trotz der Hast, die unsere Suche nach einem Haus mit sich brachte. In einem Punkt hatte Otto Recht: Ich wollte wirklich auch den Rest dieses interessanten und faszinierenden Staates sehen, in dem ich von nun an zu Hause sein würde.

Unser Haus war noch gar nicht gebaut. Es sollte in einer der neuen Siedlungen entstehen, die damals in den siebziger Jahren überall in Phoenix aus dem Boden schossen. Ich wusste, dass wir uns ein größeres und besseres Haus hätten leisten können, aber Otto war nervös, weil er nun als Teilhaber selbst ins Geschäft einsteigen würde, und beharrte darauf, dass wir uns mit diesem Haus zufrieden gaben. Während unserer ganzen Ehe war Otto immer sehr großzügig gewesen, in dem Sinne, dass er mir kaufte, was er sogleich bezahlen konnte – zum Beispiel das Fernsehgerät im Jahr 1949, aber auch Möbel und Schmuck. Vor langfristigen finanziellen Verpflichtungen war ihm jedoch stets bange und sobald ein Darlehen in seinen Augen zu hoch war, gerieten wir aneinander. Er konnte so erfolgreich sein, wie er wollte – als er von Baronet wegging, war er immerhin Vizedirektor des Unternehmens –, doch die Angst, dass er aus irgendeinem Grund nicht in der Lage sein würde, die monatlichen Rückzahlungen zu leisten, wurde er niemals los.

»Hör zu, Otto«, sagte ich an dem Morgen, als wir wegen des Hauses eine endgültige Entscheidung treffen mussten, »wenn wir das Haus in Spring Valley verkaufen, kommt ein ansehnlicher Gewinn für uns heraus, und es stehen ansonsten keine größeren Anschaffungen an. Wir brauchen weder neue Möbel noch neue Haushaltsgeräte. Also können wir es uns leisten, hier etwas Besseres zu kaufen. Außerdem geht es mit Arizona aufwärts. Der Hauskauf wird eine gute Investition sein.«

Otto schüttelte aber nur den Kopf und bekam diesen sturen Gesichtsausdruck, der mir mittlerweile vertraut war. Jedesmal wenn ich die nächste Stufe erklimmen wollte, klammerte er sich verzweifelt an die Stufe, auf der er gerade angekommen war. Trotz seines beruflichen Erfolges konnte Otto sich einfach nicht vorstellen, dass sein Leben sich angenehmer gestalten könnte.

»Dieses Haus ist gut genug für mich, Kleines«, sagte er.

Ich holte tief Luft und gab auf. Ich war es müde, darüber zu streiten, welche Art Haus wir uns leisten konnten. »Gut«, sagte ich, »aber zumindest zahlen wir den Aufpreis für einen anderen Teppichboden und nehmen das Beste, was es gibt.« Ich zeigte ihm, was mir vorschwebte, ehe ich nach Spring Valley zu den Umzugskisten zurückflog.

Als ich zwei Monate später mit Jeff in Phoenix eintraf und unser neues Haus betrat, verschlug es mir den Atem. Otto hatte für den Teppichboden zwar tatsächlich mehr ausgegeben, ihn jedoch selbst ausgesucht. Nun hatten wir einen Florteppich in jedem einzelnen Zimmer, den ich vom ersten Augenblick an abscheulich fand, und ich wusste, dass ich in Anbetracht von Ottos Ängsten Jahre brauchen würde, um den Teppichboden nach und nach gegen einen akzeptablen auszutauschen.

»Wir kommst du nur dazu, so etwas zu kaufen?«, sagte ich wütend und mein ganzer Ärger darüber, dass wir wieder hatten umziehen müssen, dass er dabei nicht mithalf und dass wir uns nicht einig waren, welche Art von Haus wir kaufen sollten, verdichtete sich in meiner Reaktion auf den schauderhaften Teppichboden.

Otto war fassungslos. »Aber ich dachte, der würde dir besser gefallen! Ich fand, dass er elegant aussieht.«

Ich schloss die Augen. Auch das war immer einer der Konfliktpunkte zwischen uns gewesen. Ottos Geschmack und der meine vertrugen sich nicht. Stets zog er das Protzige und Übertriebene dem Dezenten vor. Ich wusste, dass er in anderen Verhältnissen aufgewachsen war als ich. Meine Eltern hatten immer einen exzellenten Geschmack gehabt und selbst auf der Flucht Dinge von guter Qualität gekauft. Die Zeit, als ich mit Richie die Antiquitätenläden von Budapest besuchte, war für mich wie ein Fortgeschrittenenkurs über gute Möbel, gute Kunst und gutes Porzellan gewesen. Ich verfügte über eine gewisse ästhetische Sensibilität und was mich umgab, das hatte Einfluss auf meine Stimmung und meine Lebensauffassung. Für Otto aber galt das alles nicht. Wenn es um Lederwaren ging, machte er sich über jedes kleinste Detail Gedanken, doch in anderen Bereichen hatte er einfach keinerlei ästhetisches Empfinden. Wieder einmal merkte ich, wie unterschiedlich wir waren und wie viel mich das im Laufe der Jahre gekostet hatte. Dann aber versuchte ich mich zusammenzunehmen. Mutter würde sich für mich schämen. Ich hatte doch schließlich einen großzügigen Ehemann, der immer genug Geld verdient hatte, drei wundervolle Kinder und ein neues Heim in einer aufstrebenden Stadt. Welches Recht hatte ich, wegen eines Teppichbodens wütend zu sein? »Es wird schon gehen«, sagte ich deshalb lächelnd zu Otto – und ich schwor mir, niemals nach unten zu blicken.

Als Sandy und Bobby vom College nach Hause kamen, verliebten sie sich sogleich in ihre neue Heimat. Sie erkundeten die Wüste und fanden das Klima toll. Jeff, der ohnehin nie ein Problemkind gewesen war, gewöhnte sich in seinem neuen Leben und an der neuen Highschool ohne Mühe ein.

Obgleich ich das kulturelle Leben von New York vermisste, stellte ich fest, dass Arizona mir sehr gut tat. Das hatte aber wohl auch viel damit zu tun, dass Mutter zu einem langen Besuch zu uns nach Westen kam. Wir waren im August 1973 umgezogen und Mutter kam zu Thanksgiving zu uns und blieb bis zum ersten April des folgenden Jahres.

Wir hatten eine wunderbare Zeit miteinander. Eines Morgens, als Otto schon zur Arbeit und Jeff in die Schule gegangen war, kam Mutter zu mir ins Schlafzimmer. »Schau mal aus dem Fenster, Kleines. Sieh nur, wie die Heißluftballons über der Wüste hochsteigen!«

Ich setzte mich im Bett auf und schaute hinaus. Es war ein seltsamer, aber majestätischer Anblick, wie fünf große, bunte Ballons in den strahlend blauen Himmel aufstiegen und alles zurückließen, was sie an die Erde fesselte. Es war einfach wunderschön.

»Komm«, sagte ich zu Mutter und hielt die Bettdecke hoch. »Leg dich hier neben mich und lass uns zusammen den Ballons zuschauen.«

Und so lagen wir aneinandergeschmiegt da, wie damals in all jenen bitterkalten Nächten, als Mutter uns auf dem Todesmarsch und auch danach vor Gefahren bewahrt und beschützt hatte. Mein ganzes Leben lang war sie mein Fels und mein Kompass, meine Freundin und Ratgeberin gewesen. Sie war klein von Statur, aber in jeder anderen Hinsicht war sie eine Riesin – besonders in ihrer Fähigkeit zu lieben und zu glauben. Durch ihr Vorbild hatte sie mich gelehrt, dass die Familie der höchste Wert ist. Selbst Otto gab sie das Gefühl, wieder eine Mutter zu haben. Auch meine Kinder beteten sie an und hatten große Achtung vor ihr.

Wie habe ich dieses Glück nur verdient, dachte ich, eine solche Mutter zu haben, die auch nach all den Jahren noch immer bei mir war?

Sie war mittlerweile im Ruhestand, aber das bedeutete nicht, dass sie untätig gewesen wäre. Mutter war ständig in Bewegung, kümmerte sich um die Armen in ihrer jüdischen Gemeinde, besuchte ihre Freundinnen und war für viele andere Flüchtlinge, die ihren Rat suchten, wie eine Mutter. Sie ging treu zur Synagoge, reiste durchs Land, um ihre Kinder zu besuchen, die nun in verschiedenen Bundesstaaten lebten, und war zwei Jahre zuvor sogar mit einer Freundin in Israel gewesen. Aus Jerusalem hatte sie eine kleine Tüte Sand mitgebracht.

Das Erstaunlichste an ihr war, dass sie noch immer über die Neugier und die Energie einer jungen Frau verfügte, obwohl sie doch neunundsechzig Jahre alt war und die Schrecken des Krieges und den grausamen Verlust ihres geliebten Mannes hatte verkraften müssen. Ihr Haar war inzwischen grau und sehr lang, aber sie trug es in einem weichen Knoten. Trotz ihres Alters war sie noch immer schlank und hielt sich kerzengerade.

Im Laufe der Jahre hatten viele Männer ein Auge auf sie geworfen, denn sie war eine schöne Frau, sowohl äußerlich als auch von ihrer Ausstrahlung her, doch sie hatte einfach kein Interesse gezeigt. Sie hatte meinen Vater geliebt und ihn verloren. In der Zeit nach dem Krieg sah ich sie einige Male weinen, weil sie wusste, dass er niemals zu ihr zurückkommen würde. Wenn ich sie allerdings fragte, warum sie weinte, sagte sie nur: »Ich weine einfach um uns alle. Um die Menschheit.« Aber mir war klar, dass die Tränen meinem Vater galten. Ich hatte selbst oft um ihn geweint, und meine Schwester Rose weinte noch immer um ihn.

Mutter führte einen koscheren Haushalt und wenn sie uns besuchen kam, musste ich koscheres Fleisch kaufen. Ich selbst kochte nicht koscher, hatte also keine zwei getrennten Geschirrgarnituren. Ich hielt aber ein gesondertes Glasgeschirr für sie bereit, damit sie in unserem Haus koscher essen konnte. Mutter war immer eine Frau mit Prinzipien gewesen, ließ es dabei aber nie an Klugheit oder Humor mangeln.

Sie gab beständig Redensarten von sich, als seien sie Lebensmaximen und natürlich waren auch tatsächlich welche darunter.

So warnte sie uns oft: »Seid vorsichtig mit euren Wünschen, denn ihr bekommt vielleicht tatsächlich, was ihr euch wünscht, und seid dann gar nicht glücklich damit.« Wenn einer unserer Freunde sich nicht benehmen konnte, schüttelte sie jedesmal den Kopf und sagte: »Aus einem Hund kann man keinen Schinken machen.« Manchmal sagte sie auch: »Geh nicht rückwärts.« Das war ihre Art zu sagen: Halte dich nicht mit der Vergangenheit auf. Sie selbst tat das nie. Sie war ein Mensch, der die Dinge so hinnahm, wie sie waren. Sie lehnte sich niemals auf – außer, wenn es um ihre Kinder ging.

Als wir so aneinandergekuschelt dalagen, sagte ich zu ihr: »Das Leben, das ich führe, ist eine Lüge. Ich habe Otto nicht geliebt, als ich ihn heiratete, und ich liebe ihn nach wie vor nicht genug.«

Mutter sah mich ruhig an und strich mir die Haare aus dem Gesicht, als sei ich wieder ihr kleines Mädchen und nicht eine fünfundvierzigjährige Mutter von drei Kindern. »Nein. Was du gerade gesagt hast, das ist eine Lüge«, sagte sie in entschiedenem Ton. »Eigentlich liebst du Otto doch, aber du hast immer noch Richie im Kopf.«

Damals wollte ich ihr nicht glauben, aber sie hatte recht.

Arizona war wunderschön und ich wollte, dass meine Mutter alles sah, was es zu sehen gab. Wir fuhren mit ihr zum Grand Canyon, nach Sedona und in die Painted Desert mit ihren Felsformationen, die mit jedem Wechsel des Lichts ein neues Farbenschauspiel bieten. Sie wollte alles genau in ihrer Erinnerung festhalten. Sie staunte angesichts der Größe des Grand Canyon und bezeichnete Sedona als einen sehr spirituellen Ort, einen natürlichen Tempel. Jedes Wochenende gingen wir woanders hin. Ich hatte gerade eine Stelle bei einem Reisebüro angetreten und wollte nun, da meine Kinder älter waren, mein Fernweh stillen. An den Tagen, an denen ich arbeitete, ging Mutter zu Fuß ins Lebensmittelgeschäft und wieder zurück, um dann das Abendessen für uns zuzubereiten. Die ganze Familie freute sich über Mutters Anwesenheit. Sie bereitete uns nie Schwierigkeiten, war nie im Wege. Und sie kochte immer noch wunderbar.

Wenn ich mit ihr allein war, sprachen wir sogar manchmal über die Vergangenheit, was Mutter eigentlich nicht gern tat. Und wir unterhielten uns darüber, wie sich unser Leben entwickelt hatte.

»Es muss schwer für dich gewesen sein, so weit wegzuziehen, Kleines«, sagte sie eines Tages zu mir, als wir am frühen Morgen draußen saßen und unseren Kaffee schlürften. »Aber es war eine gute Entscheidung und eine Möglichkeit, euch zu verbessern. Für Otto ist das eine große Chance.«

Ich nickte.

Sie lächelte mich an. »Otto hat mich nicht enttäuscht«, sagte sie. »Er ist dir ein ausgezeichneter Ehemann und er ist ein guter Vater.«

Auch ich setzte ein Lächeln auf, dachte aber bei mir: Woher willst du das denn wissen? Du hast die ganzen Jahre still gelitten und meinen Vater vermisst, aber das war auch alles, was du kanntest. Du hast nie darüber gesprochen, wie sehr er dir fehlt oder wie du mit der Einsamkeit zurechtkommst. Ich behielt das alles jedoch für mich. Mutter war eine stolze und in mancher Hinsicht einzelgängerische Frau und wollte ihre Last allein tragen.

Ich pflichtete ihr bei: »Otto ist ein guter Mann.«

Ich spürte, dass Mutter gern mehr von mir gehört hätte und dass sie hoffte, ich würde irgendwann sagen, wie sehr ich ihn liebte, aber das konnte ich nicht. Ich dachte immer noch an Richie und hatte sein Gesicht vor Augen, als wäre es gestern gewesen. Aber ich konnte Mutter damit nicht belasten, wollte sie nicht merken lassen, wie sehr ich litt. Und ich wusste, wenn wir über ihn redeten, würde ich selbst jetzt noch zu weinen anfangen.

Stattdessen sprachen wir darüber, zusammen nach Budapest zu fahren. Ich hatte das Gefühl, dass ich es mittlerweile verkraften würde, die Stadt wiederzusehen, und sie wollte mich begleiten.

»Nächstes Jahr«, sagte sie und tätschelte meine Hand.

Während Mutter bei uns war, kamen auch meine Schwester und ihr Mann und mein Bruder und seine Frau zu Besuch. Wir waren wieder alle beieinander, diesmal in Arizona, und selbst Otto war so oft wie möglich dabei, denn er wusste, dass meine Mutter ihn genauso liebte und akzeptierte wie ihre eigenen Kinder – und in mancher Hinsicht sogar noch mehr, denn die beiden waren enge Vertraute. Wer weiß, welche Geheimnisse sie miteinander hatten?

Wir waren glücklich vereint und Mutter freute sich sehr darüber. Doch es sollte das letzte Mal sein.

Mutter wollte Anfang April nach New York zurückfliegen, um bei der Geburtstagsfeier meiner Schwester zu helfen. Jerry, der Mann von Rose, war inzwischen Gesellschafter des exklusiven Tamcrest Country Club in New Jersey und plante dort eine aufwändige Überraschungsparty für Rose. Er rechnete auf Mutters Unterstützung. Wir gingen zusammen auf die Suche nach einem Festkleid für sie und fanden ein sehr schönes langes Kleid im Kaufhaus Goldwater. Am selben Abend gingen wir mit ihr zum Essen aus, in ein Cowboy-Restaurant namens Pinnacle Peak. Sie aß koscher wie immer, Salat, in Wasser gekochte Bohnen und eine in der Schale gebackene Kartoffel. Wir blickten hinaus in den Abendhimmel und die Lichter über Phoenix. Es war ein schöner Tag im Spätfrühling gewesen. Die Gerbera waren aufgegangen und die Kakteen standen in voller Blüte. Es schien, als würde Arizona Mutters Anwesenheit feiern wollen.

Als wir an dem Abend nach Hause kamen, fühlte Mutter sich jedoch sehr elend. Sie sagte, dass sie schreckliche Bauchschmerzen habe.

»Das ist ja kein Wunder«, erwiderte ich. »Du hast zu viel Salat gegessen und die Bohnen, und das bläht alles unheimlich. Deshalb geht es dir jetzt so schlecht.«

Sie gab keine Antwort, aber an ihrem Gesichtsausdruck konnte ich sehen, dass etwas nicht stimmte. Allerdings konnte ich mir nicht vorstellen, was es war. Im Laufe der Jahre hatten ihr Asthma und ein Lungenemphysem zu schaffen gemacht – ein Vermächtnis der Kriegsjahre und des beißenden Rauchs in Mauthausen. Doch seit sie bei uns in Arizona war, hatte sie ihre Asthma-Arznei gar nicht mehr nehmen müssen, so sauber war die Luft.

»Morgen geht es dir wieder gut«, sagte ich und gab ihr einen Gutenachtkuss.

Eine Woche später ging sie zum Arzt. Sie hatte sich seit langem nicht wohl gefühlt, es aber niemandem gesagt. Sie war immer sehr auf ihre Unabhängigkeit bedacht gewesen und hasste es, krank zu sein. Diesmal aber konnte sie die Schmerzen nicht mehr ignorieren.

Ohne überhaupt eine Gewebeprobe zu entnehmen, sagte der Arzt zu meiner Mutter: »Sie haben Darmkrebs.«

Meine Schwester hatte sie begleitet und sie erzählte

später, dass Mutter einen Augenblick lang die Augen schloss und dann gefasst fragte: »Und was bedeutet das?«

»Wir werden operieren müssen«, erklärte der Arzt, »und es gibt dabei mehrere Möglichkeiten. Wir können den Tumor einfach entfernen, falls der Krebs nicht über ihn hinausreicht, wir können Teile des Darms herausnehmen oder wir können größere Teile des Darms herausnehmen und einen künstlichen Darmausgang legen.«

Mutter nickte und dachte einen Augenblick nach. »Ich bin einverstanden, wenn Sie einen Teil des Darms herausnehmen müssen, aber ich will keinen künstlichen Darmausgang, denn das ist gegen die Natur. Ich werde nichts tun, das gegen die Natur geht, um am Leben zu bleiben.«

Bei der Operation entfernten die Ärzte dann nur den Tumor. Sie machten ihr aber kaum Hoffnung, dass die Gefahr damit beseitigt sei.

Ich flog nach Osten, um bei ihr im Krankenhaus zu sein. Sie behielten sie für etwa drei Wochen dort. Als es soweit war, dass sie nach Hause gehen konnte, löste Rose mich ab. Einige Monate später, als der Sommer fast vorüber war, nahmen Rose und Jerry Mutter mit in den Urlaub in die Catskills.

Eines Morgens Anfang September rief sie mich von dort aus an. »Hallo, Kleines«, sagte sie, aber ihr Tonfall gefiel mir gar nicht.

»Ist alles in Ordnung, Mama?«

Sie sagte einen Augenblick lang nichts. »Ich weiß es nicht«, sagte sie. »Ich habe schreckliche Schmerzen im Rücken, Schmerzen, wie ich sie noch nie zuvor hatte, und mir ist die ganze Zeit kalt.«

Mich fröstelte, obwohl es in Phoenix schon an

die vierzig Grad waren. »Vielleicht ist dir kalt, weil du Blutmangel hast, wie es dir der Arzt erklärt hat.«

»Kann sein«, sagte sie, aber ich merkte, dass sie das nicht glaubte. Ich wusste nicht, was ich selbst glauben oder tun sollte.

»Warum sagst du es nicht Rose und sie und Jerry bringen dich nach Hause zu deinem Arzt?«

»Ich werde es mir überlegen«, sagte Mutter. »Wir sind nur noch zwei Wochen hier. Vielleicht warte ich bis dahin.«

Genau das tat sie dann auch. Ich glaube nicht, dass sie Rose überhaupt etwas von den neuen Symptomen sagte, vermutlich weil sie nicht wollte, dass die beiden ihre Ferien abbrechen mussten, oder vielleicht auch, weil sie sich einfach nicht mit unangenehmen Tatsachen auseinandersetzen wollte.

Als sie schließlich zum Arzt ging, schickte er sie auf der Stelle ins Krankenhaus, und abgesehen von einer Woche, in der es ihr gut genug ging, sodass sie noch einmal nach Hause konnte, verließ sie das Krankenhaus nicht mehr, bis sie am 24. Oktober 1974 dort starb.

Während ihrer letzten Tage im Krankenhaus waren wir alle bei ihr. Wir wussten nicht, dass sie in der Woche zu Hause alles für die Zeit nach ihrem Tod vorbereitet hatte. Sie hatte das Kleid zurechtgelegt, in dem sie begraben werden wollte und hatte ihr eigenes Totenhemd aus Musselin genäht. Sie hatte einen Brief an uns alle geschrieben, um uns mitzuteilen, was nach ihrem Tod wie zu regeln war. Einige Jahre zuvor hatte sie bereits eine Grabstelle auf dem Pinelawn Cemetery auf Long Island gekauft und wir anderen hatten angrenzende Grabstellen für uns erworben.

Wir bemühten uns an ihrem Sterbebett, ihr Mut zu machen, und jeder von uns versuchte, ihr auf seine Weise Lebewohl zu sagen.

Wieder versetzte sie uns in Erstaunen. Sie war schwach, lag im Sterben und war von vielen Schläuchen umgeben, doch als man sie hochhob, um das Bett neu zu beziehen, begann sie mit ihren Dehnübungen. »Damit ich stark genug bin, um nach Hause zu gehen«, erklärte sie uns, während wir mit großen Augen zusahen.

Diesmal aber konnten jedoch selbst Dehnübungen meine Mutter nicht retten. Gott nahm sie still und sanft zu sich.

In ihrer Wohnung fanden wir den Brief vor, der »An meine drei Kinder« adressiert war. Er war fünf Seiten lang und drückte ihre Liebe und ihren Sinn fürs Praktische aus. Wie üblich galten ihre Gedanken uns:

»Ich weiß, dass ich im Sterben liege. Ändert nichts an den Plänen für meine Bestattung, die ich in diesem Brief festgehalten habe. Ich möchte, dass die Bestattung würdig ist und der jüdischen Tradition entspricht. Ich möchte den einfachsten Sarg und ich will, dass man mir das Kleid, das ich in meinem Schrank beiseite gelegt habe, und dann das Totenhemd aus Musselin anzieht, das ich selbst genäht habe und das in einem Beutel im Schrank ist. Außerdem möchte ich mit der kleinen Tüte Sand begraben werden, die ich aus Jerusalem mitgebracht habe.

Behaltet immer im Gedächtnis, dass ich euch liebe. Ich will, dass ihr alle einander stets so sehr liebt, wie ich euch liebe, und ihr dürft einander nie im Stich lassen. Wenn einer etwas braucht, dann sollen die anderen ihm helfen … Mama.«

Wir fingen an zu weinen, als wir das lasen, denn jeder von uns, selbst Otto – oder vielleicht gerade Otto –, wusste, dass wir den einen Menschen auf der Welt verloren hatten, der uns vorbehaltlos geliebt und uns beschützt hatte, dem wir das Wichtigste gewesen waren, der unser Leben selbst mitten im Krieg mit Zuversicht und Geborgenheit erfüllt hatte. Ich konnte mir ein Leben ohne Mutter noch nicht vorstellen. Sie war für uns eine konstante Größe wie die Sonne und ebenso wichtig wie diese. Jetzt war sie nicht mehr da und über unser Leben breitete sich mit einemmal eine tiefe Düsternis aus.

Am nächsten Tag trugen wir sie zu Grabe, an einem strahlend schönen Oktobertag, der eigentlich zu sonnig für ein Begräbnis war. Vielleicht aber war dies das Lächeln Gottes darüber, dass eine seiner wirklich Erwählten zu ihm heimgekehrt war.

Als wir zurück nach Hause flogen, gelobte ich mir, nun allein das zu tun, worüber meine Mutter und ich vergangenen Frühling gesprochen hatten. Sie hatte gesagt, es sei an der Zeit, dass wir noch einmal nach Ungarn gingen, und wir seien jetzt soweit, dass wir uns den Erinnerungen stellen könnten, den schönen wie den schrecklichen. Nun wollte ich im Gedenken an meine Mutter dorthin fahren.

Kapitel 23

»Das darf doch nicht wahr sein!« Ich war entsetzt. »Du hast gesagt, dass du mich nach Budapest begleitest, und ich habe meiner Mutter versprochen, dass ich noch einmal hinfahren würde – und jetzt willst du doch nicht mit!«

Otto ließ den Kopf hängen.

Ich hätte nicht überrascht sein dürfen. Die Arbeit hatte für ihn immer an erster Stelle gestanden. Er hatte sich nie frei genommen, um mit der Familie Urlaub zu machen, warum sollte es diesmal also anders sein? Nur war dies eine besondere Art von Reise. Es war nicht irgendein weiterer Urlaub, sondern eine Reise in die Vergangenheit. Ich flog nach Budapest, so wie ich es Mutter versprochen hatte, und ich wollte Otto bei mir haben.

Er aber hatte mir eröffnet, dass wir die Reise verschieben mussten – oder er würde da bleiben, da es wieder einmal eine Krise in der Firma gab, für die nur er eine Lösung finden konnte.

Ich schüttelte den Kopf. »Nein, ich werde nicht auf einen günstigeren Zeitpunkt warten«, sagte ich zu ihm. »Ich habe lange genug gewartet.«

»Warum nimmst du dann nicht Sandy mit? Das wäre doch ein schönes Geschenk zu ihrem Collegeabschluss.«

Dieser Vorschlag gefiel mir augenblicklich. Zwischen Sandy und mir gab es einige Konflikte und vielleicht war diese Reise eine Chance für uns, einander näher zu kommen. »Das ist eine gute Idee, Otto. Dann kannst du hier bleiben und in aller Ruhe arbeiten und ich fahre nach Budapest.«

Ich arbeitete noch immer für ein Reisebüro und hatte die ganze Reise selbst geplant und organisiert. Es war der Juni des Jahres 1975 und Ungarn war nach wie vor ein kommunistisches Land. Ich musste mir eingestehen, dass mir ziemlich bange vor der Reise war, aber ich wollte fahren, für mich selbst, für Mutter und für Sandy, damit sie etwas von unserer Vergangenheit erfuhr. Wie so viele Holocaust-Überlebende hatten wir ihr von jener Zeit und von der Stadt, in der wir einst gelebt hatten, nie viel erzählt.

Auf die lähmende Angst, die mich befiel, sobald wir in Budapest eintrafen, war ich in keiner Weise vorbereitet. Heutzutage sind wir über posttraumatische Belastungssyndrome gut unterrichtet, doch 1975 war diese psychische Störung noch wenig bekannt. Ich wusste nur, dass ich starr vor Angst war, und ich bekam sie nicht in den Griff.

Das erste Problem war unser Hotel. Es lag dem Bahnhof gegenüber, der sämtliche Erinnerungen an die Deportationen während des Krieges wachrief. Ich brach in Tränen aus und sagte zu Sandy, ich könne es einfach nicht über mich bringen, das Hotelzimmer zu verlassen. Arme Sandy, dachte ich. Sie flehte mich an, mit ihr in die Stadt zu gehen. Nach etwa zwei Tagen gelang es mir, eine Umbuchung unserer Hotelreservierung zu erreichen, und wir zogen in das Intercontinental, das im Stadtzentrum lag, weit genug vom Bahnhof entfernt. Doch selbst von dem neuen Hotel aus brachte ich es nicht über mich, nach draußen zu gehen.

Alte Freunde von Otto und mir kamen uns im Hotel besuchen. Auch sie versuchten mich dazu zu überreden, das Gebäude zu verlassen und die Stadt wiederzuentdecken, in der ich einst zu Hause gewesen war.

Heute hat Budapest zu seiner Schönheit, seiner Kunst und seiner Energie zurückgefunden. Im Jahr 1975 aber litt die Stadt unter der Unterdrückung durch die kommunistische Regierung. Die Gebäude waren heruntergekommen und die Menschen sahen niedergeschlagen aus. Sie wirkten auch ängstlich, was meine eigene Angst nur noch steigerte. Hotelzimmer und selbst Tische in den Kaffeehäusern waren mit Abhörvorrichtungen präpariert. Der Besitzer eines Kaffeehauses – ich kannte ihn noch aus meiner Kindheit – riet mir, mich besser nicht an einen bestimmten Tisch zu setzen. Später erfuhr ich, dass er den Verdacht hatte, der Tisch sei verwanzt. Das erinnerte mich sehr an die Nazis und die Pfeilkreuzler. Nur die Namen waren jetzt andere. Was wäre, wenn sie beschlossen, mich zu verhaften? Ich hatte keine Ahnung, weswegen sie mich hätten verhaften sollen, aber der Gedanke setzte sich in mir fest, und ich konnte ihn nicht abschütteln. Sandy dachte, ich würde den Verstand verlieren, und ich war mir nicht sicher, ob sie damit nicht Recht hatte.

Am fünften Tag bekam ich mich schließlich in den Griff. Ich musste nach draußen. Ich wollte diese Stadt zusammen mit meiner einzigen Tochter erleben, die Stadt, mit der ich so lebhafte Erinnerungen an Liebe und große Hoffnungen verband.

Wir machten uns auf. Einer unserer ersten Besuche galt der Mutter eines der jungen Männer, mit denen Richie einst musiziert hatte. Sie schlang die Arme um mich und drückte mich an sich. »Kleines, du bist es wirklich«, sagte sie. »Und du siehst toll aus!« Mit sechsundvierzig Jahren war ich noch immer hübsch und schlank und trug mein dunkles Haar schulterlang.

Sandy betrachtete die Fotografien auf dem Klavier der Frau. »Wer sind diese Jungen?«, fragte sie und hielt ein Bild von Richie und den drei anderen Jungs aus seiner Tanzkapelle hoch.

»Der da ist mein Sohn und das ist der Freund deiner Mutter und zwei andere, die noch zu der Tanzkapelle gehörten«, sagte sie. »Wie sehr sie einander geliebt haben! Ich weiß noch, wie ich sie ein paarmal überrascht habe, als sie sich im Korridor küssten.« Sie lachte und umarmte mich noch einmal.

Ich hatte das Gefühl, als würde ich schweben, einfach weil ich Richies Bild sah und sie über ihn reden hörte. Ich besaß keine Fotos von Richie, sodass ich sein Gesicht die ganzen Jahre über nur in meiner Vorstellung hatte sehen können.

Ich brachte es fertig zu fragen: »Haben Sie Richie noch mal gesehen?« Doch sie verneinte. Auch diese Spur führte ins Nichts.

Wir blieben zum Tee und als wir gingen, überfiel Sandy mich mit tausend Fragen, wie das mit Richie und mir gewesen war. Sie und ich hatten einige schwierige Jahre hinter uns, wie das bei vielen Müttern und ihren Töchtern im Teenageralter so ist. Dadurch, dass ich in meiner Jugend einen Freund gehabt und ihn geliebt und verloren hatte, kam ich ihr wohl irgendwie menschlicher vor und wurde ihr vielleicht auch sympathischer.

»Ich habe Richie von ganzem Herzen geliebt«, sagte ich zu ihr. Wir liefen weiter durch die Straßen von Budapest und ich zeigte ihr das Haus, wo ich gewohnt hatte. Wir nahmen die Straßenbahn, gingen dann den

Rest des Weges zu Fuß zum Bootshaus, und ich erzählte ihr, dass dies der Lieblingsort von Richie und mir gewesen war. Ich stieg mit ihr die Serpentinen zum Burgberg hoch, wo unsere in die Steinmauer geritzten Namen noch immer zu sehen waren. Ich weinte, als ich ihr erzählte, wie wir an jenem Tag vor so langer Zeit voneinander Abschied genommen hatten und wie ich immer wieder nach ihm gesucht hatte, ohne ihn je zu finden.

»Arme Mama«, sagte Sandy und legte mir den Arm um die Schultern.

An dem Abend gingen wir mit einem engen Freund von Otto, den er aus Auschwitz kannte, zum Essen aus. Er hieß Janos, stammte aus einer wohlhabenden Familie, war Kunstsammler und ein großartiger Schauspieler, Regisseur und Schauspiellehrer. Seine Frau Violet war ebenfalls Schauspielerin und die beiden ergänzten einander in wunderbarer Weise. Ich hatte mich darauf gefreut, Janos besser kennen zu lernen, und Sandy wollte sich unbedingt mit ihm über die neuesten Entwicklungen in der ungarischen Kunstszene unterhalten.

Als die beiden jedoch eintrafen, war ich in Gedanken mit anderen Dingen beschäftigt. Der Tag hatte zahlreiche Erinnerungen und starke Empfindungen in mir wachgerufen. Ich musste immer wieder an das Bild von Richie und seinen Freunden denken und es kostete mich den ganzen Abend über große Mühe, nicht die Fassung zu verlieren. Die Flut der Erinnerungen wollte nicht abreißen.

Janos und Violet holten uns mit ihrem Auto ab und fuhren mit uns zum Restaurant. Wie bestürzt war ich, als Janos vor dem Hotel Royale hielt! Ich konnte nicht aussteigen. »Mein Gott, warum habt ihr mich hierher gebracht?«, stöhnte ich.

»Ist etwas nicht in Ordnung?«, fragte Janos höflich. »Es ist noch immer ein elegantes Hotel und das Essen ist sehr gut – einmal im Leben muss man einfach hier gewesen sein.«

»Gut«, sagte ich, riss mich zusammen und stieg aus dem Wagen. »Es ist nur, dass ich mit diesem Ort bestimmte Erinnerungen verbinde.« Ich sagte ihnen nicht, dass ich einst davon geträumt hatte, Richie hier zu heiraten …

Sandy stupste mich an und flüsterte: »Ist das das Hotel, wo Richie zum Tanztee Musik gemacht hat?« Ich nickte. Ich versuchte, alles um mich herum gleichzeitig in mich aufzunehmen, und als ich den vertrauten Eingang und dann den Speisesaal vor mir sah, klopfte mein Herz wie wild. Das Hotel Royale. Befand ich mich plötzlich in meinem uralten Traum? Es fühlte sich alles so unwirklich an! Einen Moment später spürte ich, wie mich eine Woge gespannter Erwartung erfasste, die ich mir nicht erklären konnte. Natürlich behielt ich das alles für mich.

Janos führte uns in den Speisesaal und wir folgten dem Oberkellner zu unserem Tisch. Der Saal hatte seine Eleganz nicht eingebüßt, auch wenn er mittlerweile, wie das unter den Kommunisten mit so vielen Gebäuden geschehen war, ziemlich schäbig wirkte. Ich seufzte. Was für ein Jammer, dachte ich, dass sie mit dieser Schönheit dermaßen achtlos umgehen!

Die Gäste waren in lebhafte Gespräche vertieft und ein Trio von Zigeunergeigern ging von Tisch zu Tisch. Sie spielten romantische Lieder meiner Kindheit und mir stiegen die Tränen in die Augen.

»Wie habt ihr den Tag verbracht?«, fragte Janos.

Wir berichteten ihm, dass wir die Mutter eines alten Freundes besucht und dort ein altes Foto von Richie gesehen hatten. Ich erzählte von unserem Spaziergang zu Richies Haus und von unserem Gespräch über ihn. Bis zu dem Tag hatte ich außer mit Otto nie mit jemandem über meine erste Liebe gesprochen. Die ganzen Jahre hatte ich die Geschichte in einem geheimen Winkel meines Herzens wie einen heiligen Schatz verschlossen gehalten.

Es war etwa halb neun, als das Essen kam. Ich drehte mich nach dem Kellner um und erstarrte plötzlich. Ich hatte das Gefühl, zu sterben, das Gefühl, dass alles zu Ende sei.

»Was ist denn los?«, fragte Sandy.

Ich versuchte meine Aufmerksamkeit auf sie zu konzentrieren, aber in meinem Kopf herrschte völliges Chaos. »Warum fragst du?«

»Weil du so bleich bist«, sagte sie.

Ich hob die Hand zum Kopf, doch als ich merkte, wie sehr sie zitterte, legte ich sie wieder in den Schoß. »Dort drüben ist Richie! Der Mann, der mit dem Rücken zu uns sitzt und gerade beim Essen ist!«

Sandy schaute hinüber und sah, was ich sah: den Hinterkopf und den Nacken eines Mannes, der mit einer Frau und einem Mädchen, die möglicherweise seine Frau und seine Tochter waren, beim Essen saß. Er konnte irgendein x-beliebiger Mann sein.

Sandy sah mich an und schüttelte den Kopf. »Ach komm, Mama, nimm dich doch zusammen! Das ist nicht Richie. Du bist nur noch ganz durcheinander von all den Eindrücken heute. Oder vielleicht ist es auch nur dein Wunschdenken.«

Janos und Violet, die ja beide Schauspieler waren, verfolgten das Geschehen gebannt. Sie spürten die Intensität, die von mir und der ganzen Situation ausging. Sie kamen sich wie die Zuschauer eines Theaterstückes vor.

Ich wandte mich zu Sandy um. »Doch, das ist Richie! Ich habe jahrelang in der Turnstunde hinter ihm gesessen und ich würde seinen Nacken überall wiedererkennen.«

Wir schickten den Kellner an den anderen Tisch, er sollte den Mann fragen, ob er Richie Kovacs sei. Der Kellner kam sogleich wieder zurück und sagte, nein, das sei nicht Richie Kovacs. Ich war immer noch nicht überzeugt davon. Eigensinnig wie ich bin, war ich noch nicht bereit, aufzugeben. Mein Herz klopfte heftig und schnell, und mir war klar, dass ich es jetzt genau wissen musste.

Ich sagte zu Violet: »Bitte komm mit! Lass uns die Treppe hinuntergehen, die direkt vor seinem Tisch vorbeiführt. Vielleicht schaut er auf. Vielleicht sieht er mich, oder zumindest kann ich dann sein Gesicht deutlich erkennen.«

Wir schlenderten also los. Als wir uns seinem Tisch näherten, begannen Violet und ich laut zu reden und zu lachen, in der Hoffnung, ihn auf uns aufmerksam zu machen, aber er schaute nicht auf. Enttäuscht kehrte ich zu unserem Tisch zurück und ich ärgerte mich ein wenig über Sandy, die die Zeigefinger aneinander rieb, um zu sagen: »Ätsch, du hast dich blamiert.«

Als wir mit dem Essen fertig waren und uns zum Gehen anschickten, fragte mich Sandy: »Willst du denn jetzt wirklich gehen, ohne dir Gewissheit zu verschaffen, ob er es nun ist oder nicht?«

Ich holte tief Atem, ehe ich sagte: »Nein. Ich gehe noch einmal dort hinüber.«

Meine Beine zitterten sehr und die Treppe schien kein Ende zu nehmen. Ich konnte kaum atmen. Endlich war ich direkt hinter ihm. Ich lehnte mich übers Treppengeländer, legte ihm die Hand auf die Schulter und sagte: »Entschuldigen Sie, wenn ich Sie störe, aber ich glaube, wir kennen uns.«

Er blickte auf und war für einen Augenblick wie erstarrt. Dann sprang er auf, zog mich die fünf Stufen hinab, die uns trennten, und drückte mich so eng an sich, dass ich dachte, mein Körper würde mit dem seinen verschmelzen. Wir weinten beide und er berührte mein Gesicht und sagte immer und immer wieder: »Kis Pofa, Kis Pofa. Meine Kis Pofa.«

Wir konnten nicht anders, als einige Minuten lang immer wieder das Gesicht des anderen zu berühren. Es war wie in den vielen Träumen, die ich im Laufe der Jahre geträumt hatte, nur diesmal war es Wirklichkeit! Er war Wirklichkeit. Dieser Gedanke ließ mich einen Schritt zurücktreten. »Es tut mir leid, dass ich dich vor den Augen deiner Frau umarmt habe«, sagte ich.

Richie lächelte und erwiderte: »Sie ist nicht meine Frau. Ich bin erst heute in Budapest angekommen. Ihr Ehemann ist ein Kollege von mir. Sie haben mich ins Theater eingeladen und danach wollten wir zusammen essen gehen, aber er wurde zu einem Notfall gerufen – er ist Arzt. Er bestand jedoch darauf, dass wir trotzdem essen gehen sollten.«

Richie wandte sich nun zu der Frau und dem Mädchen um und erklärte ihnen die Situation. Er bat die Frau, ihn zu entschuldigen, und fragte sie, ob sie sich allein ein Taxi suchen könne. »Ich muss Sie wirklich um Verzeihung bitten – ich übernehme die Rechnung und hoffe, dass es Ihnen nichts ausmacht, allein nach Hause zu fahren.«

Sie lächelte und versicherte ihm, dass das völlig in Ordnung sei, dann drehte sie sich zu mir um und bedachte auch mich mit einem Lächeln. Ich lächelte zurück. In diesem Moment hätte ich einfach jeden Menschen angelächelt, denn ich war so glücklich, so euphorisch, so voller Freude und Leben ...

Während wir Hand in Hand zu meinem Tisch zurückgingen, schaute ich Richie zum ersten Mal genauer an. Er sah noch immer so gut aus wie früher. An den Schläfen mischte sich Grau in sein dunkles Haar, er trug eine Goldrandbrille und seine blauen Augen waren so strahlend und faszinierend, wie sie immer gewesen waren. »Ich kam heute Abend hierher, um nach meiner Jugend zu suchen, obwohl ich kaum Hoffnung hatte, sie zu finden. Aber ich habe sie gefunden«, sagte Richie und er sah ganz benommen aus.

Ich stellte ihn den anderen vor und er nahm Platz, ohne meine Hand loszulassen. »Verzeihen Sie mir, bitte verzeihen Sie mir«, sagte er zu den anderen, »aber mein Herz schlägt so schnell, dass ich fürchte, ich werde krank.« Auch ich hielt seine Hand ganz fest, als wollte ich sie nie mehr loslassen, und im Grunde war es auch so. Mir war aber auch bewusst, dass meine Tochter da war und all das mitansah. Es machte mich befangen und ich war innerlich wie zerrissen.

»Warum hast du dem Kellner gesagt, du seist nicht Richie Kovacs?«, fragte ich ihn.

Mit einem Lächeln erwiderte er: »Ich habe auch nach dem Krieg ein wenig für den Untergrund gearbeitet, bevor ich Ungarn verließ, und ich fürchtete, dass die Kommunisten womöglich nach mir suchen. Das ist auch der Grund, warum ich nach dem Krieg meinen Namen geändert habe. Ich heiße jetzt Carpenter – das ist ein schöner, unbelasteter amerikanischer Name.«

Ich hatte so viele Fragen, aber dies war nicht der richtige Ort, sie zu stellen.

Richie und ich wollten nach draußen gehen, um uns zu unterhalten, aber Janos sagte, er werde uns zurück zum Hotel fahren und dort könnten wir uns dann ungestört alles erzählen. Wir zwängten uns alle in das winzige Auto. Ich saß auf der Rückbank zwischen Sandy und Richie.

Die Fahrt zum Hotel dauerte nur wenige Minuten. Wir stiegen aus, verabschiedeten uns von Janos und Violet, und dann brachte ich Richie nach oben in das Zimmer, das ich mit Sandy teilte. Immer noch hatten wir kein privates Wort gewechselt.

Auf Reisen habe ich immer Fotos von meiner Familie dabei, und deshalb standen dem Nachttisch Bilder von mir und Otto, Bobby, Sandy und Jeff. Richie sah sie sich lange schweigend an.

»Ich habe keine Söhne, nur Töchter«, sagte er schließlich. »Niemand wird meinen Namen weitergeben können.«

»Aber du hast doch deinen Namen geändert, was macht das also aus?«, fragte ich.

Er schien überrascht, dass meine Stimme ein bisschen sarkastisch klang. Dann wandte er sich an Sandy und fragte: »Hättest du etwas dagegen, wenn ich mit deiner Mutter einen Spaziergang mache?«

»Richie und ich wären gern eine Weile allein«, fügte ich vorsichtig hinzu.

Sie blickte von meinem Gesicht zu seinem und ich erkannte, wie sehr sie das, was hier geschah, aus der Fassung brachte und verwirrte. Für sie war ich immer nur ihre Mutter und die Ehefrau ihres Vaters gewesen.

Jetzt hatte sie mich innerhalb nur eines Tages von einer ganz anderen, irgendwie intimeren Seite kennen gelernt. Sie erhob sich und sah uns beide kühl an. »Ich gehe mit. Ich werde euch nicht allein lassen.«

Richie sah noch immer benommen und zugleich ein wenig verzweifelt aus. Auch in mir machte sich Verzweiflung breit. Es war schon nach zehn Uhr und unsere Abreise war für den nächsten Morgen geplant.

»Ich bin nur noch heute Abend hier«, sagte ich auf Ungarisch zu ihm.

»Nein, das kann nicht sein«, sagte er und ich sah, wie er krampfhaft überlegte, was er tun sollte.

Ich nickte nur, und meine Augen füllten sich mit Tränen, weil unsere Situation so absurd war. »Es ist aber so. Wir müssen weg, bevor irgendwelche Behörden geöffnet haben, und du weißt, dass man unter einem so strengen Regime nicht einfach länger bleiben kann, ohne vorher das Visum zu verlängern.«

Richie sah aus, als würde er im nächsten Moment wieder in Tränen ausbrechen. »Wie konnte das Schicksal uns nur einen so grausamen Streich spielen? Ich bin erst gestern hier eingetroffen, um an einem Biochemie-Kongreß teilzunehmen. Morgen werde ich dort einen Vortrag halten.«

Sandys Blicke schossen zwischen uns hin und her und sie versuchte zu erfassen, worum es in unserem Gespräch ging. Was auch immer sie in unseren Gesichtern sah, bestärkte sie in ihrem Entschluss. Sie würde nicht von unserer Seite weichen. Richie musterte sie und erkannte, wie entschlossen sie war. Mittlerweile waren wir zurück ins Foyer und von dort wieder nach draußen gegangen. Mit einem leichten Lächeln nahm Richie mich und Sandy an der Hand.

»Lasst uns einen Spaziergang machen«, sagte er. Ich spürte, wie seine Hand in der meinen bebte. Wir schlenderten die Straße entlang, Sandy an seiner einen, ich an der anderen Seite. Er muss Sandy angestarrt haben, da sie plötzlich in ärgerlichem Ton zu ihm sagte: »Schauen Sie mich nicht so an! Ich sehe meiner Mutter überhaupt nicht ähnlich. Ich sehe meinem Vater ähnlich.«

Ich bemerkte, wie er ihre Hand drückte und sie anlächelte. »Ich muss dich so ansehen, weil du ein sehr hübsches Mädchen und Bettys Tochter bist.«

Sandy ließ sich aber nicht besänftigen. »Ich kann Ihnen nur eines sagen: Mein Vater würde niemals so mit einer Frau durch die Straßen gehen, die nicht seine Ehefrau ist! Meine Mutter ist das Wichtigste in seinem Leben und er würde alles für sie tun.«

Richie gab keine Antwort. Was hätte er auch sagen sollen?

Wir spazierten weiter und während wir durch diese, dann durch jene Straße gingen und erst hier, dann da abbogen, wurde mir klar, dass wir zu Richies Haus unterwegs waren. Ich hatte diesen Weg schon so viele Male Hand in Hand mit ihm zurückgelegt, dass ich es beinahe nicht ertrug. Er habe nur Töchter, hatte er gesagt, und das bedeutete, dass auch er verheiratet war. Was für eine ausweglose Situation!

Als wir vor seinem Haus standen, wo der Schriftzug der Firma seiner Familie noch in Umrissen an der Backsteinfassade des Gebäudes zu erkennen war, brach er in Tränen aus. »Weißt du noch, wie ich dich an der Tür geküsst habe und wie meine Mutter sie öffnete und wir alle beide in den Flur fielen und meine Mutter nicht aufhören konnte zu lachen? Weißt du noch, wie viele Male ich dich nach Hause begleitet habe und wir von meinem zu deinem Haus gegangen sind?«

Die Worte ergossen sich in einem stetigen Strom aus seinem Mund, während Sandy daneben stand und uns wie ein Wachposten im Auge behielt. Natürlich verstand sie kein Ungarisch und hatte somit keine Ahnung, was wir sagten, aber sie spürte sehr wohl die Intensität dessen, was hier vor sich ging. Ich ahnte, dass ihr angst und bange war.

Richie aber bekam davon überhaupt nichts mit und auch ich nahm es kaum wahr, da wir vollständig voneinander gefangen genommen waren. Die Liebe in mir war so stark wie an dem Tag, als ich auf dem Burgberg von ihm Abschied genommen hatte.

Als könnte er meine Gedanken lesen, zog Richie seine Brieftasche heraus, griff hinein und gab mir ein kleines Foto von mir mit sechzehn Jahren. »Das ist das einzige Bild von dir, das mir geblieben ist, und ich habe es mit mir herumgetragen, seit wir an jenem Tag, als Budapest bombardiert wurde, voneinander Abschied nehmen mussten. Ich habe dieses Bild tausendmal angeschaut und jedesmal gehofft, dass wir uns wiedersehen. Was heute geschehen ist, ist ein Zeichen. Gott wollte, dass wir uns wiederfinden. Er hat uns beide hierher nach Budapest geführt, wir sind beide das allererste Mal seit dem Krieg wieder hierher zurückgekehrt. Das war Vorsehung. Wir sind füreinander bestimmt. Endlich habe ich dich gefunden! Ich werde dich nie wieder loslassen.«

Ich versuchte ihm zu antworten, so gut ich konnte, während meine Tochter direkt daneben stand. Ich bemühte mich sehr, ruhig zu bleiben, aber innerlich heulte und schrie ich. Ich wollte nichts dringender als diesen Mann und ich wollte alles andere vergessen, all meine Verpflichtungen, alles, was aus mir geworden war. Ich sehnte mich so bedingungslos nach ihm wie eh und je. Aber so einfach war das Leben nicht, zumindest nicht für mich.

»Sieh doch, mein Liebling«, sagte ich zu ihm. »Hier steht meine Tochter! Ich kann eine derartige Entscheidung nicht innerhalb von einer Minute treffen. Wir werden heute nacht miteinander reden, um herauszubekommen, was in den letzten dreißig Jahren mit uns geschehen ist.«

Richie nickte langsam. »Ist es für dich auch noch so schmerzlich wie für mich, an all das zurückzudenken, was wir verloren haben?«

Ich spürte, wie mir die Tränen in die Augen stiegen. Gott, wie weh das tat! »Ja, natürlich, aber wir sollten versuchen, uns nicht mit der Vergangenheit zu quälen.« Genau das tat ich bereits seit dreißig Jahren, aber das konnte ich ihm nicht sagen, denn ich wollte nicht meine Qualen denen hinzufügen, die er mit sich herumtrug. »Ich bin so froh, dass du am Leben bist, denn ich dachte, du wärst tot, und ich bin so froh, dass wir uns wiedersehen, denn jetzt weiß ich, dass es dir gut geht und dass ich mein Leben weiterleben kann.«

»Nein!«, rief er mit vor Schmerz erstickter Stimme.

Ich sah Sandy zusammenzucken und wusste, dass die Grenze ihrer Belastbarkeit bald erreicht war. Sie war eine junge Frau von gerade mal einundzwanzig Jahren. Zwar glaubte sie, erwachsen genug zu sein, um sämtliche Geheimnisse des Lebens zu durchschauen, weil sie Psychologie studiert hatte. Aber mir war klar, dass sie auf einen Augenblick wie diesen nicht vorbereitet war, und das war ihr gegenüber nicht fair.

»Wir werden all das nur unter vier Augen bereden können«, sagte ich zu Richie, und ich konnte deutlich sehen, wie er sich bemühte, sich wieder in die Gewalt zu bekommen, ehe er zustimmend nickte.

Wir kehrten zum Hotel zurück und ich bat Sandy, nach oben zu gehen und schon mal zu packen, während Richie und ich an der Bar noch etwas tranken.

Richie nahm auf einem Barhocker Platz und stützte den Kopf auf die Hände. »Ich kann nicht fassen, wie du mein Leben versaut hast«, sagte er.

Richie war immer höflich und kultiviert gewesen und hatte seine Worte mit Bedacht gewählt. Bei Otto dagegen war anfangs jedes zweite Wort ein Kraftausdruck oder irgendeine ordinäre Redewendung gewesen und ich hatte von ihm verlangt, dass er diese Worte nicht mehr in den Mund nahm, falls er nicht wollte, dass ich den Kontakt zu ihm abbrach.

Richie hätte also nichts Erschütternderes sagen können, allein diese Ausdrucksweise reichte, um zu zeigen, dass er die schreckliche Wahrheit sagte, und wie bitter ernst es ihm war.

»Warum hast du so bald nach dem Krieg geheiratet?«, fragte er und starrte mich an. Im Funkeln seiner durchdringenden blauen Augen war Wut zu erkennen. »Ich habe fünfzehn Jahre gewartet, ehe ich heiratete, ich habe dich fünfzehn Jahre lang gesucht, in ganz Europa, selbst in den USA. 1950 war ich in New York und las eine Anzeige der Beschneidungsfeier für den Sohn einer Betty Schimmel, geborene Markowitz, und ich dachte, das könntest du sein. Ich ging zu der angegebenen Adresse, aber ein großer, blonder Mann, der wie ein Mitglied der Hitlerjugend aussah, beharrte darauf, dass dort niemand mit diesem Namen wohnte, und als ich nicht nachgab, schubste er mich die Treppe hinunter.«

Ich war fassungslos. Otto hatte mich angelogen und mich betrogen! Er hatte seit 1950 gewusst, dass Richie am Leben war! Richie hatte vor meiner Tür gestanden und Otto hatte ihn weggeschickt, obwohl er mir versprochen hatte, dass er mich gehen ließe, falls Richie jemals zurückkäme! Wie anders wäre mein Leben dann verlaufen ... Ich war damals erst zwanzig, noch ein Kind. Ich hörte nur das Tosen in meinen Ohren und dachte, mir würde vor Schmerz übel werden. Otto, der Mann, der mein Beschützer hatte sein wollen, hatte mich all die Jahre betrogen, indem er ein solches Geheimnis für sich behielt. Ich wollte ihn umbringen. Zumindest wollte ich ihn verlassen.

Während ich noch zu verstehen versuchte, was Richie mir da mitteilte, hörte ich ihn weitersprechen. »Ich bin sogar noch einmal hingegangen, aber da wart ihr weggezogen.«

Jetzt wurde mir endlich klar, warum Otto so erpicht darauf gewesen war, Manhattan zu verlassen, und was ihm an Reading so gefallen hatte. Es war ihm unter anderem einfach darum gegangen, zu verhindern, dass ich Richie wiederfand. Ich versuchte diese Gedanken jetzt aber beiseite zu schieben. Ich wollte wissen, wie es Richie nach dem Krieg ergangen war, und ihm erklären, warum ich so rasch geheiratet hatte.

»Ich dachte, du wärst tot«, sagte ich leise. »Nachdem man uns abgeholt hatte, trieb man uns quer durch Ungarn, auf einem Todesmarsch, den die meisten nicht überlebten. Erinnerst du dich an Violet, die schöne Violet? Sie wurde in der ersten Woche des Marsches umgebracht, vor unseren Augen erschossen. Der Schrecken nahm kein Ende. Wir wurden in

Mauthausen eingesperrt. Ich war so schwer an Typhus erkrankt, dass alle dachten, ich würde sterben.«

Die Tränen rollten Richie über die Wangen. Seine Hand liebkoste die meine und er flüsterte: »Mein armer Liebling, meine arme Kis Pofa«, während ich ihm alles erzählte, was uns widerfahren war.

»Nach dem Krieg wollte ich nicht mehr weiterleben, weil ich dich nicht finden konnte. Ich reiste von einem Camp zum anderen und suchte dich, ich ging jede einzelne Karteikarte durch, die das Rote Kreuz und andere Organisationen angelegt hatten, und dann eines Tages, mehr als ein Jahr nach Kriegsende, las ich in einem Vertriebenenlager in Kassel deinen Namen auf einer Liste von Toten, und das war das einzige Mal, dass ich jemals deinen Namen entdeckt oder etwas über dich erfahren habe.«

Richie beugte sich zu mir herüber, umfasste mit der Hand mein Gesicht und küsste mich sanft auf die Lippen. »Es tut mir so weh, dass du das alles hast ertragen müssen, Kleines, mein Liebling.«

Da konnte ich nicht mehr an mich halten. Die Tränen strömten mir übers Gesicht und ich schluchzte. Richie warf etwas Geld auf den Tisch und sagte: »Komm, wir müssen hier raus.«

Wir verließen das Hotel und gingen die Straße entlang. Sobald wir außer Sichtweite des Hotels waren, zog Richie mich an eine Hauswand und küsste mich so, wie er es einst getan hatte. Es war ein aufwühlender Kuss, der meine Seele erschütterte, der mir sagte, wer und was ich war und was in meinem Leben überhaupt jemals wichtig gewesen war. Ich wollte, dass dieser Kuss nie endete, weil in ihm alle Antworten lagen, die ich hören wollte, und es gab keine Fragen mehr, keinen Schmerz, keine Wut. Und ich spürte, dass auch Richie sich darin verlieren wollte – in unserer vollkommenen Liebe, die keine Worte und keinen Namen brauchte.

Nach einer langen Zeit löste er sich jedoch sanft von mir und wischte mir mit dem Daumen über die Wangen. Da merkte ich, dass ich weinte – dass ich geweint hatte, während wir uns küssten, weil ich all das vor Augen hatte, was gewesen war, und all das, was niemals mehr sein konnte.

»Lass uns weitergehen, Kis Pofa. Ich will dir erzählen, was mit mir geschehen ist, nachdem wir getrennt wurden.« Er schlang den Arm um mich, zog mich eng an seine Seite, beugte einen Augenblick lang den Kopf zur Seite und ließ ihn sachte auf meinem Kopf ruhen.

»Auch wir wurden an jenem Tag abgeholt«, erzählte er, während wir am Ufer der Donau entlangspazierten. »Man schickte uns in ein anderes jüdisches Haus in einem anderen Bezirk. Ich arbeitete noch immer für den Untergrund, schmuggelte in einem Handwagen Gewehre hinüber nach Buda und beförderte Botschaften von einem Teil der Stadt in den anderen, manchmal sogar hinaus aufs Land. Wir wussten, dass der Krieg bald vorüber sein würde, aber wir wussten nicht, ob wir so lange am Leben bleiben würden. Die Art, wie die Juden im Getto umgebracht wurden, glich mehr und mehr einem Massaker.«

Er schüttelte den Kopf, als versuchte er, die grauenvollen Erinnerungen los zu werden. Mir war diese Empfindung vertraut. Ich stellte mich auf die Zehenspitzen und gab ihm einen Kuss, und er schmiegte sich an mich.

»Ich war außer mir, als ich am nächsten Tag in euer Haus kam und du verschwunden warst«, sagte er, und der Schmerz in seiner Stimme war ungebrochen.

»Die Nachbarn konnten mir nur sagen, dass man dich abgeholt hatte, dich und alle anderen Juden in dem Haus, aber niemand wusste, wohin sie euch gebracht hatten. Ich setzte mich auf die Vordertreppe und weinte und weinte. Später ging ich zu jedem jüdischen Haus, das ich kannte, aber ich konnte dich nirgends finden.« Er beugte sich zu mir herunter und küsste meine Augenlider.

»Ich war tollkühn, denn mir war damals egal, was mit mir passieren würde, und ich vermute, das war gut so, denn die Pfeilkreuzler schafften mich und alle einsatzfähigen Männer, die sie aufspüren konnten, in ein Arbeitslager. Dort war ich dann bis Kriegsende. Es dauerte sechs oder sieben Monate, bis ich das Lager verlassen durfte und nach Budapest zurückkehren konnte. Ungefähr genauso lange dauerte es, bis Mutter erreicht hatte, dass wir wieder in unsere alte Wohnung ziehen konnten.«

Ich nickte. Das war also der Grund, warum ich auf meinen Brief nie Antwort bekommen hatte! Als ich ihn losschickte, war Richie noch nicht wieder in Budapest. Selbst wenn ich es geschafft hätte, gleich nach dem Krieg hinzufahren, hätte ich ihn nicht gefunden.

»Ich besuchte in Ungarn wieder für eine Weile die Universität, aber dann ging ich nach Österreich, denn von den Behörden hatte ich erfahren, dass man im Zuge der Deportationen eure Gruppe dorthin gebracht hatte. Ich besuchte dort drei oder vier der großen Lager, um nach dir zu suchen.«

Ich nickte. »Zu der Zeit hatte man uns schon nach Deutschland gebracht.« Wie grausam das Schicksal doch ist, dachte ich. Anders als während des Holocaust zog ich es mittlerweile vor, nicht mehr Gott die Schuld zu geben. Da ich meinen Kindern den jüdischen Glauben nahe gebracht hatte, und er inzwischen eine große Rolle in meinem Leben spielte, fand ich, dass ich Gott nicht länger Vorwürfe machen durfte. Dem Schicksal die Schuld zu geben erschien mir dagegen unverfänglich, denn sonst hätte ich irgendjemand anderem die Schuld gegeben – Hitler, Eichmann, Otto, irgendeinem. Den Gedanken aber, dass Otto ein Feind war, konnte ich nicht ertragen und schob ihn rasch von mir weg.

»Ich schloss mein Studium an der Sorbonne ab und suchte weiterhin in ganz Europa nach dir. Wie so viele andere Flüchtlinge, deren Leben man durcheinander gewirbelt hatte, wurde ich oft von freundlichen Leuten in ihr Haus aufgenommen«, sagte Richie. »Ich wusste, dass ich nie wieder in Ungarn leben konnte, nicht, solange die Kommunisten an der Macht waren, aber meine arme Mutter war immer noch dort. Ich emigrierte nach Kanada, nach Montreal, und nach ein, zwei Jahren gelang es mir, meine Mutter herüberzuholen.

Mittlerweile lehrte ich Biochemie, aber ich war nach wie vor auf der Suche nach dir. Ich konnte nicht glauben, dass du nicht mehr am Leben warst, fand aber keine einzige Spur von dir, außer jenes eine Mal in New York.«

Er sah, wie ich die Augen schloss.

»Das warst du, nicht wahr? Und der Kerl, der mich die Treppe hinuntergeworfen hat, war das dein Mann?«

Ich nickte und überlegte, wie ich es am besten ausdrücken sollte. »Otto war selbst ein Opfer der Nazis«, sagte ich leise. »Er hat seine ganze Familie in Auschwitz verloren – seine Mutter, seine Schwester, seine Großmutter. Sein Bruder starb im Getto. Als er mich kennen lernte, verliebte er sich in mich und warb um mich. Aber er verliebte sich ebenso in meine Familie. Und er sehnte sich verzweifelt danach, dass wir gemeinsam seine verlorene Familie wieder zum Leben erweckten. Diese Anzeige, die du gelesen hast ... das war die Beschneidungsfeier für unseren Erstgeborenen, Bobby.«

»Hast du ihn geliebt?«, fragte Richie, und ich hörte an seiner Stimme, wie weh ihm der Gedanke tat.

Ich schüttelte den Kopf und fragte mich, warum sich in dieser Nacht alles wie ein Verrat anfühlte. »Nein – und er wusste es. Er wusste, dass ich dich liebte, und er versprach mir, mich gehen zu lassen, falls ich dich jemals finden würde.« Jetzt war es heraus. Richie schnappte nach Luft, da er nun auch wusste, dass Otto gelogen hatte und uns mit seiner Lüge voneinander ferngehalten und unser beider Leben zerstört hatte.

Richies Stimme bekam einen harten Klang. »Wird ihm die Sache so leid tun, dass er dich gehen lässt? Wir können doch noch einmal von vorn anfangen. Ich werde meine Frau verlassen, auch wenn wir seit fünfzehn Jahren verheiratet sind. Als ich sie heiratete, sagte ich ihr, dass ich sie verlassen würde, wenn ich dich jemals fände.«

In meinem Kopf herrschte ein völliges Durcheinander. »Liebst du deine Frau?«, fragte ich und schaute zu ihm hoch.

Er zögerte. »Nach dir gab es keine Liebe, die mich noch einmal so berührt hätte. Ich empfinde Liebe und Zuneigung für meine Frau, ich liebe unsere drei Töchter, und ich habe große Gewissensbisse, wenn ich unsere Siebenjährige verlasse, obwohl ich immer für sie alle sorgen würde – aber Gott hat gewollt, dass wir zusammen sind, Kleines, und wir haben genug gelitten.«

»Ist sie Jüdin?«, fragte ich.

Richie schloss die Augen. »Ja und sie ist eine sehr gute Frau.«

»Hör zu«, sagte ich, »ich weiß nicht, was ich tun soll. Ich brauche Zeit, um eine Entscheidung zu treffen. Du ahnst nicht, wie ich jede Nacht darum gebetet habe, dich wiederzusehen, wie sehr ich mir gewünscht habe, dass du bei mir bist. Und ich habe mir immer ausgemalt, wie es wäre, wenn du zu mir zurückkehrst. Ich habe dich die ganzen Jahre geliebt, aber jetzt weiß ich nicht, was ich tun soll. Das Gefühl ist dasselbe geblieben und ich will noch immer mit dir zusammen sein, aber im Augenblick kann ich keine Entscheidung treffen. Bitte versteh, dass dies eine ganze Familie betrifft, und nicht nur auf meiner, sondern auch auf deiner Seite. Wir müssen in Ruhe darüber nachdenken.«

Er stand da und schaute mich an und in meinen Augen sah er unsere Vergangenheit, aber auch unsere Gegenwart. »Gott hat es so gewollt, dass das heute mit uns geschieht, Kleines, und er will uns damit etwas sagen. Wir werden ein gemeinsames Leben beginnen. Auch ich liebe meine Kinder, so wie du deine Kinder liebst, aber wir zwei gehören zusammen. Dich nach all den Jahren wiederzufinden ist ein Wunder. Und ich begehre dich noch genauso wie vor einunddreißig Jahren. Es war uns vorherbestimmt, dass wir uns wiederfinden!«

Ich bebte am ganzen Körper. Ich wusste, dass er recht hatte: Wir gehörten zusammen – nur dass ich mich inzwischen an einen anderen Mann gebunden hatte. Ich hatte drei Kinder, genauso wie er. Wir brauchten mehr Zeit, um uns darüber klar zu werden, ob wir wirklich noch dasselbe füreinander empfanden wir früher. Wir waren längst erwachsen und doch versicherten wir uns genauso wie damals in unserer Jugend, wie sehr wir einander liebten. Ich war mir einfach nicht sicher, ob wir uns nicht etwas vormachten. Immer wieder schaute ich Richie an und konnte noch immer nicht glauben, dass er hier bei mir war.

Er hielt mich in seinen Armen und seine Küsse ließen mich in den Himmel entschweben. Dann aber dachte ich daran, dass wir am nächsten Tag schon wieder Abschied nehmen mussten, und erschrak. Es ging alles so furchtbar schnell!

Ich hatte die Donau noch nie so schön gesehen wie jetzt. Die Lichter der kleinen Boote spielten auf den Wellen, während wir Hand in Hand am Ufer entlangspazierten und uns immer wieder küssten. Ich wünschte, dass das mein ganzes Leben immer so weiterging. Aber ich wusste, dass diese Nacht ein Ende finden würde, weil ich ohne Visum einfach nicht in Ungarn bleiben konnte.

Ich musste meiner Tochter gegenübertreten und ihr alles erzählen – wie Richie und ich getrennt worden waren, wie ich ihren Vater kennen gelernt hatte, dass er mir versprochen hatte, mich gehen zu lassen, wenn ich Richie jemals finden sollte. Doch wie konnte ich ihr die Wahrheit sagen – wie konnte ich ihr sagen, dass ich diesen Mann hier immer noch liebte? Ich wusste, dass ich eine Entscheidung treffen musste. Ich überlegte immer wieder, was ich Sandy sagen und wie ich es ihr sagen würde.

Wir überquerten eine der herrlichen Hängebrücken, die sich über die Donau spannen. Vor uns lag der Serpentinenweg, der zum Burgberg hoch führt. Richie zog mich hinter sich her, bis wir zu unserem alten Platz gelangten.

»Siehst du«, sagte er und zeigte auf das Herz, das er vor so langer Zeit in den Stein geritzt hatte, »es ist immer noch da, genau wie unsere Liebe.« Wir küssten uns wieder und wieder, bis sich mir alles drehte.

»Siehst du, wie gut wir immer noch zueinander passen?«, sagte Richie. »Ich habe dir ja gesagt, dass wir füreinander bestimmt sind.«

Ich nickte und lächelte zu ihm hoch, aber in meinem Innern war alles in Aufruhr.

Was sollten wir tun? Wie konnten wir unser Glück und den Seelenfrieden so vieler anderer Menschen gegeneinander abwägen? Ich schaute nach oben zum mitternächtlichen Himmel. Wolken hatten sich vor den Mond geschoben und ich spürte die ersten warmen Regentropfen auf der Haut.

»Lass uns irgendwohin gehen, wo wir reden können und nicht nass werden«, sagte Richie und überquerte mit mir einen breiten Boulevard, um kurz darauf in eine Seitenstraße einzubiegen.

Einige Minuten später befanden wir uns in dem Appartement, das Richie für die Dauer seines Aufenthalts in Budapest gemietet hatte. Er schloss die Tür und nahm mich wieder in die Arme, ohne sich die Mühe zu machen, das Licht anzudrehen. Ich spürte seine heißen Lippen auf den meinen, fühlte die Form dieser Lippen, der ersten, die mich je geküsst hatten, und war verloren. Er schmiegte sich an mich. Durch das Fenster sah man die Lichter von Budapest. Wie schön Richie war und wie lieb und teuer mir sein Gesicht war! Ich fühlte, wie seine Hände von meinem Hals hinunter zu meinen Brüsten glitten und sie durch das dünne Seidenkleid sachte berührten. Ein

Schauer überlief mich. Ein Verlangen wie dieses hatte ich in den ganzen Jahren meiner Ehe nicht verspürt. Ich hatte es nicht verspürt, seit Richie mich das letzte Mal so berührt hatte.

»So schön«, murmelte er, während er mich liebkoste. Ich wusste, dass ich mich nie besser, nie leichter fühlen würde als in dem Moment, da mit einemmal die ganze Last der Vergangenheit, die ganzen Qualen von mir abgefallen waren. Es gab nur diesen Mann, der meine große Liebe war, und es gab nur diesen Augenblick und das, was wir füreinander empfanden. Ich begehrte diesen Mann von ganzem Herzen. Und ich hatte schreckliche Angst.

»Wir müssen zurück«, sagte ich und machte mich los. »Es ist schon spät und ich muss morgen abreisen.«

Ich ging ans Fenster, um mich wieder in die Gewalt zu bekommen, doch Richie trat hinter mich und schlang die Arme um mich. »Geh noch nicht! Ich habe dich gerade erst wiedergefunden und mich die ganzen Jahre nach dir verzehrt«, sagte er und bedeckte meinen Hals mit Küssen.

Ich schmolz in seinen Armen dahin und drängte mich ihm entgegen. Ich wünschte mir, einfach für immer so verharren zu können.

Er drehte mich zu sich herum und küsste mich leidenschaftlich, während seine Hände über meinen Rücken fuhren und nach dem Reißverschluss des Kleides tasteten. Ich spürte, dass er den Reißverschluss nach unten zu ziehen begann. Niemals in meinem Leben hatte ich etwas mehr herbeigesehnt als diesen Augenblick, aber ich hatte das Gefühl, kein Recht darauf zu haben – oder zumindest nicht jetzt gleich. Ich presste meine Hände gegen seine Brust und trat, am ganzen Leib zitternd, einen Schritt zurück.

»Wir müssen damit aufhören«, sagte ich zu ihm. »Bring mich zurück ins Hotel oder ich nehme ein Taxi.«

Richie schaute mich lange an und in seinem Blick lagen der ganze Schmerz der Vergangenheit und die ganze Liebe und Sehnsucht, die er in der Gegenwart fühlte. Doch er drängte mich nicht und setzte mich nicht unter Druck.

»Gut«, sagte er leise, »ich bringe dich zurück.«

Während wir den langen Weg zum Hotel zurückgingen, fiel noch immer warmer Regen, der sich leicht und angenehm anfühlte. Richie zog dennoch sein Jackett aus und legte es mir um die Schultern. Wir gingen langsam, als wollten wir nie im Hotel ankommen. Ich erzählte ihm von Otto und dessen Arbeit und Richie erzählte mir, dass er Professor an einer bedeutenden amerikanischen Universität sei.

»Dein Mann verdient vermutlich viel mehr als ich«, sagte er. »Universitätsprofessoren erhalten nicht besonders viel. Ich werde dir nicht so viel bieten können, wie dein Mann dir geboten hat.«

Ich blieb stehen und drehte mich zu ihm um. »Du kannst nicht einfach davon ausgehen, dass wir zusammenleben werden! Mich hat das alles wie ein Blitzschlag getroffen. Ich brauche Zeit zum Nachdenken.«

Richie umfasste mein Gesicht mit den Händen. »Das hier ist unsere Bestimmung! Es gibt einen Grund dafür, dass wir uns hier begegnet sind. Weißt du, dass ich noch immer jedes Jahr an deinen Geburtstag denke? Eine meiner Töchter ist am selben Tag geboren, am ersten März, und jedesmal, wenn wir feiern, denke ich an dich.«

Ich schloss die Augen, weil Freude und Schmerz mich überwältigten. »Ich möchte dir etwas sagen,

Richie. Es gibt Dinge, die man mit Geld kaufen kann, und Dinge, die nicht mit Geld aufzuwiegen sind. Was du mir gibst, ist nicht mit Geld aufzuwiegen, doch es ist alles, was ich jemals gewollt habe. Ich würde auch in einer Hütte mit dir wohnen, wenn es sein muss.«

Seine Augen leuchteten und er erwiderte: »Dies alles hier ist nicht von ungefähr geschehen. Die Vergangenheit können wir nicht ändern, aber wir können die Zukunft ändern, und wir werden sie ändern.«

Wir gern hätte ich geglaubt, dass dies möglich sei, aber ich gab ihm keine Antwort, da ich nicht wusste, ob ich den Mann verlassen konnte, mit dem mich achtundzwanzig Ehejahre verbanden und der der Vater meiner Kinder war.

»Wir sollten so etwas nicht aus dem Augenblick heraus entscheiden«, sagte ich noch einmal.

»Ich verstehe das, aber du sollst eines wissen, Kleines. Meine Liebe zu dir hat mich immer begleitet und wird bis ans Ende der Zeiten nicht aufhören.«

Da fing ich an zu weinen, denn ich hatte die Worte gehört, nach denen ich mich in all den einsamen Jahren sehnte, nachdem ich ihn, meine große Liebe, verloren hatte.

Sanft drehte Richie mich zu sich um und küsste jede einzelne meiner Tränen weg. »Ich liebe dich genauso, wie ich dich damals geliebt habe. Nichts hat sich verändert«, sagte er erneut. »Ich habe mich nach dir gesehnt und wünschte mir, dass du bei mir bist. Jetzt, in dieser Nacht, sind meine Gebete erhört worden und ich werde dich nicht einfach wieder ziehen lassen. Bitte bleib bei mir.«

Es war unendlich verlockend, aber unmöglich.

»Ich kann jetzt nicht bleiben, aber wir werden verabreden, wo und wann wir uns wiedersehen«, sagte ich. »Dann werden wir eine endgültige Entscheidung fällen. Ich liebe dich und ich will mit dir zusammen sein, aber im Moment kann ich nichts entscheiden. Lass uns bitte warten, bis ich mich sicher und gefestigt fühle.«

Den ganzen Rest des Weges versuchte Richie mich zu einer sofortigen Antwort zu bewegen, aber ich blieb standhaft.

»Gib mir wenigstens ein paar Stunden«, sagte ich. »Bevor wir zum Flughafen fahren müssen, komme ich noch einmal zu unserem Platz auf dem Burgberg.«

Ich weiß nicht, warum, aber ich belog ihn. Wir würden per Zug, nicht per Flugzeug nach Wien reisen und von dort weiter nach Paris fliegen. Vielleicht wollte ich sicher gehen, dass Richie mir gegen meinen Willen nicht folgen konnte. Vielleicht wusste ich auch, dass ich mich niemals würde losreißen können und zwangsläufig bei ihm bliebe, wenn er an den Bahnhof kam.

Richie hatte mir den Arm um die Schultern gelegt und drehte mich nun zu sich um. »Bitte hör mir zu! Ich bin ein ehrenhafter und reifer Mann. Es ist mir sehr ernst mit meiner Meinung, dass unser Zusammentreffen vorherbestimmt war. Meine Gefühle für dich sind so stark, dass ich meine Frau und meine Kinder für dich verlassen werde. Ich weiß, was es dich kosten wird, deinen Mann und deine Kinder zu verlassen. Aber das Leben hat uns ungerecht behandelt. Es hat uns unser Glück gestohlen und wir haben ein Recht darauf, es nun zu genießen.«

Ich wusste, dass Richie die Wahrheit sagte, aber es war mir nicht möglich, mich auf den Weg festzulegen, den er vorschlug – zumindest vorläufig nicht.

»Wir müssen einander erst besser kennen lernen«, sagte ich schließlich. »Seit wir zusammen waren, ist viel Zeit vergangen, und dies ist eine Entscheidung von gewaltiger Tragweite, die viele Menschen betrifft. Wir würden zwei Familien auseinander reißen.«

Er küsste mich und um meine Vernunft war es geschehen. Ich hatte Angst, dass ich der Macht unserer Liebe nicht würde widerstehen können. Hatte Angst, dass ich nur tun würde, was mir gut tat, ohne an all die Menschen zu denken, die ich liebte und die, wie ich meiner Mutter auf ihrem Totenbett versprochen hatte, für mich an erster Stelle stehen mussten.

Schließlich erreichten wir das Hotel. Als wir ins Foyer traten, sah ich Sandy. Sie war völlig außer sich.

»Wo seid ihr gewesen?«, fragte sie wütend. »Ich war schon im Begriff, die Polizei zu rufen.«

Mir lief es kalt den Rücken herunter. Die Polizei zu rufen ist in einem kommunistischen Land das Letzte, was man tun sollte. Meine schlimmsten Albträume wären womöglich Wirklichkeit geworden und wir wären irgendwo in einer Zelle gelandet.

»Jetzt bin ich ja hier. Es gibt keinen Grund, sich aufzuregen«, sagte ich so ruhig ich konnte. »Warte bitte noch eine Minute hier.«

Ich begleitete Richie nach draußen und küsste ihn noch einmal, als könnte ich ihm damit meine Seele geben.

»Du hörst morgen von mir«, sagte ich. »Wir treffen uns um acht an unserem Platz auf dem Burgberg.«

Er blickte forschend in meine Augen. »Ich liebe dich, Kleines, ich habe dich immer geliebt und ich werde dich immer lieben. Wir haben der Vergangenheit genug gegeben. Die Zukunft – das, was von ihr übrig ist – gehört jetzt uns.«

Ich lächelte zu ihm hoch, die Augen voller Tränen. »Ich liebe dich von ganzem Herzen, mein Liebster. Ich sehe dich morgen.« Dann wandte ich mich um und lief ins Hotel.

Sandy stand noch am selben Fleck. »Ist dir eigentlich klar, dass es drei Uhr morgens ist?«

Ich gab keine Antwort, nickte nur und ging an ihr vorbei auf den Fahrstuhl zu.

Kapitel 24

Als ich unser Zimmer erreichte, brach die Hölle in mir los. Ich wurde hysterisch und kreischte und schrie in meiner Qual. Ich merkte, dass ich Sandy Angst einjagte, aber ich konnte nicht anders. So vieles war mit mir geschehen und ich war nicht sicher, ob ich überhaupt irgendetwas davon würde bewältigen können. Ich wollte endlich alles aus mir rauslassen, was ich all die Jahre unterdrückt, hinuntergeschluckt und in mir verschlossen gehalten hatte, sodass es sich in Kopfschmerzen, nervösen Herzbeschwerden und hohem Blutdruck niederschlug. Und ich wollte Otto damit konfrontieren, was er mir angetan hatte, indem er mir verheimlichte, dass Richie damals gekommen war und mich hatte zu sich holen wollen.

Ich ging noch einmal nach unten ins Foyer zur Telefonzelle und rief Otto an. Sandy sollte das Gespräch nicht mithören. Er klang besorgt, als er abnahm und die Vermittlung ihm den Anruf einer Mrs. Schimmel aus Ungarn ankündigte, doch als er meine Stimme hörte, konnte ich durchs Telefon spüren, dass ein Lächeln auf sein Gesicht trat.

»Wie geht es meiner lieben Frau und meiner schönen Tochter? Ist alles in Ordnung?«, fragte er.

»Nichts ist in Ordnung«, erwiderte ich. »Deine Tochter packt die Koffer und weint und ich bin so wütend auf dich, dass ich dich umbringen könnte, wenn du hier wärst.«

Er schwieg verblüfft. Unbarmherzig fuhr ich fort:

»Ich bin hier in Budapest im Hotel Royale Richie begegnet. Er hat mit erzählt, dass er 1950 in New York vor unserer Tür stand und dass du ihn weggeschickt hast.«

Ich hörte Otto Tausende von Meilen entfernt nach Luft ringen.

»Bitte vergib mir«, sagte er weinend. »Ich brachte es einfach nicht über mich, dich gehen zu lassen. Ich wollte auch meinen Sohn nicht verlieren. Ich hatte schon so viele Menschen verloren, alle, die ich jemals geliebt hatte. Ich wollte nicht auch noch dich verlieren, Kleines, es ging einfach nicht.«

Der Schmerz pochte nun in meinem Kopf. »Wie konntest du das tun? Wie konntest du mir nur mein Leben stehlen? Wie konntest du mich all die Jahre denken lassen, Richie sei tot? Du hattest kein Besitzrecht auf meine Liebe! Du hattest mir versprochen, dass du mich gehen lässt!« Ich hielt den Hörer umklammert und es drangen so tiefe, keuchende Schluchzer aus meiner Brust, als wolle sie jeden Moment bersten.

Ich schrie Otto an und verlor völlig die Beherrschung, ich brüllte und tobte. Leute hatten sich um mich geschart und starrten die Verrückte in der Telefonzelle an, aber es war mir gleichgültig. Ich hatte so viele Jahre an mich gehalten und jetzt musste ich das einfach alles los werden.

»Du solltest dich schämen, Otto! Du hast mir Freiheit versprochen, und sie mir dann vorenthalten. Als Richie mich gefunden hatte, hast du ihn weggejagt und zwei verlorene Seelen dazu verdammt, sinnlos in der Welt umherzuirren. Nur unsere Kinder waren der Grund, warum ich überhaupt weiterleben wollte.«

Ich wusste, dass ich Dinge sagte, die ihm sehr weh taten, aber er hatte mich so tief verletzt, dass ich nicht wusste, ob ich jemals darüber hinwegkommen würde. Ich schleuderte ihm meine geheimsten Gedanken und Empfindungen durchs Telefon entgegen.

»Meine Kinder haben meine Seele am Leben erhalten. Ich gab dir die Familie zurück, die du verloren hattest. Ich bezahlte dafür, was die Deutschen dir angetan haben, mit meinem Leben. Und du sagst einfach nur, dass es dir Leid tut? Mehr fällt dir dazu nicht ein?«

Otto flehte mich an: »Kleines, lass uns in Ruhe miteinander reden. Ich liebe dich. Du musst mir verzeihen.«

»Ich werde dir nie vergeben können!«, schrie ich und hängte auf.

Weinend, zitternd und völlig außer mir rannte ich wieder nach oben, warf einen Koffer aufs Bett und begann zu packen.

»Mama, vielleicht solltest du dich hinsetzen und dich erst mal beruhigen«, bat Sandy.

Ich umarmte sie. »Geh ins Bett, Sandy, und ruh dich ein wenig aus. Du wirst auch so schon morgen völlig erschöpft sein.«

Glücklicherweise tat sie, worum ich sie gebeten hatte, und war nach einigen Minuten eingeschlafen. Ich weinte noch immer und war wie betäubt.

Eine Stunde später aber spürte ich eine fast unheimliche Ruhe in mir. Ich hatte tief in mein Innerstes geschaut und eine Entscheidung gefällt. Mein ganzes Leben hatte mich auf diesen Augenblick hingeführt. Ich betete darum, dass ich auch wirklich das Richtige tat. Ich setzte mich hin und schrieb den schwierigsten Brief, den ich jemals zu schreiben hatte. Ich weiß noch immer nicht, woher ich die Kraft dazu nahm.

Mein Liebling,
du bist meine erste Liebe und die Liebe meines Lebens. Das, was uns verbindet und nur uns gehört, wird immer in mir weiterleben. Doch es ist Vergangenheit und dies ist die Gegenwart. In der Gegenwart haben wir beide ein anderes Leben, andere Verpflichtungen, zu denen wir stehen müssen. Ich kann nicht mit dir gehen und ich habe Angst davor, dich noch einmal zu sehen, denn ich wäre vielleicht nicht stark genug, das zu tun, was ich als richtig erkenne. Du bist am Leben. Ich glaube, dass dieses Wissen mir Kraft geben wird, um weiterzugehen, und dass mein Leben von nun an anders sein wird. Auch du musst weitergehen. Ich kann meine Kinder nicht verlassen, aber unsere Liebe wird für immer weiterleben. Vergib mir, dass statt meiner diese wenigen Zeilen auf dich warten werden. Lebe wohl, mein Liebster!

Kis Pofa

Ich steckte das Blatt in einen Briefumschlag des Hotels und klebte ihn zu. Dann warf ich mir einen Pullover über und lief die zwei, drei Blocks zur Brücke, überquerte sie und eilte in der Dunkelheit die Kehren des Fußwegs hoch bis zu unserem Platz auf dem Burgberg. Ich steckte den Brief in einen Mauerspalt direkt neben dem Herzen, das Richie einst für uns eingeritzt hatte. Ich nahm mir die Zeit, um mit den Fingern den Umriss des Herzens und die Worte darin nachzufahren: »Richie und Kleines auf ewig.« Dann wandte ich mich um und rannte den Hügel hinunter.

Im Hotelzimmer packte ich die Koffer fertig. Wie ein Roboter bewegte ich mich zwischen Frisierkommode, Schrank und Koffern hin und her, ohne irgendetwas wirklich wahrzunehmen. Ich konnte nicht schlafen. Als ich mich hinlegte, sah ich nur Richies Gesicht vor mir und die Qualen, die er leiden würde, wenn ich am Morgen nicht zu ihm kam. Gleichzeitig drohte mich die Wut auf Otto zu verzehren und ich verwünschte das Schicksal, das Richie und mich so grausam behandelt hatte. Ich versuchte die Technik der transzendentalen Meditation einzusetzen, die Otto und ich im Jahr zuvor erlernt hatten, um unsere innere Anspannung und unsere Albträume zu mildern, aber ich konnte mich nicht genügend konzentrieren, um in eine beruhigende Trance zu fallen. Die letzten Stunden mit Richie zogen wieder und wieder wie ein Film vor meinem inneren Auge vorüber. Ich war außerstande, den Blick nach vorn in meine Zukunft zu richten. Sie schien hoffnungsleer und grau, ohne jede Gestalt oder Farbe, denn die Liebe meines Lebens würde nicht an meiner Seite sein. Wie sollte ich abermals ohne ihn leben?

Am nächsten Morgen schaute mich Sandy besorgt an, als habe sie Angst, ich würde zusammenbrechen. Die Zugfahrt nach Wien dauerte zweieinhalb Stunden und ich weinte auf dem ganzen Weg. Sandy schlief zwischendurch immer wieder ein wenig, aber ich konnte nicht einmal die Augen zumachen, da ich sonst jedesmal Richie vor mir sah. Ich schaute auf meine Uhr. Jetzt liest er bestimmt gerade meinen Brief, dachte ich. Ich wusste, dass er wütend sein und sich verraten fühlen würde, und dass er schließlich versuchen würde, mich zu finden. Aber ich wusste auch, dass ihm das nicht gelingen konnte. Er kannte meinen neuen Nachnamen, aber ich hatte ihm nicht gesagt, wo wir wohnten, und ihm keine Telefonnummer hinterlassen. Auch im Hotel würde er keine Auskunft bekommen. Die Kommunisten gaben nie persönliche Informationen über Gäste heraus, außer an die Geheimpolizei.

Ich hatte meinen Liebsten zum zweiten Mal verloren.

In Wien nahmen wir ein Taxi zum Hotel Intercontinental und ich sagte Sandy, dass ich mich schlafen legen wollte. Ich war völlig erschöpft, sowohl körperlich als auch psychisch. Wir hatten eine Stadtführung gebucht und bereits im voraus bezahlt und ich redete Sandy zu, allein hinzugehen. Während sie sich also Wien anschaute, blieb ich im Hotelzimmer und weinte.

Gegen Abend kam Sandy zurück und wir gingen zum Essen ins Restaurant des Hotels. Ich wusste, dass ich fürchterlich aussah – die Augen waren gerötet vom Weinen, die Haare zerzaust, und ich hatte mir nicht die Mühe gemacht, mich zu schminken.

»Was ist nur los mit dir?«, fragte Sandy. »Warum weinst du unablässig? Gut, du hast deinen Exfreund wiedergesehen. Das ist aber doch kein Grund, ein solches Theater zu machen! Nimm dich bitte zusammen. Genieß das Essen und morgen geht es dir bestimmt schon wieder gut.«

Ich schaute diese hübsche junge Frau an, die mir gegenübersaß und die meine Tochter war, und mir wurde klar, wie unschuldig sie war. Mit ihren einundzwanzig Jahren war sie noch nie so verliebt gewesen wie ich damals und sie hatte nicht die Schrecken und Qualen erlebt, die ich durchlitten hatte. Sie wusste nach wie vor nicht, dass ihr Vater mich belogen und einen so gewaltigen Verrat an mir begangen hatte, dass unsere Ehe nur eine Farce war. Mir war klar, dass ich ihm bald gegenübertreten musste und dass wir uns streiten würden wie nie zuvor. Sie weiß einfach nicht, was mich wirklich erwartet, dachte ich.

Ich bemühte mich zu lächeln. Schließlich wollte sie mir nur helfen und mir zeigen, dass sie meinen Schmerz nachvollziehen konnte.

Als wir wieder nach oben gingen, sagte sie: »Warum nimmst du nicht eine Tablette, damit du schlafen kannst?«

Wegen meiner Albträume und wegen der Kopfschmerzen, die mich manchmal plagten, hatte mein Arzt mir ein leichtes Schlafmittel verschrieben. Ich nahm eine Tablette und sie tat ihre Wirkung. Ich schlief ein.

Am nächsten Morgen flogen wir von Wien nach Paris. Als wir im Hotel Intercontinental eintrafen, erwartete uns Otto im Foyer. Ich konnte es nicht fassen. Allein sein Anblick ließ meine ganze Wut wieder aufflackern. Er hatte nicht abwarten können, bis ich nach Hause kam, um mit mir zu sprechen. Ich wollte an ihm vorbeistürmen, doch er packte mich am Arm.

»Wir müssen unbedingt miteinander reden«, sagte er.

Ich fixierte ihn mit finsterem Blick und voller Argwohn. Ich wusste, dass Otto versuchen würde, geschickt auf mich einzuwirken, so, wie er es immer tat.

»Ich hoffe, du hast dir was Gutes einfallen lassen«, sagte ich und wollte weitergehen.

Doch als ich einen zweiten Blick auf ihn warf, mischte sich Bestürzung in meine Wut. In einem solchen Zustand hatte ich Otto noch nie gesehen. Er war bleich, totenbleich. Ungekämmt und unrasiert, und die Augen tief eingesunken. Mir wurde klar, dass er die ganze Nacht im Flugzeug gesessen haben musste, um mich hier zu treffen. Doch ich sagte mir, dass es mir egal war. Wie er aussah und wie er sich fühlte, ging mich nichts an. Hatte er mich nicht belogen und mich um mein Glück betrogen? Außerdem hatte auch ich nicht viel geschlafen und das war seine Schuld.

Sobald wir in unserem Zimmer waren, ließ Sandy uns allein. Sie murmelte etwas davon, dass sie eine Kleinigkeit essen gehen und sich den Eiffelturm anschauen wollte, während wir unsere Meinungsverschiedenheiten klärten.

Ich wandte mich Otto zu und schaute ihn mir genau an, den guten Ehemann, der sich immer so ausgezeichnet um mich gekümmert hatte, der mir, so hatte er zumindest beteuert, gern alles geben wollte, was ich mir wünschte. Mein Glück aber hatte er mir vorenthalten. Ich bebte vor Wut.

Otto sah wie ein Geist aus. Er wollte mich berühren, aber ich schob seine Hand weg.

»Fass mich nicht an«, sagte ich. »Ich werde mich beruhigen und dann werden wir miteinander reden.«

Otto saß regungslos da, doch ich konnte nicht stillsitzen. Ich ging im Zimmer auf und ab und sagte immer wieder: »Du hattest kein Recht dazu. Du hast mir versprochen, du würdest mich gehen lassen. Du hattest kein Recht dazu.«

Otto sagte nichts und das machte mich nur noch wütender. Ich ging zu ihm hinüber, packte ihn an den Schultern und schüttelte ihn. »Warum hast du mir das angetan? Er suchte nach mir und als er mich endlich gefunden hatte, schicktest du ihn weg! Ich werde dir das nie verzeihen.«

Otto sagte noch immer nichts und ich setzte mich und fragte mich, was ich tun sollte. Richie kannte meine Adresse nicht. Es gab keine Möglichkeit für ihn, Kontakt mit mir aufzunehmen. Ich hingegen wusste nicht, wie ich ihn in Budapest erreichen konnte. Vielleicht vermochte sich die dortige Universität mit ihm in Verbindung zu setzen, aber das ungarische Telefonsystem war ein Albtraum. Es würde schwierig sein.

Otto räusperte sich. »Hör mir einfach zu, Kleines«, sagte er.

Ich schaute ihn eindringlich an. »Ich hoffe, du hast dir gut überlegt, was du sagen willst, denn ich habe deine Lügen satt. Mein Leben lang habe ich von den Erinnerungen an einen vermeintlichen Toten zehren müssen, nur weil du mich hast glauben lassen, Richie wäre tot.«

Otto blickte mich eindringlich an und ich sah den Schmerz und die Liebe in seinen Augen. »Hör dir einfach nur an, was ich zu sagen habe, Kleines. Das ist alles, worum ich dich bitte. Wenn ich fertig bin, kannst du tun, was immer du willst. Wenn du mich verlassen willst, steht es dir frei, zu gehen.«

Ich setzte mich in einen Sessel und versuchte, kein Mitleid für ihn zu empfinden. Das Sprechen machte ihm große Mühe. Er war heiser, wohl weil er geweint hatte, und in einer jämmerlichen Verfassung war. Ich konnte kaum glauben, dass dies der Mann war, den ich so gut kannte, und es bestürzte mich, dass ein Mensch derart rasch den Boden unter den Füßen verlieren konnte.

Zitternd setzte er sich mir gegenüber auf das Sofa. Er bestand darauf, meine Hand halten zu dürfen, während er mir erzählte, was an jenem Morgen im Januar 1950 geschehen war.

»Während der Beschneidungsfeier kam dieser gut aussehende junge Mann an die Tür und fragte nach einer Frau namens Baby oder Betty. Ich wusste zuerst nicht, was ich sagen sollte, doch dann erwiderte ich, ohne nachzudenken: Nein, hier wohnt niemand, der so heißt. Ich zitterte so wie jetzt, als ich ihn fragte, wer er sei.« Ein Schauer überlief ihn. »Er antwortete, dass er Richie Kovacs sei und nach seiner verschollenen Liebsten aus Budapest suche. Er habe im jüdischen Lokalblatt von der Beschneidungsfeier gelesen und gehofft, die Mutter des Jungen sei seine Freundin von damals. Er erzählte, dass er seit der Befreiung nach ihr suche und durch ganz Europa und nun auch Amerika gereist sei, um sie zu finden.

»Alles um mich herum begann sich zu drehen«, fuhr Otto fort, »und ohne nachzudenken, schob ich ihn aus dem Weg, sagte noch einmal, dass niemand mit diesem Namen dort wohnen würde, und machte ihm die Tür vor der Nase zu. Als er noch einmal klopfte, rief ich, er solle verschwinden, dies sei die Feier zur Geburt meines Sohnes und er habe dort nichts zu suchen.«

Otto schaute mich an. Ich saß da, die eine Hand noch immer in der seinen, die andere zur Faust geballt im Schoß. Ich wollte ihn ohrfeigen, ihn schlagen, ihn den Schmerz, den ich in mir fühlte, selbst fühlen lassen. Aber ich wusste, dass der Schmerz bereits in ihm war und dass keine Ohrfeige und kein Schlag ihm ähnliche Qualen hätte zufügen können.

»Von dem Tag an musste ich mit dem Wissen zurechtkommen, dass er am Leben war«, fuhr er fort. »Als er weg war, dachte ich, ich müsste sterben. Ich konnte nicht ins Wohnzimmer zurückkehren, denn ich hätte kein Wort herausgebracht, so verzweifelt war ich. Du warst so müde und hattest gerade unser Kind zur Welt gebracht, und wenn du Bobby anschautest, sah ich in deinen Augen eine Liebe, die ich nie darin entdeckte, wenn du mich anschautest. Mir war klar, dass du mich nicht so liebtest wie Richie, und auch, dass ich dich verlieren würde, wenn ich dir die Wahrheit sagte. Also schwieg ich, aber das Schweigen fraß mich innerlich auf, da ich dich nie habe anlügen wollen. Unter diesen Umständen konnte ich jedoch nicht anders. Und dann war es zu spät, noch etwas daran zu ändern. Er war fort, ich hatte ihn weggeschickt und es gab keinen Weg zurück.« Otto fuhr sich mit den Fingern durch das ungekämmte Haar, dann drückte er meine Hand.

»Bitte vergib mir. Ich liebe dich mehr als das Leben. Ohne dich gibt es kein Leben für mich. Ich will dein Ehemann und der Vater unserer drei Kinder sein. Ich bitte dich inständig, mit mir nach Hause zu kommen. Lass uns zu einem Ehetherapeuten gehen und versuchen, unsere Ehe zu retten.«

Ich begann ihn anzuschreien. Die ganze aufgestaute Wut entlud sich, jetzt, da ich alles über seinen Verrat und seinen Betrug an mir ghört hatte.

»Du hattest kein Recht, das zu tun!«, schrie ich. »Das Leben war eine Qual für mich, da ich nicht wusste, ob Richie lebte oder tot war. Warum um alles in der Welt willst du mit mir leben, wenn ich doch einen anderen liebe?«

Sobald ich diese Worte ausgesprochen hatte, taten sie mir leid, auch wenn es die Wahrheit sein mochte. Otto war in einer so jämmerlichen Verfassung und so verletzbar, dass ich das nicht hätte sagen dürfen.

Er blickte zu Boden, als versuche er, den Schlag zu verkraften. »Für mich ist es genug, wenn ich dich liebe, Kleines«, sagte er leise. »Wenn ich von der Arbeit nach Hause komme und du da bist, dann ist es für mich ein guter Tag. Wir können es schaffen, du wirst sehen.« Und dann brach er in Tränen aus. »Verlass mich nicht, Kleines. Ich habe schon so viel gelitten wegen dem, was ich getan habe, und das Leben wäre für mich zu Ende, wenn du von mir weggehen würdest.«

Ich glaubte, mir würde das Herz brechen, als ich diesen kräftigen, großen Mann weinen sah, diesen Mann, der mich so sehr liebte, der mich immer geliebt hatte. Wie sollte ich ihn nach achtundzwanzig Ehejahren verlassen können? Und doch war mein Leben gerade völlig auf den Kopf gestellt worden. Ich hatte Richie wiedergefunden, der nie aufgehört hatte, mich zu lieben, so wie ich nie aufgehört hatte, ihn zu lieben. Doch angesichts von Ottos Qualen konnte ich nicht nur an mich oder an Richie denken.

Ich ging zu Otto hinüber und legte ihm die Hand auf die Schulter. »Es wird alles gut werden«, sagte ich.

Er nahm meine Hand und küsste sie, dann zog er mich zu sich aufs Sofa. Er küsste mich, und dies war der erste Kuss, der mir das Gefühl gab, wirklich Ottos Frau zu sein. Ich erwiderte ihn und unsere Küsse wurden immer leidenschaftlicher. Kurz darauf schliefen wir miteinander, und es war anders als jemals zuvor. Ich war erregter und beteiligter, als ich es bisher gewesen war, und erlebte einen Höhepunkt, wie ich ihn mir bislang nicht hatte vorstellen können. Als es vorbei war, hatte ich das Gefühl, dass wir im Grunde zum ersten Mal unsere Ehe als Mann und Frau vollzogen hatten, obwohl wir doch seit so vielen Jahren miteinander schliefen. Diesmal hatte ich mich bereitwillig darauf eingelassen und eine große Befriedigung erfahren. Ich begann meinen Mann mit anderen Augen zu sehen, auch wenn ich nicht begriff, warum sich diese neue Erfahrung gerade jetzt einstellte, nachdem ich Richie wiedergesehen hatte.

Als Sandy zurückkam, saßen wir Seite an Seite auf dem Sofa, hielten uns an den Händen und waren ins Gespräch vertieft. Sandy sah so erleichtert aus, als sie uns so glücklich vereint sah, dass ich beinahe laut auflachte. Wir versprachen ihr, später alles zu erklären, und sie schien geradewegs froh zu sein, dass sie sich nicht sofort irgendwelche Einzelheiten anhören musste.

»Möchtet ihr, dass ich euch einen Imbiss heraufhole oder den Zimmerservice bestelle?«, fragte sie.

Otto und ich schauten einander an. »Nein«, sagten wir gleichzeitig. Ich schlug vor: »Lasst uns zusammen hinuntergehen und eine Kleinigkeit essen.« Im selben Moment wurde mir klar, dass ich seit dem Abend, als ich Richie im Restaurant getroffen hatte, nichts Richtiges mehr gegessen hatte. Ich ging ins Bad, um mich zu kämmen und etwas Lippenstift aufzulegen.

Nach dem Abendessen machten wir drei zusammen einen Schaufensterbummel durch Paris. Im kommunistischen Budapest war in den Schaufenstern nichts zu sehen gewesen, aber Paris war eine völlig andere Welt.

Otto sagte: »Lass mich dir etwas kaufen, das dich an diesen Tag erinnert.«

Ich traute meinen Ohren nicht. »Das ist nun wirklich nicht nötig. Ich glaube nicht, dass ich diesen Tag jemals vergessen werde«, erwiderte ich in leicht sarkastischem Ton.

Otto war so klug, meine Bemerkung zu übergehen. Wir spazierten stundenlang durch die Straßen und Sandy ging ein wenig voraus, damit wir ungestört reden konnten. Ich sagte zu Otto, dass wir in Zukunft offener unsere Gefühle zeigen müßten, dass es wichtig sei, sich seine Empfindungen und innersten Regungen mitzuteilen. Er war einverstanden, aber mir war auch klar, dass er an diesem Tag mit allem einverstanden gewesen wäre.

Wir blieben noch zwei Tage in Paris und waren von morgens bis abends auf Besichtigungstour. Otto ließ mich keine Sekunde allein, was in gewisser Hinsicht auch gut war, da ich so keine Zeit zum Nachdenken hatte. Als wir aber zum Flughafen fuhren, fing ich an zu weinen.

Der Taxifahrer, der keine Ahnung hatte, worum es ging, sagte zu mir: »Es ist alles in Ordnung, Madame, Sie werden drüber wegkommen, machen Sie sich keine Sorgen.«

Einen Augenblick lang war ich sehr irritiert, aber dann fiel mir ein, dass Paris die Stadt der Liebenden ist, und dass er in seinem Leben wohl schon sehr viele Tränen gesehen hatte.

Wir warteten stundenlang auf unseren Abflug, und ich sagte zu Otto und Sandy, dass ich eine Weile für mich sein wolle, um nachzudenken. Sie ließen mich allein, und ich fiel in eine so tiefe meditative Trance, dass ich erst erwachte, als Otto mich sanft schüttelte und sagte, es sei Zeit, an Bord zu gehen.

Wir fanden unsere Sitze und ich machte es mir neben Sandy bequem. Dann dachte ich an Richie. Ich schloss die Augen und sah ihn genau so vor mir, wie er vor fünf Tagen gewesen war. Ich sehnte mich nach ihm und wünschte mir, wir könnten wieder zusammen sein.

Wir kamen mit Verspätung in New York an. Als wir von Bord gingen, drängte Otto zur Eile, um das Flugzeug nach Phoenix noch zu erwischen, aber ich blieb stehen. »Ich fliege nicht gleich nach Phoenix zurück«, verkündete ich. »Ich bleibe ein paar Tage in New York.«

Otto schaute mich überrascht an, aber ich blieb dabei.

»Dann bleibe ich auch hier«, sagte er.

»Bitte nicht«, sagte ich. »Ich möchte meine Schwester besuchen und bin in ein paar Tagen zu Hause.«

Und so verabschiedete ich mich von ihm. Sandy musste in ihr College zurück – eine Freundin von ihr war zum Flughafen gekommen, um sie abzuholen. Otto rannte los, um den Anschluss nach Phoenix noch zu erreichen, und ich nahm mir ein Taxi. Als ich nach Manhattan hineinfuhr, überlegte ich, ob ich Rose erzählen sollte, dass ich Richie gefunden hatte.

Als ich in Roses Apartment eintraf, war es gerade Zeit zum Abendessen, und sie war höchst erfreut über meinen Besuch. Nach dem Essen half ich ihr, das Gästezimmer herzurichten, und sie wollte alles über meine Reise wissen.

»Ach weißt du«, sagte ich, »ich bin heute Abend sehr müde. Wie wäre es, wenn ich dir morgen alles erzähle?«

Ich ging zu Bett und hoffte, dass ich von Richie träumen würde. Stattdessen aber fiel ich in einen tiefen und traumlosen Schlaf, und im Nu war es Morgen.

Rose konnte es nicht erwarten, von meinen Erlebnissen zu hören. Ich erzählte ihr, dass das Essen billig und gut und das Hotel recht schön gewesen sei. Ja, ich hatte unser altes Haus gesehen und sowohl einige unserer alten Freunde als auch Freunde von Otto getroffen.

Meine Schwester hätte nicht netter sein können, nicht freundlicher, nicht interessierter an mir und an dem, was ich erlebt hatte, aber ich empfand ihre Aufmerksamkeit und Neugier erdrückend und erkannte, dass ich einige Zeit allein sein musste, wirklich allein. Also schwindelte ich sie an, um sie nicht zu verletzen, und sagte ihr, ich würde noch am selben Tag nach Hause fliegen. Stattdessen aber ging ich ins Hotel Hilton. Ich blieb dort einen Tag und eine Nacht und weinte unablässig. Ich hätte mich geschämt, vor den Augen meiner Schwester zu weinen, doch in dem unpersönlichen Hotelzimmer ließ ich mich gehen und heulte und brüllte vor Schmerz und Trauer. Stundenlang schrie ich ins Kopfkissen. Als ich keine Kraft mehr hatte, schlief ich ein.

Am nächsten Tag ließ ich mir einen Flug nach Phoenix reservieren. Ich rief Otto vom Kennedy Airport aus an und teilte ihm mit, wann ich ankommen würde.

Er erwartete mich am Flughafen, gab mir zur Begrüßung einen Kuss und fragte, wo ich seit dem vorherigen Tag gewesen sei. Meine Schwester hatte am Abend zuvor angerufen, um sich zu vergewissern, ob ich gut angekommen war, und natürlich war ich nicht da gewesen.

»Ich bin für einen Tag in ein Hotel gegangen, denn Rose stellte mir Fragen über Fragen zu meiner Reise, und es war mir einfach zu viel, sie alle zu beantworten«, erklärte ich ihm.

Er akzeptierte das und fragte nicht weiter. Ich war froh darüber, da es bedeutete, dass ich ihn nicht belügen musste.

Zu Hause hatte er das Abendessen vorbereitet und den Tisch gedeckt. Er machte viel Aufhebens darum, mich zu bedienen, und setzte sich dann mir gegenüber. Das Licht der Kerzen, die er angezündet hatte, schimmerte auf seinem Gesicht. Er bat mich, ihm die

Hand zu reichen, und ich legte sie in seine. Er blickte mir in die Augen und sagte: »Du kannst dich wirklich glücklich schätzen. Du hast herausgefunden, dass jemand, den du liebst, noch am Leben ist. Ich wünschte, ich würde jemanden aus meiner Familie wiederfinden, den ich für tot gehalten habe.« Dann küsste er meine Hand.

In dieser Nacht schliefen wir wieder miteinander. Es war gut, dass die schwere Last der Vorstellung, Richie sei tot, nun von mir abgefallen war.

In den folgenden Tagen und Monaten war ich sehr unruhig und rastlos. Ich hatte die ganze Zeit den Drang, wegzufahren und mehr von Arizona zu entdecken, aber ich wollte Otto nicht dabei haben.

»Ich will meinen Kopf lüften«, sagte ich zu ihm.

Ich reiste auf eigene Faust durch Arizona, machte Halt, wo immer es mir gefiel, und zog weiter, wenn mir danach war. Wenn ich Otto anrief, fragte er stets: »Wann kommst du wieder nach Hause?«

»Ich weiß es nicht«, erwiderte ich aufrichtig. »Wenn ich ein wenig zur Ruhe gekommen bin.«

Der erste derartige Ausflug dauerte zehn Tage. Ich erkundete den ganzen Bundesstaat und fuhr auch in gefährliche Gegenden, aber meistens ging es mir nur darum, in der freien Natur nachzudenken und zu meditieren. Als ich nach Hause kam, war ich gelassener und konnte das Schicksal auf eine neue Weise akzeptieren.

Kapitel 25

Ich war in mein altes Leben zurückgekehrt, doch nach der Begegnung mit Richie war nichts wieder so wie vorher. Ich kochte und buk und manchmal arbeitete ich im Reisebüro. Ich ging so oft auf Reisen wie nur möglich, mal nach Mexico City, mal in die Karibik, und ich fuhr stets allein. Ich konnte mit Otto noch nicht ganz Frieden schließen und so Leid es mir für ihn tat, hatte ich noch immer das Bedürfnis, ohne ihn loszuziehen. Oft machte ich mich einfach für einen oder zwei Tage auf, fuhr in die Wüste, übernachtete unterwegs in einem Motel und kehrte dann wieder nach Hause zurück. Otto sagte nie ein Wort dazu. Er hätte es nicht gewagt.

Eines Tages rief mich Sandy an und erzählte, dass sie im Who's Who in America nachgeschaut und herausgefunden habe, wo Richie lehrte. Ich nahm diesen Hinweis zur Kenntnis, ohne ihm zunächst nachzugehen. Als einige Monate später einmal niemand außer mir im Haus war, rief ich die Universität an, von der Sandy gesprochen hatte. Ich möchte sie hier nicht nennen, da Richie ein Recht darauf hat, dass seine Privatsphäre gewahrt bleibt. Die Telefonzentrale stellte mich zur naturwissenschaftlichen Fakultät durch und von dort aus wurde ich wieder mit einer anderen Stelle verbunden, die mich erneut weiterleitete. Schließlich war ich schon nahe daran, aufzugeben, da hörte ich Richies Stimme. »Hallo?«

Ich erstarrte. Was sollte ich zu ihm sagen? Dass ich

gern eine freundschaftliche Beziehung mit ihm pflegen wollte? Dafür empfanden wir zu viel füreinander. Wäre es denkbar gewesen, dass wir alle zusammen Karten spielten, Richie, ich, Otto und Richies Frau? Natürlich nicht. Was wollte ich also von ihm? Ich wusste es nicht.

»Hallo! Ist jemand dran?«

Ich hielt den Hörer für einen langen Moment fest und nahm den Klang seiner Stimme begierig in mich auf, auch wenn er nur solch banale Dinge sagte. Dann legte ich den Hörer behutsam auf. Es gab nichts, was ich ihm hätte sagen können, obgleich mein Herz danach verlangte, mit ihm zu reden.

Im Jahr darauf beschloss ich, noch einmal nach Ungarn zu reisen, aber diesmal wollte Otto nicht, dass ich allein hinfuhr. Wir reisten zusammen, aber in Budapest ging jeder seine eigenen Wege. Otto verbrachte die meiste Zeit bei der Schwester seiner Mutter, während ich wie eine verlorene Seele durch die Straßen der Stadt streifte, in der Hoffnung, Menschen aus meiner Vergangenheit zu begegnen. Ich traf aber niemanden, den ich kannte. Ich ging sogar zu ehemaligen Nachbarn und fragte sie, ob mein Vater nach dem Krieg je zurückgekommen sei und nach uns gesucht habe. Die Befreiung lag zwar inzwischen viele Jahre zurück, aber ich glaubte immer noch, dass irgendjemand irgendwo vielleicht etwas wissen könnte. Hatte ich nicht auch Richie nach all den Jahren wiedergefunden? Im Falle meines Vaters aber führten sämtliche Spuren ins Nichts.

Ich wanderte durch die Straßen des Gettos und versuchte mich zu erinnern, wo sie uns damals hingebracht und in welches Haus sie uns gesteckt hatten. Es waren sehr aufreibende Tage. Wohin ich auch ging, war ich von Geistern umgeben. Die Abende verbrachte ich mit Otto, aber am Tag trieb es mich immer wieder zum Burgberg, wo ich so oft mit Richie gewesen war. Es war der einzige Ort, an dem ich seine Gegenwart spürte, und ich konnte das eingeritzte Herz mit unseren Namen darin berühren. Beim ersten Mal war die Empfindung so machtvoll, dass ich Richies unverwechselbaren Duft förmlich riechen konnte. Ich sehnte mich so sehr nach ihm! Wo mochte er sein? Ich dachte jede Minute an ihn. Es war, als läge ein Bann auf mir, den ich nicht abzuschütteln vermochte – allerdings muss ich zugeben, dass ich es auch nicht wirklich versuchte. Ich hatte keine Macht über diese Empfindungen, sondern war ganz in ihrer Gewalt.

An dem Abend kehrte ich ins Hotel zurück, um wie üblich mit Otto zum Essen zu gehen, aber ich war so rastlos, dass ich nicht stillsitzen konnte. Die ganze Zeit in Budapest hielt ich Ausschau nach Richie. In gewisser Hinsicht konnte ich es nicht erwarten, die Stadt zu verlassen und der Qual ein Ende zu setzen. Nach einigen Tagen reisten wir weiter, nach Spanien und Mallorca. Es kehrte wieder Normalität ein, zumindest jene Art von Normalität, die mir vertraut war.

Otto und ich lächelten uns oft an und gingen freundlich miteinander um, aber es hatte sich keine neue Offenheit zwischen uns entwickelt. Wir gingen nie zu einer Eheberatung. Otto wollte es doch nicht. Eines aber hatte sich geändert: Er fuhr jetzt mit mir in Urlaub und das war ein Fortschritt.

In den folgenden Jahren reiste ich in viele verschiedene Länder, unter anderem nach Australien, wo ich bei meinem alten Freund Fery vorbeischaute, der mich seinerzeit mit Otto bekannt gemacht hatte. Ich hatte erfahren, dass er in Sydney ein Geschäft besaß, und beschloss, ihn dort zu überraschen. Ich stellte mich vor das Schaufenster und sah hinein. Er bediente gerade Kunden. Er blickte zu mir her, und es dauerte nicht lange, da kam er nach draußen und fragte: »Kenne ich Sie nicht?«

Als ich ihm sagte, wer ich war, nahm er mich in die Arme und sagte: »Ich kann es nicht glauben, dass du es bist, Kleines! So lange ist das schon her.« Ich verbrachte eine wunderbare Zeit bei ihm. Er nahm mich mit zu Ottos Tante, und am nächsten Abend ging er mit mir in einen jüdischen Club, wo ich noch einige weitere Freunde wiedersah, die wie Fery nach Australien ausgewandert waren. Sie alle sagten, dass ich wiederkommen und Otto mitbringen solle, damit wir alle zusammen ein großes Fest feiern konnten.

Zwei Jahre darauf setzten wir diese Idee dann in die Tat um. Otto und ich flogen von Los Angeles ab und unser Sohn Jeff, der zum Flughafen gekommen war, um sich von uns zu verabschieden, neckte mich: »Du Arme – plagt dich wieder das Fernweh?«

1982 erfüllte ich mir einen weiteren Traum und reiste nach China, tief ins Landesinnere und die Seidenstraße entlang bis nach Xi'an, von wo ich dann zehn Tage lang auf einem Schiff den Jangtsekiang hinabfuhr.

Otto flog regelmäßig nach Hongkong, um dort Lederwaren herstellen zu lassen, und ich begleitete ihn oft. Wir reisten auch nach Tahiti und an viele andere exotische Orte, von denen ich vorher nur gelesen und geträumt hatte. Ich fing an, ein Reisetagebuch zu führen, nur für mich selbst, damit ich in späteren Jahren, wenn ich es nicht mehr weiter als bis zum Lehnstuhl schaffen würde, darin lesen konnte.

Aus meiner Heimat Ungarn hatte ich eine Idee mitgebracht, aus der sich ein einträgliches Geschäft entwickelte. Ungarn ist bekannt für seine schönen Leinenstickereien. Ich kaufte in Phoenix eine Stickmaschine, stellte ein paar Musterstücke her und klapperte mit ihnen verschiedene Geschäfte ab. Am Ende einer Woche hatte ich so viele Bestellungen, dass mein Arbeitstisch überquoll. Bullock's, Sakowitz, Goldwater's – alle wollten meine Stickereien haben. Als ich die Arbeit schließlich nicht mehr allein zu bewältigen vermochte, musste ich einige Frauen einstellen, die mir halfen.

Nach einigen Jahren hatte ich genug vom Sticken, verkaufte meinen Betrieb und machte einen ansehnlichen Gewinn dabei. Ich ging auch einer anderen alten Liebe nach, dem Entwerfen von Schmuck, und fertigte einige ungewöhnliche Stücke an.

Unterdessen geschah im Leben unserer Kinder vieles, aber leider nicht nur Gutes. Bobby hatte Vickie geheiratet, eine junge Frau mit einem goldenen Herzen, deren Vater allerdings ein großer Antisemit war. Ihre Familie trauerte, als sie Bobby heiratete, und außer zwei Schwestern kam keiner von ihnen zur Hochzeit. Wir übernahmen die Kosten der Feier. Vickie begeisterte sich für den jüdischen Glauben und konvertierte sogar. Sie und Bobby haben vier Kinder. Ihre Tochter Jessica bekam mit sechzehn Diabetes, wird aber gut damit fertig. Sie ist jetzt einundzwanzig und hat vor, Ärztin zu werden, damit sie anderen mit dem gleichen Problem helfen kann. Das nächste Kind, Derek, erkrankte tragischerweise an Krebs und die Ärzte sagten, er habe allenfalls noch achtzehn Monate zu leben. Mein Sohn und meine Schwiegertochter standen unter Schock und so packten wir mit an und halfen ihnen, für

Derek und Jessica zu sorgen und später auch für die kleine Aliyah. Derek lebte nicht nur achtzehn Monate, sondern noch acht Jahre, aber er musste schrecklich leiden. Wir litten mit ihm, und zwar so sehr, dass ich am Ende nur noch darum betete, dass dieser liebe, aufgeweckte, hübsche kleine Junge sterben durfte, um Frieden zu finden und frei von Schmerzen zu sein, geborgen in der liebenden Hand Gottes. Nachdem Derek gestorben war, fiel meine Schwiegertochter Vickie in tiefe Depressionen, und wir unterstützten sie, Bobby, Jessica und Aliyah, wo wir nur konnten. 1999 bekamen Vickie und Bobby noch einen Sohn, der Jacob Isaac heißt.

Meine Tochter Sandy verlobte sich mit Jeff, einem wunderbaren und großzügigen jungen Mann, der tragischerweise und versehentlich von der Polizei getötet wurde, als er versuchte, einem älteren Mann zu helfen, der von einem jüngeren niedergestochen worden war. Sandy war am Boden zerstört und sagte zu mir, dass sie jetzt verstehe, was ich wegen Richie durchgemacht hatte. Sie heiratete schließlich einen Freund von Jeff, der ihr in der schrecklichen Zeit beistand und sie tröstete und sich dabei in sie verliebte. Bedauerlicherweise war die Ehe nicht lange glücklich und sie ließen sich scheiden. Ich freue mich aber immer sehr, wenn ich Sandy helfen kann, indem ich auf ihre wunderschöne kleine Tochter Alexandra aufpasse.

Auch unser Sohn Jeff ist mittlerweile verheiratet, mit Gloria, einer schönen jungen Frau, die sogleich zum Judentum konvertierte. Wir hatten das nie verlangt oder auch nur erwähnt. Beide Schwiegertöchter taten diesen Schritt von sich aus.

Unser Enkel Derek starb im Dezember 1992. Im Februar 1993 wurde bei mir Brustkrebs diagnostiziert und ich musste mir eine Brust entfernen lassen. Die gesamte Familie kam am Abend vor der Operation ins Krankenhaus und ich sagte ihnen allen, wie sehr ich sie liebte.

Meine Kinder sind das, worauf ich am meisten stolz bin, doch auch meine Liebe zu Otto erfüllt mich mit Stolz und innerem Frieden. Wir hatten es nicht leicht miteinander und ich habe ihn viele Jahre lang schlecht behandelt, weil ich so unglücklich war. Doch inzwischen sind wir mehr als fünfzig Jahre miteinander verheiratet. Wir haben nicht nur unser Leben geteilt, sondern auch den Verlust geliebter Menschen gemeinsam getragen.

Ich wollte die Fehler, die ich an Otto begangen hatte, wieder gutmachen. Er hatte mich mit Liebe überschüttet und ich nahm sie hin, als hätte ich ein Anrecht darauf, und dachte nie daran, sie zu erwidern. Selbst zu Zeiten, in denen ich ihn eigentlich lieben wollte, war es, als würde mich ein Dämon davon zurückhalten. Auf Reisen waren wir in der Öffentlichkeit das glückliche Paar, doch sobald wir allein waren, verstummte Otto, und ich wurde plötzlich müde oder bekam Kopfschmerzen.

Otto aber war geduldig und verlangte nie mehr von mir. Er wusste wohl, dass ich den Schritt tun würde, wenn die Zeit für mich reif war. Und eines Tages war ich tatsächlich soweit. Mir wurde bewusst, dass ich Ottos Aufmerksamkeit sehr schätzte. Ich empfand sie nun nicht mehr als erdrückend, sondern sah sie als Ausdruck seiner Liebe und seines Wunsches, mich zu beschützen. Ich wollte frei sein, doch ich wollte auch Liebe geben. Ich wollte nicht in einem Körper gefangen sein, der keine Zuneigung und Liebe zu diesem Mann kannte. Meine Mutter hatte recht gehabt. Ich gelobte mir, Otto an jedem noch verbleibenden Tag unseres gemeinsamen Lebens zu lieben und zu ehren.

Meine Kinder wissen noch immer nicht, dass es in meiner Ehe über weite Strecken so wenig Liebe zwischen uns gab, und auch meine Enkelkinder ahnen nichts davon. Ich bin vielmehr stolz darauf, dass sich meine Enkelin Jessica eine Ehe »genau wie die von Oma und Opa« wünscht.

Mein Heim ist inzwischen für uns beide ein friedvoller Ort. Otto geht noch immer zur Arbeit, aber er kommt jetzt zum Mittagessen nach Hause und hört dann am frühen Nachmittag auf, zu arbeiten, sodass wir zum Beispiel zusammen ins Kino gehen können. Als Mitglieder der Phoenix Holocaust Survivors Organization besuchen wir Schulen in ganz Arizona, um gemeinsam aus unserem Leben zu erzählen. Nichts bedeutet mir mehr als die Hunderte von Briefen, die ich von Schulkindern bekommen habe und in denen sie mir sagen, dass sie dank unseres Vortrags nie vergessen werden, welche Lehren wir aus dem Holocaust ziehen müssen.

Noch immer vergeht kein Tag, ohne dass ich an Richie denke, und seine Liebe wird in mir weiterleben bis zu meinem letzten Atemzug. Doch ich habe erfahren, dass genug Liebe für zwei Männer in mir ist. Und ich habe das große Glück erleben dürfen, inmitten eines grausamen Weltkriegs und des noch grausameren Holocaust zwei guten Männern zu begegnen, die mich liebten.

Ich glaube, meine Mutter hatte Recht. Gott hat tatsächlich seine schützende Hand über ihre Familie gehalten.

Anmerkung der Autorinnen

Um uns über historische Zusammenhänge und Hintergründe des Holocaust in Ungarn zu unterrichten, haben wir auf das zweibändige Werk *The Politics of Genocide: The Holocaust in Hungary* (Columbia University Press, 1994) zurückgegriffen, das Randolph L. Braham verfasst hat, ein emeritierter Professor der Columbia University in New York. Seine Erkenntnisse und seine Ausführungen haben uns geholfen, ein klareres Bild von jener Epoche zu gewinnen.